ESPELHO, ESPELHO MEU...

Nicole Dumont

ESPELHO, ESPELHO MEU...

O uso do espelho como forma de autoterapia

Tradução
Maria Stela Gonçalves
Adail Ubirajara Sobral

EDITORA PENSAMENTO
São Paulo

Título do original: *Ô Miroirs Dites-moi?*

Copyright © 1998, Les Éditions Liberté Nouvelle,
275 A, rue Principale, Saint-Sauver-des-Monts,
(Québec), Canada, J0R 1 RO.

Todos os direitos reservados. Nenhuma parte deste livro pode ser reproduzida ou usada de qualquer forma ou por qualquer meio, eletrônico ou mecânico, inclusive fotocópias, gravações ou sistema de armazenamento em banco de dados, sem permissão por escrito, exceto nos casos de trechos curtos citados em resenhas críticas ou artigos de revistas.

O primeiro número à esquerda indica a edição, ou reedição, desta obra. A primeira dezena
à direita indica o ano em que esta edição, ou reedição, foi publicada.

Edição	Ano
1-2-3-4-5-6-7-8-9-10	03-04-05-06-07-08-09-10

Direitos de tradução para a língua portuguesa
adquiridos com exclusividade pela
EDITORA PENSAMENTO-CULTRIX LTDA.
Rua Dr. Mário Vicente, 368 — 04270-000 — São Paulo, SP
Fone: 272-1399 — Fax: 272-4770
E-mail: pensamento@cultrix.com.br
http://www.pensamento-cultrix.com.br
que se reserva a propriedade literária desta tradução.

Impresso em nossas oficinas gráficas.

Sumário

Agradecimentos	9
Introdução	11
Nota da Autora	15
O Espelho — Guia de Uso	15

Primeira Parte
Tudo é Reflexo 21

1. Os Acontecimentos Dão Indicações 23
   Acaso, fatalidade e "sincronicidade" 23
   Sorte e azar 26
   Necessidades e desejos 28
   Resistir é sofrer 32
   Símbolos especulares 36
   O eco responde 38
   Vítimas e carrascos 41
   Incidentes reveladores 45
   Roubos e perdas 49
   Os acidentes 51
   Os acidentes menos importantes 54
   Automóvel, quando você nos fala 56
   A casa, reflexo do mundo interior 60
   Os reveladores positivos 62

Segunda Parte
Os Relacionamentos Vistos pelo Espelho 67

2. Honrarás Pai e Mãe 69
   O jogo está feito 69
   A história se repete 72
   O genitor do mesmo sexo 75
   Nosso primeiro modelo de casal 80
   Genitores e filhos adultos 82
   Cópia fiel 83
   Remeter tudo a si mesmo 85
   Tornar-se o seu próprio genitor 86

6 | ESPELHO, ESPELHO MEU...

3. Nossos Filhos, Que Bons Mestres! 90
As crianças expressam aquilo que não dizemos 91
Pequena história vivida 93
Por amor ao outro 96
Os relacionamentos-dádiva: espelho positivo 101
O uso de um defeito para crescer 104
Os espelhos "negativos" 106
O monstro no espelho 109
A reabilitação 111
Afirmação e harmonia 113
Quando os filhos se tornam adultos 116
Mestres e discípulos 118

4. Os Amores, Meu Cavalo de Batalha 120
Da ilusão à realidade 121
Do sofrimento à consciência 124
As emoções do outro 129
Os efeitos insidiosos do controle 131
Sufocar ou assumir responsabilidade 134
Quando a separação se impõe 136
Diante da solidão 138
Integração 140
Em busca da alma irmã 142
Um espelho que estoura a panela de pressão 144
Romper para fugir ao sofrimento 147
Um presente de grego 151
Quando o gato sai do saco 154
Brincar de iô-iô custa caro 156
Face a face com a sombra 157
A descida aos infernos 161
A volta às fontes 164
A saga é retomada com mais sabedoria 165

5. O Mundo Animal 172
Um espelho com a idade do mundo 172
O cão 174
O gato 176
Dois instintos opostos 178
Uma desafiadora descoberta 178
Exercício com um animal 181
Os animais que inspiram medo 181
Os insetos picadores 184
Os pernilongos que nos assediam 187

Os invasores 190
Os pássaros, mensageiros da alma 191
Questão de consciência 193

Terceira Parte
INSTRUMENTOS UNIVERSAIS 195

6. O Sonho, Espelho Sutil da Realidade 197
Um instrumento de atualização 197
Os atores noturnos de nossa vida 199
As energias masculina e feminina em ação 200
Os sonhos e a sexualidade 204
Múltiplas personagens, reflexos múltiplos 205
Projeção de um futuro possível 207
A emoção, espelho da realidade oculta 210
A relação dos sonhos com o objetivo da alma 211
Para o melhor e para o pior 215
Um guia confiável 217

7. O Corpo Tem as Suas Razões 223
O corpo, um veículo 223
Todo sintoma comporta a sua mensagem 224
Pequena história de fé (fígado) 227
Pobres vítimas 232
Sintomas em cinco tomos 238
1. Questão de atitude 238
2. A doença: fio condutor 240
3. Sintomas que se repetem 243
4. As dependências 248
5. Dizer "SIM" ao que existe 250

8. Espelho Meu, Existe Alguém Mais Belo Do Que Eu? 254
Os espelhos de moldura dourada 254
Três maneiras de desenvolver o reflexo positivo 257
Questão de mérito 259

Epílogo 262
Anexo 1 — Os principais centros de energia ou chakras 264
Anexo 2 — O campo energético humano 265
Anexo 3 — Atributos masculinos e femininos 266
Anexo 4 — Simbologia dos primeiros números 267
Anexo 5 — As leis da nova medicina 268

Bibliografia 271

Agradecimentos

MEUS AGRADECIMENTOS a Diane LeBlanc por me ter inspirado a idéia básica deste livro.

A Jean-Pierre e a Sylvie por terem colocado graciosamente à minha disposição sua propriedade na floresta para que eu pudesse fazer a primeira redação.

A Andrée Mignault pelo seu generoso encorajamento, seus preciosos comentários e a digitação do texto no computador.

A Jean-Luc Durand, meu amigo na França, pelo presente da aquarela tão evocadora na capa do livro (original).

A Andrée Lavoie, pela sua disponibilidade e pela preparação da versão final.

À minha filha Catherine, por suas observações pertinentes na leitura do manuscrito.

A Jean-Pierre Bélanger, por seu extremo cuidado na versão final.

Sou grandemente reconhecida por ter acreditado e ter suportado a mim mesma durante o trabalho de pôr em dia o meu projeto.

Introdução

O COMPORTAMENTO HUMANO sempre me intrigou e cativou, a começar pelo meu. Quando eu era jovem, as pessoas me chamavam de "psicóloga de domingo" [psicóloga amadora. N. do T.] Escrevo há muito tempo sobre temas ligados ao desenvolvimento do ser humano: conferências, artigos, crônicas, textos para cursos e oficinas. Eu nunca havia escrito um livro, pois me parecia que tudo já havia sido escrito. A insistência de amigos próximos serviram de estímulo ao meu empreendimento.

Redigi este livro como um parto. Eu sentia um impulso interior de tal força, que não havia outra escolha senão abrir-me e dar à luz este produto de mim mesma.

Viver a experiência de escrever com o objetivo de transmitir leva-me a conhecer uma plenitude insuspeitada. Ao deixar correr a minha caneta, compreendi que a minha tarefa abrangia dois aspectos ao mesmo tempo diferentes e complementares. Por um lado, eu fazia uma síntese do caminho que percorri para afastar-me do sofrimento. Por outro, concretizava um objetivo de minha alma: difundir uma boa notícia destinada a mostrar que o sofrimento não é absolutamente necessário e pode mesmo ser evitado.

O processo de libertação do sofrimento foi para mim longo e penoso. Como terapeuta da alma (título que enfim, ouso, atribuir-me), estou bem qualificada para saber que a maioria das pessoas se debate com o sofrimento. Quem não busca, por um ou outro meio, livrar-se do sofrimento? Denomino o meio que encontrei e longamente desenvolvi de o espelho "refletor".

Se há uma noção sobre a qual me inclinei, caí, reergui-me e voltei a cair, é realmente a do espelho. Minha decisão de transmitir, nesse contexto, a minha experiência e a minha compreensão dessa noção indigesta é um desafio, já que de fato estou consciente de que todos nós temos como primeira reação resistir ao sofrimento. Eu não sou uma exceção.

Um olhar retrospectivo permite-me afirmar que a teoria do espelho é, de longe, o instrumento de crença — e testei vários deles — que me faz caminhar mais rapidamente. Mas ele foi ao mesmo tempo o mais difícil de assimilar. Eu me comportava como se ele fosse aplicável a certos domínios mas não a outros. O espelho presentifica, de modo automático, nossos medos e resistências, esses fragmentos de escolha de todo empreendimento terapêutico.

Hoje, para explicar com clareza a teoria do espelho tal como a concebo, devo remontar à razão de ser do Ser humano na terra.

Alguém muito sábio já disse:

Somos seres espirituais destinados a viver experiências neste plano material, e não seres materiais destinados a viver experiências espirituais.

Enfatizo esse sentido porque isso soa verdadeiro no mais profundo de mim. Em conseqüência, abordo os problemas, as lições e a própria vida da perspectiva da evolução da alma. Muitas pessoas poderão contestar: "Mas, o objetivo da vida não é simplesmente ser feliz?" Ao que responderei: "A felicidade não será o resultado obtido quando deixamos de resistir ao desejo de evolução de nossa alma?"

A que, precisamente, deseja a alma evoluir? À plena consciência de sua Essência divina, portanto, infinita; à liberdade total, ao amor incondicional. A escolha de encarnar neste planeta implica o esquecimento da perfeição e da magnificência do Ser que somos. Vivemos aqui para experimentar quem somos num plano concreto. Já sabemos tudo e o nosso desafio na terra consiste em pôr em prática o que aprendemos. Desse ponto de vista, temos bem mais a recordar do que a aprender. Toda a nossa vida passa a nos RECONHECER e a agir de acordo com a nossa natureza profunda.

O que impede a alma de evoluir? É sem dúvida o fato de ter esquecido quem é, o fato de identificar-se com os limites da personalidade e de reagir negativamente diante das experiências da vida.

Enquanto seres livres, somos criadores. Quer estejamos conscientes ou não desse fato, criamos a cada instante de nossa vida: cada pensamento, cada decisão, cada ação vem de nós. Quando obtemos resultados indesejáveis, previstos ou não, tendemos a insurgir-nos contra a vida, os outros, a sociedade, o próprio Deus. Não conseguimos apreender que nós mesmos criamos as condições que desembocam em conseqüências lógicas e previsíveis, ao menos do ponto de vista da alma.

> Retardamos nossa evolução sempre que resistimos
> a endossar o fruto de nossas criações.

Da mesma maneira que é impossível compreender o princípio do espelho sem falar de criação, assim também sua irmã, a responsabilidade, é incontornável. Ser responsável simplesmente quer dizer: admitir que tudo o que acontece na NOSSA vida é uma conseqüência natural do que criamos. Um resultado que julgamos negativo não é um castigo, mas, antes, a aplicação da lei natural. Admitir esse fato nos confere o maior dos poderes: o de mudar todo pensamento, decisão ou ação com o objetivo de ter conseqüências harmoniosas. Se paramos, por exemplo, de fazer julgamentos sobre nós mesmos e sobre os outros, ninguém mais nos julgará, pois as pessoas nos tratam como nós próprios nos tratamos.

Eis aí onde intervém o espelho.

> O espelho é um refletor que está fora da nossa realidade interior. Admitir o princípio do espelho é uma forma de abordar a vida sendo plenamente responsável.

O uso do espelho tornou-se para mim uma forma de autoterapia contínua, que me ajuda a me servir do acontecimento mais insignificante que vivo para aprender quem sou e me atualizar. Mediante seu ângulo de 360 graus, ele me dá acesso a toda informação de que tenho necessidade para avançar, por menos que eu aceite olhar o que há para ver.

O fato de ter observado um grande número de espelhos embaçados em torno de mim me estimulou a tornar acessível ao maior número de pessoas essa jóia, esse tesouro escondido. Em minha experiência, extraí o tesouro de suas profundezas, o que me permite agora, caro leitor, oferecê-lo a você. O cofre está aberto e as pedras preciosas estão à sua disposição, mas elas não brilharão antes de ter sido polidas, pois os presentes que a vida nos envia costumam ter o ar de seixos insignificantes. Neste caso, a abertura será indispensável.

> Para evoluir, é preciso chegar a mudar a própria forma de pensar, de reagir e de agir.

Há sempre duas faces numa moeda. Desse modo, beneficiamo-nos muito ao olhar o lado oculto quando vivemos uma insatisfação ou passamos por um sofrimento. O papel do espelho é justamente facilitar a tomada de consciência desse outro lado de nossa moeda.

Na maior parte do tempo, percebemos as pessoas e as situações como percebemos a nós mesmos. Nas páginas seguintes, proponho fazer uso dessa percepção de uma maneira construtiva, a fim de esclarecer e iluminar os nossos diferentes aspectos, em especial os que nos fazem sofrer.

Foi a partir de minhas experiências e das de pessoas de meu meio que escolhi ilustrar o instrumento milagroso que restituiu a alegria a meu coração. Algumas pessoas sem dúvida se reconhecerão.[1] Devo esclarecer aqui que a minha visão daquilo que outros tiveram a oportunidade de viver não envolve senão a mim. Os exemplos citados são os que minha orientação pessoal quis de fato permitir vir à minha memória para servir ao objetivo deste livro.

Minha pesquisa e meu aprendizado estão intimamente ligados a alguns fatores determinantes na minha vida. Em primeiro lugar, o fato de o meu primeiro filho sofrer de asma desencadeou em mim uma busca, não só de mais saúde e qualidade de vida como, sobretudo, das causas profundas de toda doença. Nessa busca voltada para o meu filho, encontrei muitas respostas para mim. Fui levada a estabelecer vínculos entre os planos físico, emocional e mental, noções de grande importância que desenvolverei adiante.

O segundo motor de minha pesquisa foi a minha saúde. Meus numerosos e freqüentes sintomas físicos eram suficientemente incômodos para provocar em mim um questionamento profundo.

O terceiro desencadeador, por seu turno, só se manifestou na metade de minha vida. Pouco depois de uma separação ocorrida ao fim de vinte anos de casamento, minhas relações amorosas se tornaram muito caóticas. De fato, foi muito mais o meu desejo profundo de harmonia, e não a constatação do caos, que me fez avançar.

As descobertas que fiz a partir desses fatores-chave me guiaram, sempre mais longe, rumo à existência dos diversos planos de consciência do Ser humano. Foi ao procurar o porquê do sofrimento e ao desejar fazê-lo cessar que encontrei o espelho.

Escolhi descrever minhas reações e as das pessoas que me cercam para que vocês, leitores, pudessem se reconhecer, ao menos em parte. Afinal, não se costuma dizer que, uma vez reconhecido um problema, ele já está em parte resolvido?

---

1. À exceção dos membros de minha família e do pai de meus filhos, os nomes foram mudados por respeito à vida particular das pessoas.

Nota da Autora

DEFINO-ME como uma pessoa não-conformista e, apesar disso, optei pelo uso da forma masculina no meu livro. Mas, ora, eis que acabo de usar a palavra "masculino" na forma feminina. Belo começo, não?

Eu disse a mim mesma que, como toda essa vaga de questionamento interior é o apanágio das mulheres, bem se podia deixar a esses senhores ao menos a forma. Mas tranqüilizem-se, senhores! Se estão lendo estas páginas, isso é de fato a prova de que são daqueles e daquelas para quem todo ser comporta um aspecto masculino e um aspecto feminino.

Terei sido influenciada na escolha da forma pelas razões habituais de como evitar o peso ou manter os padrões clássicos?

Talvez eu tenha tido o medo de passar por feminista furiosa e sexista assustada...

Ou talvez eu ainda tenha uma parte do caminho a percorrer antes de assumir a minha natureza original...

Escolham a resposta que lhes convém.

Sérios ou bizarros, quais desses enunciados correspondem à realidade? Vamos então saber...

Eu simplesmente quis brincar um pouco para fazê-los saber que, apesar do tom um tanto dramático de certas passagens, procuro cada vez menos apegar-me à rigidez nesta trajetória de libertação, pois desejo me tornar suficientemente leve para poder levantar vôo... quando me parecer que é o momento.

O ESPELHO — GUIA DE USO

São raras as pessoas que não usam cotidianamente um espelho para olhar-se, nem que seja por alguns segundos. A maioria de nós considera o espelho um objeto indispensável. Ainda não encontrei ninguém que não saiba como usá-lo. Se a pessoa quer se ver, é preciso colocá-lo diante de si, isso é óbvio. Sabe-se muito bem que colocá-lo diante de outra pessoa levará esta última a ver a si mesma. Isso é muito simples e, não obstante, negligenciamos com freqüência a evidência.

O espelho, que nos servirá para ver o nosso interior, é usado exatamente do mesmo modo que aquele que nos é familiar. Ele parte do princípio de que tudo o que nos cerca — digo de fato tudo — pode servir de reflexo da nossa realidade: uma pessoa, um acontecimento, uma doença, uma situação de vida, uma coincidência, TUDO.

Para apreender bem essa afirmação, o mental precisa abrir-se à dimensão impalpável, espiritual, cósmica do Ser.

No plano invisível, nosso campo magnético emite ondas e capta outras. Naturalmente, as freqüências variam segundo as pessoas. O que emitimos de modo inconsciente é captado, conscientemente ou não, pelos seres que estão em ressonância vibratória conosco. A sabedoria popular afirma isso à sua maneira: "Os semelhantes atraem os semelhantes", "Dize-me com quem andas e te direi quem és" e "Os opostos se atraem."* Diz-se que é impossível reconhecer no outro o que não se possui em si. As pessoas tendem a protestar e a encontrar exemplos em que isso pode ser aplicado: *Não é porque sei de imediato quando alguém está mentindo para mim que também eu "seja" um mentiroso!* Confesso que tudo isso parece muito "exagerado" à primeira vista.

> Enquanto seres livres, criamos a cada dia a nossa realidade, quer estejamos conscientes ou não disso.

Nossa energia atrai magneticamente para si tudo o que reflete a sua própria realidade. Esse fenômeno, tão banal quanto um olhar dirigido ao espelho, ajuda-nos a ver a nós mesmos, a ver de que somos feitos e a aprender a viver com...

Para mim, a vida se assemelha a uma grande escola, que batizarei de escola da lembrança, considerando o fato de que a alma já sabe. Nesse contexto, há mestres para tudo o que se deseja aprender. No plano inconsciente, toda alma que vive se vê ensinando a seu ambiente, simplesmente porque ela É. Aí, onde o ensinamento difere de modo considerável de uma escola comum, o aluno é o condutor, não o mestre. Trata-se de uma escola alternativa em que o próprio aluno-alma escolhe o aprendizado que deseja receber; usa então a pessoa ou a situação que está diante dele como uma REFLEXÃO que lhe

---

* Essa afirmação, aparentemente contraditória, será analisada mais adiante.

reenvia a sua própria imagem. Usemos uma analogia tomada de empréstimo da informática. O aluno-alma insere o dado exterior em seu computador e começa a procurar o programa correspondente em seu próprio sistema. Uma vez identificado o programa, o aluno verifica se está funcionando positiva ou negativamente. Se estiver funcionando de modo negativo, ele perceberá muitas vezes a ingerência de um vírus (algo que impede o funcionamento) e procurará eliminar esse programa para fazer com que a sua máquina volte a ter o desempenho original. Na vida comum, a palavra programa se refere aos valores adquiridos e às crenças deles advindas.

Ilustremos com um exemplo os dois tipos de dados.

DADO POSITIVO

Admiro as pessoas que têm a capacidade de expressar de modo fácil e simples as suas emoções. Muitas pessoas nunca pensarão em admirar alguém por uma razão como essa. Observo essa característica entre as outras porque preciso reconhecer que ela também se encontra em mim, ao menos potencialmente, pois há boas chances de que eu me julgue distante dessa capacidade. Tenho necessidade de estar presente na vida das pessoas que a manifestam naturalmente para aprender como fazê-lo. Resolvo fazer uso dessas pessoas como mestres ou modelos quando tomo consciência do meu potencial a desenvolver.

Sem dúvida, terei de eliminar a crença falsa que afirma que eu sou incapaz de expressar com facilidade as minhas emoções.

DADO NEGATIVO

No trabalho, tenho dificuldades para suportar uma pessoa quando ela procura dominar o ambiente, fala alto e faz tudo para ter a estima dos patrões. Em contrapartida, a minha colega de escritório se entende muito bem com essa pessoa. O que há nela que tanto me perturba? Posso julgar que ela procura dominar de modo excessivo por duas razões opostas: ou me julgo sempre que ouso assumir o meu lugar; ou, então, não me atrevo a assumir o meu lugar e aqueles que o fazem de forma manifesta me servem de despertador para me dizer: "É hora de você assumir o seu lugar, à sua maneira."

Aqui, eu deveria eliminar o programa que me leva a julgar os que assumem o próprio lugar.

Como já mencionei, os mestres desses dois exemplos não estão por certo conscientes da lição que transmitem.

Com os espelhos positivos, aprendemos seguindo-lhes o seu exemplo e reconhecendo que temos em nós as mesmas qualidades. Com os espelhos

> Os desencadeadores de nossas reações não precisam
> estar conscientes de que nós fazemos uso deles
> como espelhos para a nossa evolução.

negativos, aprendemos ao admitir que temos em nós um aspecto que se assemelha ao que julgamos negativamente nos outros. Esclareço que será inútil tentar mudar esse aspecto se não o tivermos aceitado antes.

Os espelhos negativos são os mais difíceis de gerir, visto que a nossa resistência a reconhecer em nós os *defeitos* que nos irritam nos outros é, em geral, muito grande. Essa é a razão pela qual eles serão abordados em grande parte deste livro.

A propósito dos reflexos positivos, direi por ora que, às vezes, também resistimos a admiti-los, pois reconhecer o próprio talento ou a nobreza da própria natureza pode fazer vir à torna os medos; os mais comuns são o medo de não estar à altura, o medo de ser julgado e o de fracassar. Eis uma maneira de verificar se reconhecemos as nossas qualidades:

Como reagimos aos elogios que os outros nos fazem espontaneamente?

Aquele que reconhece o seu valor por meio de um elogio dirá simplesmente "obrigado".

> O fator que determina se estamos diante de
> uma situação de espelho é a nossa reação.
> Quando alguém ou alguma coisa nos afeta,
> há ressonância com uma resistência no nosso íntimo.

Toda resistência, seja diante da sombra ou da luz, tem por efeito bloquear a livre circulação da nossa energia. A resistência vem do julgamento. Se permanecêssemos neutros diante dos acontecimentos da vida, não perguntaríamos se uma coisa está bem ou mal. Usaríamos tudo enquanto experiência. Além disso, não nos ateríamos ao que os outros fazem ou dizem, pois estaríamos conscientes de que, como nós, eles estão prontos a experimentar para aprender.

Muitos de nós têm um olhar cáustico quando se trata de observar o jardim do vizinho. Essa característica é usada de forma doentia quando fazemos uso dela para dizer aos outros coisas descorteses e para criticá-los. É a isso que se dá o nome de "ter o próprio espelho ao inverso". A mensagem mais ou menos sutil enviada ao interlocutor será então: "Você não se enxerga!" ou "Olhe para você mesmo!" Não conheço ninguém que reaja bem a esse tipo de intervenção, menos ainda alguém que se sinta estimulado a mudar sob a sua influência. Ao contrário, nós nos fechamos quando alguém tenta nos fazer mudar de opinião ou corrigir o nosso modo de agir. Não gostamos que nos imponham nosso ritmo de desenvolvimento, já que isso impede o nosso livre-arbítrio.

Sempre fui boa em ver com toda a clareza o que acontece com os outros. Ter olhos de lince é um presente da vida, e servir-se dele para pegar os outros em falta equivale a dá-lo aos outros, esquecendo-se de beneficiar-se dele para si mesmo. Todo instrumento ou presente nos é dado primordialmente para a nossa própria evolução. De minha parte, uso agora em meu proveito a minha capacidade de ver a realidade do outro em meu trabalho de terapeuta. Mas aprendi à minha própria custa que é muito inoportuno aquele que dá conselho ou opinião quando isso não lhe é pedido.

> Não podemos impedir-nos de ver o que vemos.
> Uma maneira sadia de se beneficiar com isso é orientar
> para nós tudo o que nos perturba nos outros, tentando
> achar o ponto de ressonância.

Aceitar trabalhar com o espelho como instrumento pressupõe que veremos necessariamente uma ressonância conosco sempre que não nos sentirmos neutros diante de determinado comportamento. O vínculo a ser feito pode ser muito sutil; de resto, se fosse evidente, todo mundo aplicaria há muito esse princípio. Em geral, quando fazemos um julgamento sobre alguém, o nosso sistema de valores está envolvido; com freqüência, descobriremos que a pessoa que nos irrita age como agiríamos se nos permitíssemos fazê-lo. Há boas chances de que a nossa verdadeira natureza se manifeste quando nos permitimos negligenciar certos valores. Por exemplo, há algo mais frustrante do que ter um cônjuge ou um filho que espalha tudo pela casa quando estamos tentando organizá-la? Muitas vezes, precisamos atrair para nós situações exageradas para, então, emitir o julgamento que fazemos de certos atos. Com o julgamento de lado, podemos começar a agir mais de acordo com as nossas necessidades do que segundo um sistema de valores aprendido e nem sempre renovado.

> Permanecer aberto a descobrir aspectos de si que não se
> admitem facilmente é uma condição primordial à evolução.

Diz-se amiúde "A verdade choca", e isso permanecerá certo enquanto não admitirmos nossas singularidades com os dois "H" da saúde mental: HUMOR e HUMILDADE.

Estamos na terra para evoluir; ao menos é esse um ponto que todos temos em comum. A partir do momento em que agimos sobre nós mesmos segundo o que vemos no espelho, aprendemos a nos conhecer rapidamente. Nada pode quebrar o espelho nem tentar poli-lo quando a realidade que ele reflete nos desagrada; levaremos essa realidade sempre conosco. Quando nos recusamos a olhar para nós mesmos, nossa Sabedoria interior se encarrega de nos situar diante de espelhos cada vez mais amplos para dar-nos, enfim, a chance de Ver.

Continua sendo nossa a escolha de nos olhar de frente ou de fugir. Eu aprecio o pensamento que preconiza que, seja qual for o tempo que levemos para redescobrir a Luz e o Amor, aí chegaremos cedo ou tarde. Desde que compreendemos que todo sofrimento vem de uma resistência, resisto cada vez menos.

PRIMEIRA PARTE

TUDO É REFLEXO

1

Os Acontecimentos
Dão Indicações

Acaso, fatalidade e "sincronicidade"

PARA COMEÇAR, diverti-me em brincar com a palavra acontecimento [em francês, *événement*]. ÉVE [Eva] — primeira mulher da criação — pode representar a criatividade em nós. NEMENT — nunca mente — esconde uma verdade. A conclusão dessa charada improvisada poderia ser lida como segue:

> Nosso inconsciente cria as condições para atrair a nós os acontecimentos propícios à revelação de nossas verdades ainda não reconhecidas.

E, para corroborar esse *"nement"* (nunca mente), acrescento: e não há exceções. Já ouço os espíritos lógicos objetar: "exagerada, zombadora, fanática, irrealista, pessoa que força a realidade, seguidora da Nova Era, suspeita, impossível, improvável, fantasiosa..." pode-se falar de outro assunto..., sobretudo se o acontecimento os envolve diretamente. Sem pertencer à categoria dos céticos a todo preço, creio que a maioria de nós tem como primeiro reflexo resistir quando abordamos pela primeira vez esse tipo de teoria.

Na minha opinião, é sadio dar o benefício da dúvida a tudo o que ainda não foi provado, ou parece improvável. A criatividade e a curiosidade naturais ficam, então, com o caminho livre para investigar e verificar pela experiência.

Um acontecimento pode ser considerado a manifestação de uma energia. De acordo com a teoria de Einstein, desenvolvida hoje pelos astrofísicos, tudo seria energia, mesmo a matéria. Por acaso não é lógico pensar que uma ener-

24 | Tudo é Reflexo

gia é necessariamente gerada por algo ou por alguém? Parece também que nada foi deixado ao acaso no Universo, que tudo tem uma ordem e uma razão de ser;[1] como então se poderia concluir que um acontecimento não serve para nada? Para mim, o fato de se atribuir o que quer que seja ao acaso é uma forma de contenção do mental-racional que acha que, se ELE não compreende algo, isso é impossível ou simplesmente não existe. Os dados conhecidos pelo mental se limitam a uma programação. Por exemplo, o primeiro ser humano que teve a idéia de que a terra podia ser redonda foi considerado louco. Não obstante, ele enunciava uma verdade que se tornou verificável em seguida. Isso ocorre porque, diante do novo, os antigos dados são inadequados. Só uma ampliação do espírito, apoiada por uma observação inteligente, pode guiar-nos às descobertas que nos farão evoluir.

Dito isso, há muito tempo que não creio mais no acaso, já que a minha curiosidade me levou a buscar ligações entre os fatos e mim mesma, assim como entre os próprios fatos. E como, cedo ou tarde, acabo por encontrar uma ligação, compreendi o que se passa em mim quando não a encontro. Há uma resistência a ver a mensagem ou a verdade que o acontecimento poderia me transmitir. "Poderia", digo sem equívoco visto que, tendo sido criados livres, sempre temos a escolha de nossas reações e de nossas decisões. Somos completamente livres para viver cinqüenta vezes o mesmo tipo de fato desagradável antes de fazer algo a nosso favor. Livres para prolongar nossos sofrimentos para continuar a passar todo o nosso tempo "livre" apiedando-nos de nós mesmos. Livres para responsabilizar os outros, a sociedade, a fatalidade, a hereditariedade ou a infelicidade por todos os nossos desgostos. Livres também para nos abrir ao sentido oculto das coisas.

Não creio mais na fatalidade do que no acaso. A teoria da predestinação me provoca dores no ventre, e não é para menos! É no ventre que se aloja a energia ou *chakra* da criatividade (Anexo 1), e a minha energia reage de modo intenso quando ouve seguintes palavras: "Você não é livre, você não tem escolha, alguém decidiu por você." Uma crença desse tipo me abate e me tira o gosto de viver, já que invalida todo o meu esforço. Prefiro crer que um acontecimento infeliz que se abate sobre mim pode, de fato, ser planejado de antemão por minha consciência superior, talvez até antes da minha chegada a este planeta; recuso-me a pensar que minha alma freasse gratuitamente o seu movimento. Fico muito mais tranqüila com o pensamento:

---

1. O sol já nasceu com atraso ou as folhas se esqueceram de cair no outono?

> Nosso Eu Supremo sabe o que faz e trabalha tendo
> unicamente a evolução como objetivo.
> Ele só atrai um acontecimento para nós quando adquirimos as
> qualidades necessárias para lidar com ele.

De fato, se escolhi adotar esse tipo de crença é tão-somente porque me faz bem e acelera a minha evolução. Ouvi amiúde falar de fatalidade em minha juventude e essa idéia sempre me desagradou. Não devemos permitir que nos imponham uma crença se ela parece que não serve para nós. Por outro lado, eu julgaria doentio ter, custasse o que custasse, uma crença a pretexto de ela ser ensinada há muito tempo. Meu espírito, em constante evolução, com o tempo se abrirá sem dúvida a uma concepção do Universo cada vez mais complexa.

Quando se fala em acontecimentos, a moda é falar em "sincronicidade". Vários elementos, aparentemente sem ligação entre si, adquirem um novo sentido quando os reunimos. Esse modo de agir tem como resultado lançar luz sobre o que não estava claro, explicar o porquê das coisas. Ela inscreve o elemento em um todo coerente e, por meios não racionais, leva o mental a exclamar: "HEURECA!, enfim eu compreendi!" Tenho a impressão de que a atenção com as coincidências leva gradualmente à abolição do reino do acaso. Pois, quanto mais compreendemos a razão de ser das coisas, menos sentimos a necessidade de usar esse expediente comum que é invocar acaso.

Nossos ancestrais tinham um grande número de expressões cristalizadas e de crenças que demonstram que atribuíam um sentido a tudo: aranha matutina, má sina; aranha noturna, fortuna; uma moeda encontrada traz sorte, etc. O ser humano, por pouco que saia do seu narcisismo e reconheça que faz parte de um todo, precisa encontrar um sentido naquilo que acontece com ele. Os autores dessas velhas máximas se baseavam provavelmente na experiência pessoal para fazer as suas afirmações; basta que um ser seja influente ou venerado para que suas palavras sejam consideradas uma verdade. Como a consciência evoluiu desde então, o fato de continuar a apoiar-se em generalidades (das máximas às superstições) em nossas interpretações equivaleria a rodar ainda com as pequenas rodas de apoio de nossas primeiras bicicletas.

> Observar os fatos, sempre diferentes, buscar os laços e captar
> os sinais tendem a nos concentrar de novo na única realidade
> sobre a qual temos poder, isto é, a nossa.

SORTE E AZAR

Mas, então, onde situar a sorte nesse sistema de pensamento? Sem dúvida, não podemos negá-la. Quem nunca encontrou uma dessas pessoas para quem tudo dá certo num domínio particular ou em toda parte ao mesmo tempo? O tipo de pessoa que desperta em nós admiração, e, mais ainda, o ciúme, a inveja e sobretudo a frustração que nos faz dizer: "Por que não eu?" "O que ela tem que eu não tenho?" "O que ela faz de tão especial?" Para muitas vezes acabar respondendo interiormente a nós mesmos que a justiça não é deste mundo. Mas, então! Eis-nos classificados na categoria dos azarados. Porque não se pode acreditar em um sem admitir o seu contrário.

Investiguemos em detalhe a sorte. Encontramos aí uma noção de facilidade: a arte de conseguir coisas sem fazer nenhum esforço, como se caíssem do céu. E por que não? Não se poderia imaginar que as pessoas de sorte fossem simplesmente seres "em boa situação" tanto com o céu como com a terra? A observação das pessoas de sorte me forneceu informações interessantes. Em primeiro lugar, elas acreditam, sem dúvida nenhuma, que terão sucesso ou ganharão. Algumas parecem ter nascido com essa característica[2], outras adquiriram a confiança depois de repetidos esforços. Nos dois casos, a atitude de confiança tem como efeito magnetizar uma circunstância de sucesso, ao passo que a menor dúvida agiria à maneira de um curto-circuito. Evidentemente, há um efeito de encadeamento: o sucesso encoraja a confiança e a confiança leva ao sucesso. Se ainda não obtive este último, é melhor começar a explorar a primeira!

Em segundo lugar, as pessoas de sorte acham que são pessoas que merecem obter o que desejam. Na maior parte do tempo, nosso espírito consciente clama que merece o melhor, enquanto o inconsciente mantém um discurso oposto, ligado às profundas feridas não-cicatrizadas.

Há alguns anos, testemunhei um fato que me marcou pela sua simplicidade. Meu filho tinha então 17 anos e se esforçava por conseguir um trabalho de verão. Eu estava ao seu lado enquanto ele falava ao telefone com um empregador que recebera o seu currículo. Meu filho conversava com essa pessoa como se a conhecesse havia muito tempo. Ele respondia às perguntas sem nenhuma hesitação e enfatizava seus comentários. Levei certo tempo para perceber que não se tratava de um dos seus amigos. Na manhã da entrevista, preocupei-me ao vê-lo sair de jeans e camiseta como de hábito. Meu filho respondeu que aquilo não era importante. Pensei: eis aí algo distante da minha concepção das coisas. Ao voltar, ele me disse com segurança: "Estou certo de ter conseguido o lugar." "O que o leva a dizer isso?", perguntei-lhe. "Eu senti isso, desde que entrei na

---

2. A teoria da reencarnação afirma que essa fé profunda teria sido adquirida numa vida anterior, o que, convenhamos, eliminaria toda idéia de injustiça na terra.

sala de entrevistas, eu sabia que o emprego seria meu." Com efeito, pouco tempo depois, sua intuição se confirmou. O que mais me impressionou foi a sua ausência de stress. Ele tinha uma confiança "tranqüila" que lhe permitira valorizar o melhor de si mesmo. Essa demonstração de ausência de dúvida me deu uma bela lição. Com a idade de 25 anos, ele causava inveja, pois já era proprietário de um pequeno terreno no campo. Meu filho faz aquilo de que gosta, tanto em termos de trabalho como de lazer. Creio que o que ele consegue não é senão o reflexo do que ele sabe que é e do que ele acha que merece. Se a sorte tem algo a ver com isso, estou pronta a afirmar que ele cria a sorte dele do começo ao fim e que todos nós podemos fazer como ele.

> As pessoas de sorte têm uma dupla divisa:
> ◆ Eu sei que vou ser bem-sucedido.
> ◆ Eu mereço o melhor.

Comecei de fato a perceber a que ponto a sorte não escolhe seus ganhadores ao acaso quando algumas pessoas ao meu redor começaram a me dizer que me julgavam uma pessoa de sorte. Uma pessoa de sorte? Eu? Se soubessem quanto eu tive de me esforçar e de me cansar para chegar onde estou, vocês veriam que tudo isto está longe de ser gratuito. Mas, mesmo assim, agradeço o cumprimento, as pessoas me enviam uma imagem em que as coisas parecem vir a mim com facilidade. Deve ser porque a minha confiança se liberta da dúvida em certos domínios. Eis uma bela vitória para mim. Preciso dizer que tive um bom professor (meu filho), ainda que ele não esteja verdadeiramente consciente disso.

Por acaso há melhor mestre do que aquele que não sabe que está ensinando, tão natural é a sua qualidade? Observei com freqüência que as nossas maiores qualidades estão de tal modo integradas que achamos muito normal e corriqueiro ser assim, enquanto os outros nos olham com admiração.

As pessoas azaradas, por sua vez, têm em comum uma atitude sobretudo pessimista e uma clara tendência a morrer de preocupação. Elas não têm confiança em si nem, por extensão, na vida. Além disso, julgam-se com severidade quando não conseguem o que desejam. Chegam mesmo ao ponto de punir a si mesmas, provocando inconscientemente situações que as levam à derrota. Elas crêem que a vida as maltrata quando esta lhes envia simplesmente o fardo de sua dinâmica de perdedores. Não há nada mais imprescindível do que olhar no espelho quando se acaba de sofrer uma derrota.

Quando acabo de fazer todos os esforços conscientes para que um projeto funcione e não obtenho senão sabotagem, tenho o reflexo de pensar que a vida me trata com dureza. Muitas vezes chego até a "censurar" Deus em pessoa, clamando para que deixe de enfu-

recer-se comigo; como se o Ser Supremo se divertisse pregando peças nas pessoas! Com o tempo, aprendi a me perguntar por que eu ME tratava com tanta dureza. Desde a minha infância, eu acreditava que não era correta; eis algo suficiente para fazer alguém oscilar na síndrome da falta.

Trata-se de uma enfermidade muito dolorosa que nos faz ver a metade do copo que está vazia em vez de ver a que está cheia. É a arte de não apreciar o que se tem por estar ocupados demais fazendo a lista do que nos falta e que os outros têm... eles! Foi essa frustração crônica que me levou amiúde na vida a me sentir como o Jó da Bíblia: aquele que tinha tudo e a quem tudo arrebataram. O desfecho é felizmente bastante encorajador: quando Jó deixou de rebe-

> Eis uma frase mágica a ser repetida pelas pessoas de má
> sorte, pelos perdedores e pelas vítimas do azar:
> SOU UM FILHO AMADO DO UNIVERSO;
> O UNIVERSO CONSPIRA PARA ATENDER A
> TODAS AS MINHAS NECESSIDADES VERDADEIRAS.

lar-se e se abandonou a Deus (seu poder interior), tudo lhe foi restituído ao cêntuplo. Isso continua sendo e é sempre uma questão de confiança.

E a ordem do mágico é repetir a posologia enquanto não se sentir no próprio âmago a verdade dessa afirmação. Encomendei para mim uma caixa...

NECESSIDADES E DESEJOS

Parece-me útil estabelecer aqui a diferença entre necessidades e desejos. A frase mágica citada acima faz referência às necessidades e não aos desejos. Imagino que todo mundo já observou que a vida está longe de atender aos nossos menores desejos. Um desejo nos leva a dizer: quero ou apreciaria tal coisa. Nem a existência nem o equilíbrio são postos em perigo se o desejo não se concretiza.

Pelo contrário, uma necessidade diz respeito a algo vital, e não deveria ser objeto de uma negociação. Por exemplo: "Eu lhe dou o que você quer sob a condição de que..."

Mas não caiamos no equívoco de achar que uma necessidade é melhor do que um desejo porque parece vital. Para o ser humano, o desejo é o início de toda criação em sua vida, isto é, de tudo o que ele obtém. Mas — objetará você — eu não desejei as desventuras que me acometem. Não, não conscientemente, é evidente. Para a alma que só procura evoluir, o bom e o mau não existem e tudo é considerado experiência nesse patamar de consciência.

Poder-se-ia dizer que quanto mais um desejo é alimentado e tornado consciente pela personalidade, tanto mais é sentido como uma necessidade. Mas, por que conseguimos, na maioria das vezes, o contrário do que desejamos? E acaso sabemos do que temos necessidade?

A confusão entre desejo e necessidade remonta aos primeiros meses da vida, quando a mãe se questiona sobre o choro do recém-nascido: terá ele fome, frio, desejará simplesmente alguém por perto? Os métodos educacionais preconizaram por um tempo demasiado longo a idéia de atender às necessidades fisiológicas, qualificando de "mimos" as necessidades psicológicas igualmente essenciais. Necessidades vitais como beneficiar-se de uma presença calorosa e ser ouvido são com freqüência consideradas caprichos. Os pais mal-informados crêem ser necessário manter um controle sobre os filhos e tendem a considerar a expressão de certos desejos como manipulação. O fato é que o limite entre a necessidade e o desejo é amiúde sutil.

Como receberam uma educação em que certas necessidades eram consideradas caprichos, algumas pessoas aprenderam a manipular o seu ambiente para obter a satisfação dessas necessidades. Trata-se de uma simples questão de sobrevivência. Por outro lado, quando o subconsciente de uma criança capta uma mensagem do tipo "O seu desejo não tem importância ou não merece ser satisfeito", a dúvida e a confusão se instalam nela. A criança, como todo animal, conhece instintivamente suas necessidades reais. Receber uma recusa da parte dos pais, em quem deposita toda a sua confiança quanto a ser amada e receber os cuidados necessários, leva a criança a deixar de acreditar em si mesma. Não é para surpreender se, na idade adulta, essa pessoa se veja de novo na situação de não saber mais estabelecer a diferença entre aquilo de que realmente tem necessidade e o que seria "bom" fazer de acordo com a educação que recebe.

Quando vejo uma confusão desse tipo, formulo questões para me ajudar a esclarecer o contexto.

> **PERGUNTAS PARA SE PERCEBER UMA NECESSIDADE**
> ◆ O que me falta neste momento para estar verdadeiramente bem?
> ◆ Se eu não tivesse senão alguns meses para viver, qual seria a importância desse desejo (ou necessidade)?

Uma vez que eu tenha identificado a própria necessidade, assim como os benefícios que sua satisfação suscitará, passo à etapa da concretização.

Pergunto-me então: O que posso fazer para que esse desejo tome forma? Usemos um exemplo concreto para ilustrar as etapas do processo.

Minha irmã mora na Flórida há muitos anos e fui visitá-la várias vezes, durante os meses de inverno. Eu sempre pensava ao voltar: "Um dia, eu darei a mim mesma o presente de passar um inverno sem ter de combater o frio." Gosto da neve e dos esportes de inverno, mas o meu corpo se enregela rapidamente e tenho a impressão de ter verdadeiramente tentado tudo para melhorar a minha condição. Depois de ter feito o exercício com as perguntas que acabo de citar, tomei consciência de que esse desejo, acalentado havia uma dezena de anos, voltava sem cessar ao meu espírito e se impusera a mim, forçando-me a levá-lo a sério.

Da etapa do "eu adoraria um dia", passei ao "como fazer para que eu possa conseguir isso"? Eu admitia, assim, a minha necessidade de deixar de combater o frio e reconhecia que merecia uma pausa depois de todos os esforços feitos. Fazendo uma lista das vantagens que eu obteria se desse a mim mesma esse presente, senti um entusiasmo tomar conta de mim, ao mesmo tempo que um tipo de alívio que levava a uma paz interior. Com o passar do tempo, constato que essa harmonia vinha simplesmente do fato de que deixei de combater a mim mesma; o coração prevaleceu sobre o ego.

> A vida não é mais difícil quando é o racional
> que conduz o barco?
> Pois, como este tem muitas coisas a provar, leva o barco
> com demasiada freqüência na contra-corrente.

Nossas necessidades reais são antes ditadas pelo coração e pelas tripas [3] e passam muitas vezes pelo corpo para se fazer ouvir.

Para chegar à concretização, devemos transpor o ponto da total confiança, não sem ter alimentado a absoluta convicção de que merecemos o que desejamos obter.

> Enquanto filhos amados do Universo, temos direito a tudo o
> que pode nos tornar felizes ao mesmo tempo que favorece a
> evolução de nossa alma.

---

3. Expressão da linguagem popular que designa um profundo ressentimento; freqüentemente empregada no texto.

Mas não basta saber e pensar nisso; é preciso viver essa convicção e integrá-la a cada uma de nossas células. Isso pressupõe que ajamos como pessoas que merecem o melhor. Prossigamos com meu exemplo:

Comecei a me imaginar andando na praia todos os dias e difundi em torno de mim a notícia de que eu passaria o inverno seguinte na Flórida.

Todos os meios são bons para desenvolver e alimentar uma certeza interior. A partir do momento em que ela começa a fincar raízes, a criatividade toma a frente a fim de criar os meios para concretizar uma necessidade.

Nosso poder de criação, que é a antítese de nosso aspecto de vítima, é orientado diretamente para a nossa individualidade, sede de nossas necessidades reais.

> Desde que acreditemos firmemente que podemos conseguir algo, uma energia prodigiosa é posta à nossa disposição. Essa força atrai para nós as circunstâncias que favorecem a concretização de nossas necessidades.

É evidente, a meu ver, que nem o mundo exterior nem a sorte são os artesãos do nosso sucesso pessoal.

Viver intensamente é para mim uma experiência fascinante. Não me canso de me surpreender ao descobrir como procede nesse contexto a Vida (minha Sabedoria interior) para atender às minhas necessidades.

Uma série de coincidências e de "sincronicidades", que eu qualificaria quase de ficção, irrompeu na minha vida num tempo recorde, quando havia cerca de três meses que eu me preparava mentalmente para partir. Dentro de duas semanas, minha casa seria alugada, os meus móveis e objetos pessoais ficariam na casa de amigos, que se dispuseram a ter esse trabalho, e uma amiga ofereceu-se para me acompanhar na viagem de carro; isso para falar apenas das coisas principais.

Devo confessar que eu estava imbuída de uma mistura de excitação e medo; sentia-me arrebatada por um potente turbilhão, em que cada detalhe parecia orquestrado por uma força misteriosa. Ao mesmo tempo, sentia-me atormentada por alguns medos, que às vezes se tornavam pânico e se transformavam no objeto de um trabalho mais profundo na direção da confiança e do abandono. A cada vez, um pequeno milagre se produzia, como se a VIDA me desse uma piscadela para encorajar-me a resistir. Então, eu voltava a me concentrar e estava pronta para uma noite de insônia e um dia de angústia.

Sempre desejei fazer mudanças na minha vida. Elas só se concretizaram no momento em que eu estava de fato pronta para assumir tudo o que elas podiam representar de abertura, de adequação e de abandono de meus medos e de meus antigos valores. Nesse ínterim, tendia a me perguntar por que a vida me recusava o que eu desejava e lutava com a minha "síndrome da falta", invejando secretamente as pessoas cuja vida "parecia" estar melhor do que a minha...

RESISTIR É SOFRER

Sem, por isso, nos classificar como perdedores ou azarados, podemos reconhecer períodos da nossa vida, ou um domínio em particular, em que temos reações de vítima. Sempre que sentimos que a vida não nos dá o suficiente, somos tomados por essa energia. Essa atitude nos rouba grande parte da nossa vitalidade por atribuirmos nossa infelicidade a algo fora de nós. É como se tivéssemos deixado a alguém o nosso poder de criar. Assim, não surpreende que nos sintamos então uma grande impotência. Esse poder nos foi dado para que tivéssemos condições de fabricar para nós uma vida de acordo com as nossas necessidades e os nossos desejos. Eis o método mais eficaz que conheço para recuperar o poder perdido:

> Ter por certo que devemos aprender algo a partir de cada acontecimento que nos toca dá-nos o poder de mudar as coisas.

Pouco importa que eu não compreenda de imediato; a abertura está aí para permitir que a resposta se manifeste. Aquilo que de início se mostrou como um inconveniente, revela-se uma vantagem. Tudo como no exemplo da pessoa que perde o avião porque se perdeu no caminho do aeroporto e fica sabendo que o avião sofreu um desastre poucas horas depois. Uma pessoa consciente passará do sentimento de culpa e da autocrítica ao reconhecimento referente a seu poder superior por tê-la guiado desse modo.

Agrada-me acreditar que chegará um tempo em que estaremos de tal modo numa relação de confiança e de contato com a nossa intuição para que o aspecto mental possa seguir diretamente o caminho ditado por ela. Com a nossa evolução atual, estamos reduzidos a fazer de forma inconsciente os gestos adequados ao nosso bem-estar. Imagino o dia em que uma pequena voz interior me sussurrará que não tome o avião (embora eu tenha planejado minha viagem há muito tempo e a passagem tenha me custado muito caro) e eu permanecerei tranqüilamente em casa esperando a próxima ordem. Nesse dia, a cabeça estará de fato a serviço do coração. Mas, por ora, considero mais realista orientar as minhas ações a partir de balizas sem maiores conseqüências.

Quanto mais avanço, tanto mais tomo consciência de que a vida me dá indicações desde sempre e de que há coisas que levei bastante tempo para compreender.

> A repetição de um mesmo tipo de problema é um sinal óbvio de que a mensagem não foi apreendida.

Isso ocorre como na escola, em que as aulas são graduadas e em que só se passa à seguinte quando se deu a assimilação da primeira. O fato de ver ressurgir um mesmo problema não tem, portanto, a meu ver, nenhuma relação com a predestinação ou a má sorte.

Conheci uma mulher, cujo pai era alcoólatra, que se casara jovem para libertar-se do ambiente familiar. Depois de alguns anos, ela percebeu que seu cônjuge mostrava certa tendência a beber quando surgiam problemas. A situação se agravou e, ao fim de dez anos, ela resolveu deixá-lo, recusando-se a sofrer o que sua mãe sofrera. Dois anos depois, apaixonou-se por um homem que parecia muito diferente do primeiro e foi viver com ele. Depois de certo tempo, ele confessou que já consumira drogas e que voltava a sofrer com esse problema. Depois de fazer de tudo para ajudá-lo e salvá-lo, como fizera com o primeiro, ela rompeu o relacionamento e, decepcionada, decidiu que não se envolveria mais com os homens. Foi morar em outra cidade e arrumou um novo emprego. Descobriu pouco tempo depois que seu patrão era alcoólatra. Essa triste história levou a mulher a consultar e a freqüentar cursos de desenvolvimento humano, depois de ter chegado ao paroxismo do sofrimento e da incompreensão.

Quantas vezes nós também temos de chegar ao paroxismo antes de reagir! A experiência ensinou-me que:

> Quanto mais recuamos diante das lições a assimilar, tanto mais aumentamos o sofrimento.

A mulher de nosso exemplo compreendeu, mediante sua busca de uma vida melhor que julgara muito severamente sua mãe e acabara por desenvolver, do mesmo modo, atitudes de vítima. Ela também aprendeu a salvar-se a si mesma cuidando de sua própria vulnerabilidade e dependência. Admitindo o fato de que a sua própria energia atraía para ela, de modo inconsciente, essas situações para que pudesse transcendê-las, ela retomou sua parcela de responsabilidade. Isso teve por efeito desvinculá-la gradualmente do rancor com relação aos homens de sua vida, libertando-a, assim, da vítima que havia em si.

> **As mensagens não-compreendidas se acumulam.**
> **Eis por que a lição parece cada vez mais difícil à medida**
> **que o tempo passa.**

A situação se assemelha um pouco a esperar a sexta-feira para fazer os deveres da semana. As escolhas nos pertencem, as conseqüências também...

Todos nós conhecemos na vida ao menos uma pessoa que podemos chamar de um sábio natural, isto é, alguém que faz a maior parte do seu aprendizado pela sabedoria e não pelo sofrimento. Porque o sofrimento não é obrigatório. Diz-se com freqüência que ele é parte integrante da condição humana. Isso parece que pode ser verificado para a maioria das pessoas. Mas, ao mesmo tempo, não é o desejo de desvincular-se do sofrimento que leva a evoluir? Na filosofia do Yoga, várias vezes milenar, há um aforismo que diz: "O sofrimento vindouro pode e deve ser evitado." [4] Isso pressupõe que devemos aprender a extrair uma sábia lição de cada acontecimento para deter a roda das conseqüências que se encadeiam. O estudo que fiz desse aforismo me ajudou muito a deixar de resistir ao que acontece comigo. Ao compreender que o sofrimento atual foi causado pelos fatos e gestos passados, ele se situa como uma colheita do que foi semeado antes. Ninguém se nega a receber uma encomenda postal registrada no nosso nome!

Minha avó, na sua simplicidade e sabedoria, costumava dizer uma frase que demonstrava sua aceitação "daquilo que é", muito embora ela nunca tenha estudado nada. Ela dizia: "O que você quer fazer!" num tom sereno que traduzia sua ausência de resistência. Ela seguia a corrente e se deixava levar, esperando que a vida lhe desse uma resposta. Lembro-me do suicídio de um dos meus primos que causou muita comoção na família. Embora adorasse o neto, minha avó não parecia sofrer. Ela se recolhera para entrar em contato com a alma do falecido e consolava os parentes e amigos dizendo-lhes que ele escolhera partir e encontrara a paz pouco tempo depois. Às vezes, dizia: "Vocês devem achar que eu não tenho coração", fazendo referência à pouca emoção que sentia por ocasião dos eventos dramáticos. Sua aceitação estava longe de ser uma resignação. Ela nascia sobretudo da sua sabedoria em admitir que:

> **Todo acontecimento tem uma razão de ser mesmo**
> **que o espírito lógico não lhe apreenda o sentido.**

---

4. Désikachar, 1986, capítulo II, aforismo 16.

Tenho também uma amiga de infância dotada de uma sabedoria natural. É fascinante constatar a que ponto a vida dela é um longo rio tranqüilo em que o aprendizado é feito com doçura, sem choques e com um mínimo de sofrimento. Considero um presente o fato de ter ao meu redor alguns espelhos que refletem minha capacidade de aprender no âmbito da sabedoria e da humildade: pois não é o ego que se rebela diante do que acontece dizendo: "Isso não acontecerá assim! Não é justo; não, não eu?"

> O tempo que passamos resistindo ao que já aconteceu nos desvincula da nossa criatividade e semeia os grãos do sofrimento, enquanto retarda a nossa volta à harmonia.

Para ilustrar essa afirmação, eis um exemplo eloqüente que uso com freqüência nos meus cursos:

Ao me dirigir a um encontro importante, um pneu de meu carro furou. Tenho uma reação de frustração (bastante humana): "Ah, não, não isso! Bem agora!" Saio do carro enraivecida, dou um pontapé na roda e ergo os braços para me queixar aos céus. Enquanto continuo na minha reação de resistência à realidade, minha situação não avança (em todos os sentidos do termo!), visto que toda a minha energia passa a viver a minha emoção. A partir do momento que aceito o acontecido, minha criatividade, que até então estava bloqueada, sugere várias soluções possíveis: Chamo um mecânico? Troco o pneu eu mesma? Tomo um táxi? A ligação com o mental então se refaz, ele escolhe a solução mais adequada e é só a partir desse momento que passarei à ação para resolver o meu problema.

Parece-me impossível evitar o sofrimento futuro sem compreender as causas do sofrimento presente.[5] Ao tomar consciência das atitudes que geram um resultado não-desejado, posso optar por adotar outras atitudes. Depois, observo

> Retomamos todo o poder de criar a nossa vida segundo a nossa necessidade desde que aceitemos que somos o seu artesão, nos menores detalhes. Nunca somos vítimas de circunstâncias externas; é o nosso espírito racional que nos mantém nessa ilusão.
> vítima = impotência
> responsável = poder

---

5. Dirijo-me aqui às pessoas que, como eu, não possuem essa sabedoria inata da não-resistência.

36 | TUDO É REFLEXO

o resultado que obterei, pois o sofrimento futuro ou sua ausência serão gerados pelas ações presentes.

Tomar consciência de que semeamos a cada dia com as nossas atitudes ajuda-nos a não nos revoltar diante da colheita que obtemos.

SÍMBOLOS ESPECULARES

Vejamos agora como os fatos da vida podem ser usados como reflexos da nossa realidade. O ser humano se serve desde sempre de símbolos para ilustrar realidades impalpáveis: uma imagem vale mil palavras. Pouco importa a língua que falamos; a compreensão dos grandes símbolos é universal. Pensemos na balança que representa a justiça e o equilíbrio, no sol que evoca calor, luz e poder. Os símbolos estão presentes tanto nos sonhos[6] quanto na realidade. Como é muito abundante no planeta, a água é um símbolo onipresente na nossa vida. Ela representa as profundezas do inconsciente, o mundo feminino e emocional; acaso não está ela presente em nossas lágrimas e em nossos sorrisos? No plano cotidiano, os problemas vinculados com a água são muito significativos.

Conheci uma pessoa que possuiu sucessivamente três imóveis e ocorreu o mesmo tipo de problema em todos eles: os canos estavam entupidos, o que causava grandes gastos. Evidentemente, a causa física era diferente em cada um dos casos. Mas, se se afasta a idéia de que uma má sorte a perseguia, pode-se supor que essa pessoa ou reprimia suas emoções ou as geria de forma inadequada, e que as conseqüências se manifestavam até na sua realidade material.

As emoções, assim como a água, são feitas para circular; elas representam uma energia poderosa em nosso interior, cuja gestão é garantia de nosso equilíbrio em todos os pontos de vista.

Há alguns anos, tive de lidar com o problema de banheiros entupidos. Nem é preciso eu me "estender" acerca dos indesejáveis inconvenientes decorrentes disso. De início, fiquei muito frustrada por ter em mãos uma despesa pela qual eu não era absolutamente responsável. Algumas convidadas de minhas filhas, em sua impaciência, tinham jogado objetos nos vasos sanitários em vez de jogá-los no cesto de lixo. Depois que a raiva se abrandou, tive de confessar a mim mesma que aquilo estava acontecendo na MINHA casa e que EU é que estava sendo punida. Transferi a realidade física do "bloqueio que ocasiona um transbordamento" no plano psicológico. Não tardei a estabelecer um víncu-

---

6. Este tema é desenvolvido no capítulo *O sonho, espelho sutil da realidade.*

lo com uma situação que se agravava no meu trabalho. Eu estava bloqueando uma emoção de descontentamento e de irritação e pressenti o transbordamento desagradável que disso decorreria se eu continuasse a me conter. Essa tomada de consciência me ajudou a mudar a minha reação, evitando que eu sofresse com tristes inconvenientes.

Para tratar a mensagem simbólica contida num acontecimento, basta considerar o primeiro sentido das palavras escolhidas para descrever a situação e transpor a resposta no sentido figurado. No primeiro exemplo, a água represada é a expressão-chave. Represar, no sentido psicológico, fala das emoções que são retidas. O acúmulo de contenção acaba por causar *muitas despesas*, expressão que, no sentido figurado, sugere um preço desagradável a pagar na vida emocional. A pessoa poderá, por exemplo, ter de se submeter a transbordamentos de emoções da parte de seu ambiente ou tomar uma má decisão em seguida a uma emoção mal gerida. Quando o mal já aconteceu no plano material, como é o caso aqui, é um bom momento para a interessada questionar-se sobre o lugar que ela dá às suas emoções.

No exemplo que me diz respeito, usei para a minha reflexão as palavras que correspondiam ao desencadeamento da minha reação emocional: *bloqueio* e *transbordamento*. Perguntei-me primeiramente: "Em que esfera da minha vida haverá um bloqueio?" Depois procurei com relação a quem ou a que eu me sentia bloqueada. O fato é que a resposta não se manifesta de imediato. O importante é manter o espírito aberto, pois a luz pode se fazer a qualquer momento e às vezes de uma maneira inesperada.

> Alguns elementos valiosos se revelam quando prestamos atenção à reação emocional que se vincula a um acontecimento.

Quer reajamos com inquietação, frustração ou irritação, essa atitude nos põe na pista da reação que nos é causada pela situação de vida em ressonância com a conseqüência material. É preciso ater-se ao fato de que o mental busca uma explicação lógica e sempre a encontrará. O trabalho de reflexo sempre se situa além da realidade material explicável. Assim, vários objetos que se quebram sucessivamente dentro de casa podem retratar uma situação estéril e que perde coerência. O segredo é dar atenção aos sincronismos, ao "acaso que faz bem as coisas".

Entretanto, a resposta nem sempre é evidente à primeira vista. Faltar a um encontro, por exemplo, pode de fato significar que resistimos a abrir uma porta na nossa vida ou, então, que esse encontro não deve acontecer; isso se aplica também ao caso de um atraso. Com freqüência, os acontecimentos que se sucedem trazem esclarecimentos. Na minha vida pessoal, parece-me que quanto mais atenta estou aos sinais, tanto mais sua quantidade aumenta. Estarão eles lá de qualquer forma, ou é a minha dúvida interior que os provoca? Eu não saberia dizer... Uma coisa é certa:

> A vida não é avara em termos de respostas quando nos damos o trabalho de perguntar.

O ECO RESPONDE

Temos amiúde necessidade do ambiente para refletir nossas atitudes inconscientes. Os gestos que nos chocam ou nos ferem existem para nos remeter a nós mesmos! Alguns fatos vividos nos servirão de guias nesse trabalho de introspecção.

Um homem recém-aposentado e amante da natureza vai a um lugar bem distante no campo. Ele está à beira de um lago ainda inexplorado, onde apenas um pequeno número de terrenos está disponível. Depois de ter conversado com ele sobre a beleza do local e sua escolha de uma nova vida, ele me fala de seus vizinhos, um casal de meia-idade com três filhos encantadores. Depois, seu tom se torna cada vez mais agressivo à medida que ele me descreve o modo de agir de seu vizinho, que não concorda com a sua visão das coisas. Ele narra um fato entre outros em que a falta de respeito é flagrante. O vizinho em questão fez passar os fios de sua ligação elétrica pelo limite dos dois terrenos, o que implica uma desarborização de cada lado, sem julgar necessário avisar o nosso homem. Todas as palavras de seu vocabulário colorido passam em sua fala para me descrever a falta de respeito e de tato de seu vizinho. Quando concordo que aquilo é algo inaceitável, ele carrega nas tintas, descrevendo-me em detalhes como censurou o seu vizinho. Quando pergunto como ele explica ter sido vítima de um comportamento desse tipo, o homem me responde que não tem poder sobre a escolha de seus vizinhos. Tento outra abertura, retorquindo: "Por que o senhor crê que a coisa se deu com o senhor, já que as chances eram menores pois o senhor nunca teve mais do que dois vizinhos?" Meu interlocutor não quer ouvir nada; na sua opinião, ele não tem absolutamente nada que ver com essa história.

Esse homem prefere usar a própria energia para defender os seus direitos e para intimidar o vizinho. Segundo o seu relato, ele lidou com freqüência em sua vida com pessoas que, como ele diz, "passam com sua ambição por cima dele".

É triste constatar que esse tipo de situação o perseguirá enquanto ele não tiver estabelecido o vínculo com a sua própria atitude de falta de respeito, quer com relação aos outros quer com relação a si mesmo. Devo precisar aqui um ponto importante. Ora a situação de outra pessoa pode nos parecer clara e evidente, ora nos arriscamos a ser mal recebidos quando tentamos fazer que a outra pessoa veja a sua verdade. De minha parte, tendo certa propensão a sempre querer ajudar, paguei caro para aprender a não distribuir as minhas *pérolas* a quem não está interessado em possuí-las.

> O respeito ao ritmo de cada um nos obriga a silenciar sobre o que vemos quando sentimos no nosso interlocutor certa resistência ou falta de receptividade.

Às vezes, o Eco se faz ouvir de modo sutil em nós, devolvendo literalmente o resultado de nossos pensamentos. Diz-se que o pensamento cria: quanto mais se alimenta um pensamento, tanto mais tem ele chances de manifestar-se no plano material e no mesmo sentido em que foi nutrido. Algumas historietas nos permitirão apreender melhor essa afirmação.

Uma mulher que vive num edifício de pequenos apartamentos se queixa do serviço de retirada da neve. Por duas vezes sucessivas, o encarregado deixou um monte de neve bem na frente do seu carro. A mulher me fala desse homem (que ela não conhece) com agressividade, tachando-o de incompetente e até de "repulsivo" (sic). Ao falar com ela, percebo que tem dificuldades de confiar nos homens e isso há muitíssimo tempo.

Desse modo, ela atrai para si situações em que parece ser alvo da incompetência masculina, o que reforça sua convicção de não poder confiar nos homens. Essa pessoa se defende, porém, de ter uma opinião negativa sobre o conjunto dos homens. Esclarecer essa situação implicaria talvez para ela uma revisão do seu contato com os homens remontando ao próprio pai, bem como da opinião dos homens, que lhe foi transmitida pela mãe. O primeiro passo para ela consiste em atentar para os pensamentos que alimenta a propósito dos homens que a cercam.

> Muitas vezes, o simples fato de identificar e de reconhecer o aspecto negativo de uma atitude muda a nossa energia. Então, não tardamos a perceber que temos vantagem em mudar uma programação obsoleta.

No capítulo sobre as relações amorosas, menciono meu sentimento de traição diante dos homens. Depois de ter passado pelas duas etapas do sofrimento e do julgamento incisivo, identifiquei com clareza essa ferida em mim e assumi inteira responsabilidade por ela. Senti ser urgente para mim adotar uma atitude positiva e confiante perante os homens. Decidi então reforçar a minha nova programação com uma afirmação que repetia com freqüência: "Os homens existem para me apoiar, eles têm sempre boas intenções a meu respeito." Como a vida é uma escola, somos testados sempre que uma lição importante foi compreendida, a fim de verificar o grau de integração. Eu tinha portanto essa nova abertura diante dos homens, embora nenhum em particular estivesse em minha vida naquele momento. Mas a inteligência Divina faz seu trabalho de maneira perfeita e a vida me preparava um teste rocambolesco em que a lição era praticamente impossível de negligenciar.

Vou à loja para comprar eletrodomésticos. O homem que me atende telefona para o depósito para confirmar que eles têm em estoque o modelo que escolhi. Depois, ele me avisa quando se dará a entrega. No dia combinado, o entregador chega com muitas horas de atraso e tenho de incomodar uma amiga para assegurar a presença de alguém na minha casa, já que tenho um encontro que não posso cancelar. Quando ele por fim chega e desembala os aparelhos, percebo que se trata do modelo do mostruário e não do que eu havia escolhido. Nem é preciso dizer que tenho de respirar profundamente para manter a calma. Telefono à loja e o vendedor me encaminha para a matriz, de onde o depósito é controlado. Tenho de refazer a operação várias vezes, pois me enviam de Caifás a Pilatos. E tudo isso se passa num mundo de homens. Eles acabam por me responder que tenho de voltar para escolher outro modelo, que custará necessariamente mais caro, pois o modelo escolhido só voltaria a estar disponível dentro de dois meses. Contudo não posso ficar sem geladeira todo esse tempo (meu marido acaba de se desfazer da sua). Aborrecimento atrás de aborrecimento, começo a me enfurecer. Refaço mentalmente essa série de acontecimentos e estou prestes a estourar: ainda essa impressão que se obstina contra mim. Mas algo me diz que tudo isso é demasiadamente exagerado. Será possível que todos aqueles homens estivessem agindo de má fé? Certamente que não. Sou obrigada a admitir que meu inconsciente atraiu esse conjunto de circunstâncias e, a partir desse momento, a lição se tornou evidente. Repito inúmeras vezes à minha frase mágica para me assegurar de não recair na armadilha.

Entretanto, o teste não estava completo. Dois dias depois, entregam-me o modelo de minha segunda escolha. Não se tratava ainda desse modelo: dessa vez, os puxadores não eram da cor desejada. Respiro e dou um grande sorriso ao entregador, dizendo-lhe que conto com ele para indicar o erro. Ele responde que tem de contatar um outro encarregado que me mandará dizer como o erro será corrigido. Felizmente, ele me deu seu nome, pois o homem não se lembra mais de mim e tenho de fazer várias tentativas para chegar a encontrá-lo. Mesmo sem conhecê-lo, aplico-lhe à distância à minha pequena frase, absolutamente resolvida a nunca mais me sentir vítima de um homem. Tive de esperar um mês até que um operário se apresentasse para mudar as portas do refrigerador. Como ele não tinha nenhuma relação com todos esses atrasos, não me foi muito difícil para mim acolhê-lo bem e parabenizá-lo pela sua eficiente forma de trabalhar.

Terminou assim, harmoniosamente, esse desordenado episódio de integração. Em seguida, tive de fazer um esforço de não-julgamento com relação a mim mesma por ter ido tão longe antes de abandonar meu sentimento de traição. Para minha grande alegria, constatei a partir disso que o dossiê estava realmente concluído.

VÍTIMAS E CARRASCOS

Na mesma linha de pensamento, eu gostaria agora de abordar o delicado tema do assédio sexual e do estupro. Sabe-se que nosso sistema judiciário ainda tende a inverter os papéis e a acusar as mulheres agredidas de provocar os homens ou, ao menos, de ter dado o seu consentimento. Trata-se de um sistema racional que se apóia, em primeiro lugar, nos fatos e busca os culpados com o objetivo de proteger as inocentes vítimas. Paradoxalmente, o estupro é sem dúvida o domínio em que as vítimas recebem a menor proteção.

Há gerações, recebemos uma formação no sentido de refletir em termos de culpados e vítimas e contamos com a lei para punir uns e defender essas últimas. Em muitos casos, a decisão dos magistrados suscita revolta e protesto, o que não faz senão aumentar o sentimento de que vivemos num mundo injusto. Somos imobilizados no torninho do bem e do mal e deixamos de saber como mover a cabeça. Vários casais em situação de divórcio verificaram as incoerências desse sistema, vendo-se obrigados a determinar qual dos dois era incorreto. Mas, apesar de certa evolução da lei, as mentalidades e as antigas programações são difíceis de desenraizar. A maioria das mulheres que são objeto do assédio masculino se consideram vítimas inocentes e praticamente impotentes.

Segundo a teoria do espelho, não é nada disso. Sei que, ao dizer isso, atrairei a cólera de muitos e tornarei as chamadas vítimas minhas vítimas. Mas, em contrapartida, sou portadora de uma boa notícia, visto que não se trata de imputar culpa às mulheres, mas, antes, de ajudá-las a retomar a posse do seu poder. A pergunta a ser feita será: "O que há em mim que atrai esse tipo de atitude?" Isso porque, refletindo-se, que proteção pode oferecer o fato de aprisionar um homem por dez anos a mais enquanto um grande número de outros potenciais estupradores age livremente?

Uma amiga próxima foi vítima de estupro por duas vezes em sua vida. Testemunhei o trabalho de reflexão que ela teve de fazer para se livrar disso. Sabe-se que uma mulher que se deixa violar por medo pode chegar a perder o gosto pela vida, e até tentar o suicídio.[7] Essa amiga sofrera um trauma em função de uma primeira agressão. Ela

---

7. Um filme sobre o tema produzido pela ONF (Anne Claire Poirier), *Mourir à tue tête*, demonstra bem essa realidade.

descobriu que tinha sido igualmente traumatizada pela autoridade do pai. Como o seu medo não se expressava diante de todos os homens, ela deduziu disso que sua história de infância estivesse enterrada. Começou a trabalhar sobre o seu medo da autoridade procurando descobrir como ela tomava forma na sua vida atual. No momento do segundo estupro, sua trajetória tinha começado, o que lhe permitiu reagir de modo bem diferente. Ela teve a coragem de não opor resistência, vendo-se pega sem socorro, e as conseqüências foram muito menos penosas. Ela estava consciente então de que uma parte dela tinha necessidade de um evento forte para enfim se livrar de seu medo dos homens. Evidentemente, ela estava longe de entender por que precisava sofrer tanto para compreender; não obstante, depois desse segundo atentado, ela dizia que estava certa de não mais ter de passar por aquela prova.

Alguns meses depois, como teste de passagem, ela foi abordada por um homem que a empurrou e roubou-lhe a bolsa. Ela começou a gritar e correu ao posto de polícia que era bastante perto (coincidência interessante!). Ela conseguiu recuperar a bolsa com todo o seu conteúdo. Minha amiga me contou que havia sido presa de uma violenta cólera, tendo ela própria se surpreendido com essa reação. Achei isso muito positivo, pois finalmente a vítima que havia nela se revoltava por não ser respeitada.

Um ano depois, ela observou um vagabundo na janela de seu apartamento, que ficava no térreo. Quando ele mexeu na maçaneta da porta para tentar entrar, minha amiga se colocou diante da porta e o olhou de frente com os olhos fuzilando e gritando NÃO com uma voz forte e determinada. O homem fugiu e ela identificou a mesma cólera positiva que sentira tarde demais quando do roubo de sua bolsa. Um grande passo fora dado. Ela se sentia abalada, mas ao mesmo tempo muito orgulhosa de si mesma.

> A vítima continuará sendo presa fácil enquanto o seu medo a impedir de reagir. Toda reação baseada na confiança em si mesmo inspira respeito.

O assédio que se qualifica de sexual, embora menos violento do que o estupro, é sem dúvida muito comum na nossa sociedade dita civilizada. Mais uma vez, a lei universal segundo a qual atraímos aquilo que corresponde a nós aplica-se de modo implacável. Uma mulher segura de si e que sabe fazer-se respeitar não será, portanto, incomodada por um molestador, mesmo estando na presença dele.

Eis um exemplo cotidiano bastante eloqüente.

Uma bela secretária se queixa de ser assediada por um de seus patrões. A jovem não menos bonita que trabalha com ela consegue, simplesmente fazendo uso do olhar, manter aquele sequioso par de mãos impassível. Diante do mesmo homem, a primeira se sente vítima e vive com medo. A segunda, não ficando intimidada, se sente com poder para impor o respeito. Sentindo, conscientemente ou não, a diferença entre as duas energias, o homem não pode senão adaptar seu comportamento. Ele continuará a assediar a primeira e não incomodará mais a segunda.

Poder-se-á replicar que, em certos escritórios, todas as mulheres têm queixas a fazer acerca do assédio e que o homem é que deve ser censurado. Não estou querendo dizer que esse tipo de comportamento masculino seja aceitável. Afirmo, pelo contrário, que só as mulheres que devem aprender algo com esse problema serão vítimas dos molestadores. Se se têm ao lado dez outras vítimas que devem aprender a mesma coisa em nada muda o fato. De minha parte, considero isso uma armadilha que nos leva a nos concentrar no comportamento do outro, o que, com toda certeza, perpetua doença que denomino "vitimite".

Sem dúvida, uma outra armadilha concernente a esse tipo de situação precisa ser mencionada. É fácil reunir várias pessoas e dirigir uma queixa a um sindicato. Esse gesto, inteiramente legítimo, pode apresentar uma parcela de inconvenientes caso as queixosas não levem a efeito, de forma simultânea, sua tomada de consciência pessoal. Com efeito, se se compreender que uma agressão exterior tem sua fonte numa atitude interior, será ilógico acreditar que uma intervenção unicamente exterior venha a solucionar o problema. Nossa jovem secretária poderá tranqüilizar-se ao ver seu supervisor despedido, mas, cedo ou tarde terá de enfrentar outras formas de assédio se não aprender aquilo que, nela, deve ser transformado. Numa situação dessas, algumas mulheres identificarão o seu medo dos homens, outras, a sua falta de estima e confiança com relação a eles; outras ainda descobrirão que atraem o desrespeito do outro como reflexo de sua falta de respeito por si mesmas.

De sua parte, um homem que vê seu emprego comprometido por suas atitudes inadequadas com relação às mulheres se vê punido socialmente, mas sua integração pessoal nem por isso é efetuada.

> O fato de ser reconhecido publicamente como vítima ou culpado em nada muda o sentido de responsabilidade que cada ser humano tem a obrigação de realizar na sua vida.

À primeira vista, poder-se-ia pensar que só os culpados têm um exame de consciência a fazer, mas, no plano de evolução da alma, o quadro é bem diferente. Veremos adiante que o *pattern*[8] do carrasco e da vítima reúne dois seres

---

8. Expressão afrancesada usada correntemente no texto que remete a um modo de comportamento repetitivo.

que têm o mesmo tipo de mágoas, embora as personalidades apresentem atitudes opostas. Às vezes, é difícil suportar a conseqüência do nosso jogo inconsciente. Nós nos beneficiamos por completo ao buscar, para cada situação que nos diz respeito, a nossa parcela de responsabilidade. Algumas situações, por sua sutileza, podem comportar uma armadilha sob medida. O tipo de apoio oferecido às chamadas vítimas pode levar estas últimas a afundar na precariedade de seu estado.

No decorrer da segunda metade do século XX, os movimentos femininos e feministas desenvolveram vários meios para que as mulheres consigam a igualdade entre os sexos. Essa luta extremamente legítima tem, contudo, pecado por alguns excessos. Com efeito, algumas reações coletivas, tais como as passeatas e os abaixo-assinados, que dirigem ao governo recriminações e exigências, são uma faca de dois gumes. Por um lado, a união confere força e poder, o que é muito positivo. Por outro, se as mulheres usam esse tipo de recurso sem, ao mesmo tempo, se responsabilizar em sua vida pessoal, elas continuaram sendo eternas dependentes de um apoio exterior.

Parece-me que uma pessoa que acredite plenamente no próprio valor será cada vez menos afetada por qualquer tipo de comportamento de desvalorização proveniente de seu ambiente. Ela se tornará cada vez mais autônoma no seu modo de enfrentar os conflitos. Chego mesmo a supor que as pessoas e as situações abusivas se tornariam muito raras no seu caminho.

Assumir-se totalmente leva tempo. A crença que nos faz encontrar um culpado para cada uma de nossas desventuras está profundamente arraigada há gerações. No entanto, desde que se aceite desfazer-se dela, toma-se consciência das ocasiões que a VIDA coloca na nossa trajetória.

Vivi um ano muito difícil no trabalho quando sofria enormemente a repressão que me era imposta por parte do diretor do estabelecimento. Dentre as cerca de trinta pessoas que compunham o pessoal, mais ou menos a metade dizia sofrer com a sua atitude, tanto homens como mulheres. As pessoas que desejavam ser autônomas no seu trabalho encontravam dificuldades para suportar o seu autoritarismo. Eu procurava justificar a minha posição como sendo "a bondosa", mas continuava incomodada pelo fato de a metade do pessoal manter uma boa relação com o mencionado diretor. Ao final de sete meses de montanhas-russas emocionais, eu acumulara um bom número de fatos que provavam a atitude discriminatória do diretor com relação a mim. Eu tinha a impressão que o meu modo de ser o deixava inseguro e isso parecia recíproco. Discuti a situação com um membro da direção geral que confirmou que eu tinha ali mais do que o necessário para dirigir uma queixa oficial e incriminar esse diretor. Eu não esperava ser apoiada a tal ponto; soube, nessa mesma ocasião, que o homem era objeto de várias queixas oficiosas e que uma gota bem colocada faria transbordar o copo de sua causa.

Senti-me de imediato compreendida e aliviada por vislumbrar um fim para o que eu considerava um verdadeiro calvário. Mas, ao refletir sobre as razões pelas quais eu me encontrava numa situação dessas, cheguei à conclusão de que o uso da "grande máquina oficial" para me defender equivalia a me esconder sob a asa de algo mais poderoso do que eu. A idéia de ter de reviver o mesmo tipo de problema com outra pessoa no futuro me provocava suores frios. Resolvi então usar o apoio verbal que me tinham dado como uma proteção que poderia atender à minha necessidade. Depois, comecei a elaborar meu dossiê interior: relação com a autoridade levou-me direto à autoridade do meu pai. Compreendi que aquele diretor mexia com a minha falta de confiança com a sua atitude de "chefão", e que essa falha em mim permitia que ele me tratasse com superioridade. De modo consciente, eu sabia que não era inferior, mas quando estava diante dele, minha mágoa de rejeição diante de meu pai me despia de todos os meus recursos.

Depois de dois meses aceitando a minha vulnerabilidade, eu estava muito mais serena, visto que não procurava mais saber se estava certa ou não. Aprendi a respeitar a minha verdade do momento. A partir dessa época, o diretor mudou radicalmente sua atitude a meu respeito. Eu mal podia acreditar no que estava vivendo. Alguns meses depois, durante as minhas férias, eu soube que ele acabara de mudar de cargo e que a mulher dele o deixara.

Fiquei feliz por não ter sucumbido à tentação da doce vingança que me fora oferecida numa bandeja de prata. Eu me sentia duplamente bem-sucedida por ter levado a efeito a minha aprendizagem sem ter tido de passar pela acusação. Até então, esta última sempre fora meu modelo de defesa mais promissor. Um ano depois, ouvi falar dele. Ao que parece, ele abrandara sua forma de contato e sua atitude geral se transformou. Como se vê, a vida trabalha para todo mundo seja qual for a situação.

Incidentes reveladores

> Todo incidente, grave ou banal, pode servir de reflexo
> de nossas atitudes inconscientes.

Vista dessa perspetiva, a vida se torna fascinante já que podemos, a todo momento, receber informações sobre o nosso mundo inconsciente. Temos então o tempo adequado para nos ajustar ao dia-a-dia, melhorando consideravelmente a nossa qualidade de vida e a nossa harmonia interior.

Com muita freqüência, vive-se uma emoção num nível profundo e não acessível ao nível consciente. Pessoalmente, não me surpreendo de ainda precisar provocar de maneira inconsciente um incidente para descobrir uma emoção que me habita. Eu as tenho há tanto tempo "mentalizadas" que permanecem ainda veleidades de minha antiga atitude. Ainda me lembro vivamente de um infortúnio engraçado que aconteceu comigo.

Eu tinha um conserto a fazer com silicone, e usava todas as minhas forças no tubo para desbloquear a ponteira quando o tubo se abriu pelo fundo, lançando a metade do conteúdo para fora dele. A substância colou em toda parte e eu fiquei meio zangada, mas ao mesmo tempo achando graça da situação. De imediato, não levei isso absolutamente a sério. Na hora do jantar, tive de usar um recipiente de mostarda dotado de um bico. A mostarda parecia estar presa no bico e eu apertei o recipiente, pensando que essa situação se assemelhava com a da tarde. No mesmo momento, a tampa se soltou e a mostarda se espalhou por todos os lugares: na minha roupa, na parede, no chão, na mesa, mas bem pouco no meu assento... Eu me irritava por ter de passar por esse contratempo terrível enquanto o meu jantar esfriava. Eu dizia a mim mesma, a contragosto, que era bem necessário reservar um tempo para elucidar a mensagem. Alguns minutos depois, ao acender o forno a gás para esquentar minha refeição, um minuto de desatenção fez com que eu tisnasse uma mecha de cabelo da testa. Ora, isso já era demais!

Engoli o jantar às pressas, ansiosa para começar a minha busca interior. Eu não ousava fazer o que quer que fosse antes de ter compreendido o que acontecera, com medo de que outro problema me atingisse. Comecei por passar em revista o meu dia: levantei-me com um humor um tanto triste, meio rabugento, acompanhado de uma leve dor de cabeça, que passou depois do café da manhã. Depois, eu escrevera durante boa parte do dia a propósito de acontecimentos do meu passado nos quais vivera uma culpabilidade que eu não admitira na época; pior ainda, eu fazia tudo para não sentir essa culpa. Logo depois, sobreveio o incidente do silicone, seguido de algumas horas de trégua na praia e do contratempo da mostarda. Esses dois primeiros incidentes me falavam de uma pressão que eu impunha a mim mesma. Pensei primeiro que eu apressava em demasia a produção de meus escritos. Essa resposta não me satisfez por duas razões: eu não sentia nenhum sinal interior de confirmação ou de alívio; e, em segundo lugar, meu humor continuava rabugento, o que não é em absoluto costumeiro em mim. Dessa maneira, dei prossegui-mento à minha introspecção, acrescentando o terceiro incid ente que continha o elemento estranho pelo seu aspecto de "punição" evidente a meus olhos.

Na abordagem metafísica com que trabalho, um acidente está vinculado a uma culpa e todo culpado acha que merece um castigo. O que determina que se é culpado? É o sistema de valores a que se aderiu, conscientemente ou não. Os valores são registrados no plano mental. Por necessidades de explicitação do tema, darei aqui ao mental o nome de juiz interior. O papel desse juiz é determinar o que está bem ou mal, de acordo com o sistema de valores. Quando decreta que houve uma falta, o juiz faz o seu trabalho, que é, como o de todo juiz, infligir uma sentença. O culpado presumível recebe então uma pena ou punição, é purgado por ela e pode, em seguida, estar livre com relação ao sistema e ter de novo a consciência tranqüila.

Parece de fato que todo o processo que se desenrola no nosso interior é idêntico ao de nosso sistema judiciário. Seguindo esse raciocínio, é portanto muito lógico aos olhos do nosso pensamento racional punir a nós mesmos quando nos sentimos culpados. Nós o fazemos para aliviar o peso do julgamento interior e para recuperar certa paz de espírito.

Segui, portanto, o filão da culpabilidade, a que estava ligada com meus escritos referentes aos episódios com o meu primeiro marido. Na época, tomei a decisão bastante consciente de agir de uma forma que contrariava os seus valores e até os meus. Minha intuição me dizia que eu devia fazê-lo, mas eu me sentia ao mesmo tempo muito culpada com relação a ele. Eu me achava num estado de sobrevida interior, e algo muito forte me impelia a transpor os limites do meu tipo de vida. Meu lado racional elaborara toda uma teoria que me permitia justificar-me a meus próprios olhos. Eu via agora de imediato que tudo aquilo não era senão uma vitrina que escondia uma realidade muito simples: eu seguia a minha intuição e me sentia culpada por isso. Eu estava transtornada com essa descoberta, visto que nunca me sentira relacionada de perto com o sentimento de culpa. As perguntas borbulhavam na minha cabeça: Por que me sinto culpada por fazer algo que é bom para mim? Desde quando reprimo assim o meu sentimento de culpa? Foi nesse instante que tive o vislumbre revelador: eu via a pequena Nicole que se sentia culpada sempre que agia segundo a sua intuição e sempre que não correspondia às expectativas de seus pais.

A pressão revelada pelos dois incidentes vinha do meu íntimo e procurava trazer à luz um sentimento oculto e até bloqueado. O primeiro incidente não tinha bastado para me pôr em contato com o meu sentimento de culpa. Um segundo do mesmo tipo tivera muitas chances de atrair a minha atenção. Mas, como as suas conseqüências mais ou menos desagradáveis não desencadeavam de modo suficiente a minha introspecção, meu inconsciente provocou um acidente que suscitou em mim medo suficiente para que eu parasse. A insistência dos acontecimentos assemelhava-se cada vez mais a uma punição e esta me fez remontar à culpa.

A partir do momento em que identifiquei o que me preocupava, senti a tensão interior diminuir e uma grande tristeza me invadiu; eu me sentia pequena e vulnerável, e só pensava em fugir. O simples fato de não ocultar o meu estado de algumas pessoas que então me cercavam foi um gesto de cura para mim. Aprendi passavelmente a acolher esse grande medo de sentir a minha culpa. Compreendi que a havia bloqueado porque ela me teria conduzido diretamente às mágoas profundas que na época, a minha personalidade queria esconder a todo custo. E, mesmo hoje, constato os caminhos errados que ela tem de tomar para que eu reconheça a sua presença, como se a culpa fosse o sentimento mais vergonhoso que existe na terra. Sim, eu tinha vergonha de não ter tido a coragem de suportar e honrar as minhas intuições. Sim, eu me censurava por ter permitido que o medo me invadisse: medo de ser rejeitada, de ser incompreendida. Mas como eu podia ser compreendida se não ousava revelar quem eu era realmente? Quanto mais afluíam as lembranças, tanto mais a tristeza aumentava. Descobri a que ponto me tratei duramente me desvinculando de minha identidade profunda, e a tristeza que me habitava era doce de sentir, pois ela me reconduzia à casa, no âmbito da minha verdade. Eu sentia muito mais harmonia nessa tristeza do que nas minhas atitudes do tipo "tudo vai bem".

Depois de um dia de aceitação e de contato com a natureza, senti a alegria de viver renascer em mim. A etapa seguinte consistia em perdoar essa parte de mim que tivera demasiado medo para confiar em si mesma.

> A aceitação e a obra do tempo, aliadas à abertura do coração, são as artesãs da cura.
> Quando o coração reconhece que tem necessidade de perdoar para libertar-se, o médico interior começa a agir.

Às vezes, tenho a impressão de que passamos toda a vida perdoando-nos por uma coisa ou outra. Em contrapartida, reconforto-me diante do pensamento que cada perdão me aproxima do amor verdadeiro. **Agradecimentos à vida.**

Trabalhar com o espelho requer confiança e perseverança. Amiúde, tenho de apalpar um pouco às cegas, antes que a luz se faça. Ao longo dos anos, desenvolvi uma atenção particular aos sinais interiores que se manifestam quando procedo a tomadas de consciência. É como se a minha alma respondesse à minha personalidade; podem-se também associar esses sinais à voz da intuição. Observei que eles variam segundo a vontade das personalidades, indo do arrepio ao choque elétrico, de um calor no peito a um sentimento de expansão geral, dos zumbidos às pressões na cabeça, para arrolar apenas alguns. Uma vez que se tenha decodificado a sua linguagem interior, as respostas perdem seu aspecto nebuloso, e isso se torna mais tranquilizador para o plano mental de incredulidade, que se acalma depois de ter tido a sua prova. Para mim, que sempre tive um plano mental muito crítico, esses sinais são valiosos, pois simplificam muito a minha vida. Além disso, a confiança se amplia pouco a pouco e, gradualmente, o meu plano mental deixa de desejar sempre conduzir o barco quando não se trata da sua raia.

Comparo o meu plano mental a uma criancinha cujas capacidades motoras são superiores a seu grau de compreensão: ela exige uma vigilância constante e deve ser protegida de si mesma. Além disso, com o seu ceticismo e o seu espírito crítico, o plano mental está sempre pronto a frear mediante os seus "sim MAS" e é bem-sucedido em semear a dúvida rapidamente. Considero que meu lado racional desempenha um papel importante em meu equilíbrio. Mas — é infalível — eu me aborreço sempre que o meu "responsável" quer se imiscuir nos assuntos do meu coração. Tenho de exercer uma grande vigilância, visto que ele tenta meter o nariz em tudo. Desconfio que fique "inseguro"

Os Acontecimentos Dão Indicações | 49

a propósito de todos os "dossiês" sobre os quais não tem controle. Devo, portanto, aprender a apreciá-lo pelos serviços que me presta, sem deixar de situá-lo em seu lugar quando isso é necessário.

ROUBOS E PERDAS

Dentre os incidentes ocasionais, é interessante esclarecer as perdas e os roubos. Eles nos remetem necessariamente a nós mesmos, na ausência de um interlocutor para refletir a realidade. Ser roubado dá a sensação de ter sido voltado na sua intimidade e ninguém quer que isso se repita.

Eis aquilo por que teve de passar uma de minhas conhecidas cuja casa foi "visitada" pelos ladrões três vezes, e isso em dois endereços diferentes. Esse tipo de coisa afasta, portanto, a tese do ladrão que volta porque conhece o lugar. De um arrombamento a outro, essa senhora, muito racional, não poupava gastos para reforçar a sua segurança.

O que o eu superior tenta nos dizer com esses desgostos? Pode tratar-se de um apego demasiado ao mundo material e de uma exortação ao desapego. No âmbito da evolução do ser, os bens materiais devem ser considerados servos e não senhores. A questão não é tanto a de diminuir a sua quantidade, mas, sobretudo, a de não fazer deles o principal sentido da própria vida.

Pode-se pender igualmente para o lado da insegurança. Por exemplo, uma pessoa que vive sozinha e tem medo de ser roubada, emite, devido ao seu medo, uma vibração que será captada por uma pessoa em ressonância com esse medo, isto é, que tenha a intenção de roubar. Tudo isso se passa no inconsciente, da mesma maneira que o animal que sente o medo no ser humano será levado a atacá-lo. O ladrão poderia sem dúvida explicar racionalmente por que escolheu determinada casa, mas dirá também que uma outra preenchia as mesmas condições. O que o impele na realidade a determinado lugar tem, antes de mais nada, um de caráter vibracional.

> Podemos esperar que a ciência prove a realidade invisível para nela acreditar ou podemos optar por verificar isso pela experiência.

Uma pessoa também pode ser vítima de roubo ao fazer uma compra que o seu inconsciente acha não merecer.

50 | TUDO É REFLEXO

Um homem que freqüentava uma série de cursos comigo acabara de comprar seu primeiro casaco de couro. Ele sonhava com isso havia muito tempo e escolhera um de grande qualidade. O vestiário que ficava no exterior da sala foi roubado durante a primeira parte do curso. Uma participante descobriu isso no intervalo, quando foi buscar seus cigarros. Comunicou-se imediatamente o fato à polícia e o curso foi retomado. Três casacos de couro tinham sido roubados, mas só o homem que descrevi dizia ter sido afetado por isso. Aproveitei para usar o grupo como sustentação à sua introspecção. O homem reconheceu que, depois de sua compra, censurara a si mesmo por ter pago tão caro e considerara ilógico gastar tanto por uma peça de roupa. Além disso, pensara que uma peça tão bonita seria cobiçada pelos ladrões e hesitara antes de deixá-la no vestiário. Essa tomada de consciência diante de testemunhas teve um efeito profundo. Ele afirmou diante de todos que merecia a compra que fizera e que tinha confiança na vida. Cerca de meia hora antes do fim do curso, bateram na porta. O policial viera devolver os três casacos; os ladrões tinham acabado de ser presos. Tinha sido a sorte? Ou a prova de que o trabalho é feito em primeiro lugar na energia, antes de se concretizar na matéria?

O fato de perder um objeto a que se tem apego pode conter uma mensagem da mesma ordem do exemplo do casaco. A perda, é porém, diferente do roubo, em virtude da ausência de intervenção exterior. Encontrar-se-ão amiúde respostas do lado da autopunição, ligada ou não ao sentimento de não se merecer o que se possui. Uma pessoa pode censurar-se por não ter sido generosa com relação a alguém ou fazer a si uma reprovação de qualquer tipo.

No caso em que o objeto perdido foi recebido como presente, pode-se procurar um sentido do lado da relação que se mantém com essa pessoa. Desencaminhar o presente de uma cunhada com quem se vivenciam conflitos pode ser uma forma disfarçada de rebelião; a perda de um presente vindo de um ente querido pode ser provocada, por exemplo, por um medo de decepcionar ou de não estar à altura.

Perder um objeto que tem valor a nossos olhos poderia também representar o medo inconsciente de perder alguém que nos é caro ou de se sentir perdedor no âmbito de uma dada situação.

O tipo de objeto que se perde pode igualmente nos fornecer uma pista. Uma pessoa que perdeu sucessivamente três ou quatro jóias concluiu desse fato que devia desapegar-se do supérfluo. Uma outra que perdera o relógio deduziu que devia se preocupar um pouco menos com o fator tempo em sua vida. Seja qual for o número de incidentes, será o mesmo o número das respostas.

> Criamos a nossa vida sob medida. Se temos a criatividade necessária para atrair a nós acontecimentos tão variados quanto originais, possuímos também todos os recursos para interpretá-los de maneira adequada.

Os ACIDENTES

Se há fatos que parecem colocados sob o signo do acaso e da fatalidade, trata-se com efeito dos acidentes. Pode-se pensar que um engavetamento que envolve vinte carros contenha uma mensagem diferente para cada pessoa implicada? Ora, por que não? Afinal de contas, não deve ser mais complicado para os administradores invisíveis dos eventos terrestres planejar uma cena de tal complexidade do que para um bom profissional fazer um filme com efeitos especiais! Costumo dizer: *a realidade vai além da ficção* desde que verifiquei a exatidão dessa afirmação na minha vida. Se me divirto imaginando a distribuição dos papéis desta peça de teatro da vida, posso introduzir nela personagens muito diferentes uns dos outros, mas que têm grandes chances de terem pontos em comum.

Coloquemo-nos diante de uma calçada escorregadia com pouca visibilidade ao entardecer. O motorista 1 roda sobre a autopista, meio perdido em seus pensamentos. Ele ainda está pensando no escritório, pois não ficou satisfeito com seu desempenho no dossiê em curso. Ele faz uma manobra ruim e começa a derrapar.

A motorista 2 tem o hábito de correr mais depressa do que a velocidade permitida. Ela não gosta de perder tempo. Ela cometeu uma infração ultimamente por desrespeitar o limite de velocidade numa zona residencial. Ela vai rápido demais para evitar o motorista nº 1. Este se fere sem gravidade. Os dois carros sofrem pequenos danos.

O terceiro roda em velocidade normal. Ele não teve tempo de comprar pneus novos desde que o seu manobrista o avisou, no mês anterior, de que os seus já não ofereciam segurança. Ele não consegue evitar o impacto: danos materiais, nenhum ferimento.

O quarto pensa em sua nova amiga enquanto ouve uma canção no rádio. Ele conseguiu evitar os outros carros e se encontra no canteiro entre as duas vias: nenhum prejuízo.

A quinta pessoa volta de um encontro romântico extraconjugal e se apressa a entrar para preparar o jantar dos filhos. Ela evita o terceiro carro, mas derrapa, indo bater no segundo com o lado esquerdo de seu carro. Fica gravemente ferida.

O sexto veículo é uma pequena caminhonete que transporta cinco pessoas que voltam do trabalho. Ela bate em outro carro e tomba de lado; os prejuízos materiais são sérios. O motorista e os passageiros do lado esquerdo e do centro nada sofreram. O passageiro da frente do lado direito teve duas fraturas, enquanto a passageira sentada atrás do mesmo lado sai do acidente com pequenas contusões.

Não é preciso estender essa lista aos vinte carros para compreender como a energia trabalha. Vejamos sobretudo em que estado de espírito estava cada uma das pessoas envolvidas nesse engavetamento. Poderemos mais facilmente estabelecer ligações entre as conseqüências a assumir e as causas ligadas ao estado interior das personagens desta encenação (cf. o esquema para uma visão de conjunto).

N° 1 — censura-se por não mostrar mais firmeza no trabalho;

N° 2 — está estressada, e rói as unhas por não ter corrigido a sua atitude;

N° 3 — pensa ao derrapar: "Então eu deveria ter..."; ele se sente em falta.

N° 4 — sente-se de bom humor e pode ajudar os outros a não dramatizar;

N° 5 — sente uma culpa bastante consciente;

N° 6 — o motorista não se decide a anunciar a seus passageiros que não quer mais transportá-los;

N° 6A — o passageiro da frente está beirando a estafa e sonha secretamente com férias prolongadas;

N° 6B — uma das pessoas sentadas atrás já freqüentou um curso de primeiros socorros;

N° 6C — a outra é uma jovenzinha que está fazendo um estágio no trabalho e que é muito tímida. A situação força-a a se comunicar e a oferecer ajuda;

N° 6D — a passageira de trás, que se viu presa sob duas outras pessoas, tem dificuldades em seu cotidiano de não se deixar invadir.

Pode-se constatar que, em vários casos enumerados, um sentimento de culpa está presente. A motorista n° 5 é a mais gravemente atingida porque sua culpa é maior. Os números 1 e 3 sofrem prejuízos materiais leves ligados a uma culpabilidade menor, mas que requer uma mudança de atitude. A pessoa do 2° carro está no mesmo caso, mas não estava consciente de censurar-se. O n° 4, assim como a pessoa que pode dar os primeiros socorros, estão presentes para pôr suas qualidades de alma a serviço dos outros. O motorista e o passageiro da frente do sexto veículo sofrem as conseqüências da incapacidade de se respeitarem: o motorista fica sem o próprio veículo e não pode mais transportar ninguém, enquanto o passageiro terá férias forçadas por alguns meses. Nos dois casos, o inconsciente provocou a solução que o consciente era incapaz de pôr em prática. É igualmente o inconsciente da jovenzinha estagiária que a coloca em situação de se superar. Sendo ela inexperiente, a vida lhe fornece as ocasiões de se abrir. Se não o fizesse, ela teria, a longo prazo, de sofrer conseqüências, como nos dois casos precedentes. Quanto à passageira que só teve contusões, ela já faz um trabalho consciente com relação ao de seu problema de afirmação. Ela vê esse evento como um chamado à ordem e, ao mesmo tempo, um encorajamento e um sinal de progresso, dada a banalidade, para ela, das conseqüências.

Esse exemplo fictício nos permite deduzir que a culpa, com muita freqüência, é a causa de acidentes que nos causam ferimentos ou danos materiais.

Vejamos o que se extrai da tabela à direita.

As pessoas que não têm de sofrer nenhuma conseqüência negativa não sentem nenhuma culpa. Nos outros casos, quanto maior a culpa, tanto maiores as conseqüências. Nota-se do mesmo modo que, quando o problema era consciente, as conseqüências variavam de acordo com o fato de a pessoa dar a si mesma os meios de resolver o problema, ou com o fato de ela não se ocupar dele. Se se considerar esse acontecimento com o distanciamento de almas que

representação gráfica do acidente

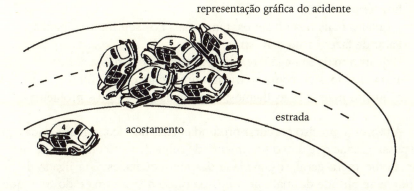

CONSEQÜÊNCIAS	CAUSAS	PESSOAS IMPLICADAS
Nenhuma conseqüência desagradável	Nenhuma culpa	Motorista 4 Passageiros 6B e 6C
Danos materiais leves	Alguma culpa	Motoristas 1-2-3
Mais danos materiais	Culpa grande e consciente	Motorista 5
	Desrespeito aos próprios limites. Necessidade de afirmação	Motorista 6
Ferimentos leves	Pouca culpa	Motorista 1
	Problema de auto-afirmação	Passageiro 6D
Ferimentos graves	Culpa forte e consciente	Motorista 5
	Desrespeito aos próprios limites	Passageiro 6A

buscam testar algo a fim de evoluir, pode-se concluir que um engavetamento é uma espécie de "criação coletiva". Cada uma das pessoas implicadas tem algo de preciso a retirar do acidente.

> Um acidente não se deve ao azar nem ao acaso. É um meio, ou choque, que a alma dá a si mesma para se conscientizar de alguma coisa.

Mas então, se isso é verdade, como fazer para não sofrer acidentes? Pois, quem quer aprender dessa maneira brutal?

Conheço alguns truques que se mostraram úteis:

- Dar férias ao juiz:

  quanto mais nos julgamos, tanto mais nos sentimos culpados;
- Parar de fazer como o avestruz:

  quanto mais se nega a realidade, mais se continua a sofrer;
- Tratar a si mesmo como se trataria um amigo ou um filho:

  quanto mais nos acolhemos, tanto mais evitamos os problemas.

Às vezes, é preciso procurar profundamente no inconsciente, dada a grande possibilidade que tem o sentimento de culpa de se esconder ou de se esquivar. Como regra geral, a gravidade das conseqüências está ligada de modo direto à amplitude do mal que a pessoa causa a si mesma e do freio que ela impõe à sua própria evolução. Mais uma demonstração da onipresença do efeito espelho... Certos acidentes graves têm por função realinhar a pessoa com o caminho que a sua alma deseja seguir. Basta conversar com qualquer pessoa que tenha passado por uma morte clínica de alguns minutos para constatar a que ponto pode se transformar a sua atitude depois de uma dura prova. Às vezes, encontro pessoas que invejam os que entraram em contato com a sua razão de ser de modo tão intenso. Convido-as então a serem gratas pela fé e pela consciência que adquiriram sem ter tido de infligir a si mesmas traumas tão graves.

> A amplitude das conseqüências que temos de sofrer é sempre proporcional ao grau de fechamento e à negação da nossa realidade interior.

Quando abordo o assunto da culpa nos meus cursos, peço aos participantes exemplos de acidentes que sofreram no passado. Tenho muitas vezes a oportunidade de orientar pessoas que desejam descobrir os desencadeadores inconscientes de seus acidentes. Fascina-me sempre constatar que a memória guarda todos os dados e os reativa no momento em que aceitamos abrir a porta. Naturalmente, não se pode mudar nada do passado, mas, por certo, se pode descobrir o verdadeiro sentido daquilo que aconteceu; trata-se de uma boa maneira de aceitar a própria responsabilidade e de recuperar o poder para o presente e o futuro. Além disso, nos livramos do sentimento de ter sido vítimas de uma situação.

Os acidentes menos importantes

Nossa vida cotidiana está repleta de pequenos eventos a que não damos absolutamente nenhuma importância. Estamos tão envolvidos no ritmo desenfreado da vida moderna, tão absortos em nossas inúmeras preocupações, que muitas vezes passamos, sem nos dar conta, por pequenos <u>espelhos corretores</u>. Entendo como tais os sinais que, embora menos destacados, podem nos servir de guias em nossa busca da atitude justa. Não é agradável pensar que, ao menor passo em falso que damos, nossa Sabedoria interior se dá ao trabalho de nos fornecer instrumentos para nos fazer voltar ao bom caminho? Muitas vezes precisamos de lembretes, considerando-se o fato de que mais de dois terços de nossos gestos são inconscientes ou automáticos.

Os acidentes benignos podem se revelar valiosos lembretes, como se nos tocassem com um dedo para nos tornar conscientes de nós mesmos. Falar em dedo me faz lembrar de uma anedota familiar.

Minha mãe, que a meu ver é uma pessoa consciente e evoluída, é objeto de afetuosas zombarias da parte dos membros da família por causa de sua "adoção" dos curativos prontos. Ela sempre traz um em algum dedo; quando não é um corte ou um arranhão, é uma unha quebrada.

O que se toma por falta de cuidado é muitas vezes decorrente do fato de não estar presente àquilo que se está prestes a fazer. Basta então rebobinar a fita mental para identificar o lugar em que o pensamento estava no momento do incidente. Minha mãe, ainda que tenha uma boa auto-estima, freqüentemente se reprova por coisas insignificantes. A cada pequena preocupação injustificada, sobrevém seu pequeno acidente-espelho; este se faz acompanhar de uma mensagem de amor que se poderia enunciar do seguinte modo: **Por que tratar a si mesma dessa maneira? Você não faz o possível em cada situação? Logo, acolha a sua imperfeição em vez de julgar a si mesma!**

Quando isso me acontece e revejo os meus pensamentos, é raro que eu não encontre algum julgamento sobre mim mesma. As faltas de atenção ao momento presente ocorrem sobretudo quando o espírito está absorto, ansioso ou avaliando a si mesmo. As escoriações, os cortes, os pequenos arranhões, as contusões e as quedas sem gravidade são uma excelente ocasião de aprendizagem. É muito mais fácil, e sobretudo menos perigoso, ser capaz de usar o efeito-espelho em situações que não trazem conseqüências!

> O mínimo descuido, em vez de nos desvalorizar aos nossos olhos, torna-se objeto de curiosidade e de busca com o objetivo de expansão da consciência.

Como um detetive habilidoso, para quem cada detalhe tem importância, todos podem se tornar bons investigadores de seu próprio caso. O segredo?

56 | TUDO É REFLEXO

Não se levar demasiado a sério, porque o objetivo é tornar o espírito mais leve suprimindo juízos, dúvidas e reprovações. O melhor remédio interior para todas essas pequenas distrações ainda é uma boa dose de tolerância com relação a si mesmo.

AUTOMÓVEL, QUANDO VOCÊ NOS FALA

Quem fala de acidentes refere-se constantemente ao automóvel. Eis algo que sem dúvida é um elemento importante no cotidiano de muitas pessoas. E a tal ponto que pode servir de reflexo às nossas atitudes inconscientes. À primeira vista, ele reflete evidentemente a condição material e os gostos do proprietário; porém, no plano metafísico, a coisa vai muito mais longe.

Na interpretação dos sonhos, tem-se o hábito de associar o próprio comportamento à maneira como o sonhador leva a sua vida. Considero útil, no âmbito deste livro, sugerir alguns elementos que possam servir de ponto de partida à busca pessoal.

A tabela a seguir vincula as diferentes partes de um veículo com a realidade da vida atual. As perguntas formuladas servirão de apoio à reflexão. É claro que essa lista está longe de ser exaustiva; e a interpretação e as ligações podem variar de acordo com a criatividade de cada um. A lista pode ser usada quando há um defeito não decorrente do desgaste normal das peças. Outras questões podem ser acrescentadas à vontade.

Se o carro em si é um reflexo de nossas atitudes, o mesmo ocorre com a nossa maneira de dirigi-lo. As pessoas próximas podem nos ajudar a esclarecer o nosso "perfil de motorista". O tipo de REFLEXÃO que vamos receber pode nos revelar a maneira pela qual conduzimos a nossa vida: com impaciência, imprudência, moderação, respeito, indecisão, vivacidade, displicência, agressividade...

Quanto ao rendimento do veículo, trata-se de algo capaz de fornecer preciosas indicações. Seu funcionamento em geral é satisfatório? Com que freqüência ocorrem os problemas? Referem-se eles mais à carroceria ou ao funcionamento? Os reparos são dispendiosos? As panes ou os defeitos ocasionam problemas suplementares? Exemplos: faltar a um encontro, ao trabalho ou a uma atividade num dia de folga, ter de se privar de uma compra, ficar imobilizado num local longe de casa.

Trata-se, em todos os casos, de sugestões de perguntas destinadas a nos dar uma pista, por menor que seja a atenção que dediquemos aos sinais que a Consciência Superior nos transmite por meio de fatos e gestos aparentemente corriqueiros. A maioria das pessoas usa o automóvel todos os dias.

De modo algum temos necessidade de conhecimentos e preocupações filosóficas para evoluir. Na realidade, a VERDADE não está escondida nem é secreta.

> Desse modo, as grandes lições e as lições mais simples se ocultam muitas vezes bem perto de nós, na nossa realidade material.

Ela se revela a quem se empenha em lançar o olhar para além dos fatos e das aparências. Assim como num texto se encontram vários níveis de leitura, um fato, um evento, assim como "sincronicidades" que com ele se vinculam, permitem inúmeros níveis de interpretação. Cabe a nós fazer as vezes de Sherlock Holmes e de Hercule Poirot por meio de uma observação constante e atenta daquilo que acontece conosco.

Lembro-me de um ano no qual cometi três infrações no trânsito num espaço de um mês e meio. Pela primeira vez ultrapassei o limite de velocidade permitida em zona residencial, sendo a segunda infração o ter passado com o sinal amarelo. A terceira foi a pior. Eu morava então na cidade e tinha de estacionar na rua. Saindo pela manhã, não vi o meu carro, e me dei conta de que ele havia sido rebocado. Mas eu tinha examinado bem os painéis indicadores sem ter percebido uma placa provisória anunciando a retirada noturna da neve.

O valor total das três violações fez meu orçamento estourar feio, para não falar da frustração e da raiva, que, elas também, ameaçaram estourar. Na verdade, eu me pergunto quantas contravenções a mais teriam sido necessárias para que despertar dessa letargia se aqueles não tivessem sido tão caras? Na situação em que eu me encontrava, era bom despertar logo se quisesse fazer parar a contrariedade da força policial com a minha pessoa supostamente inocente! O que então a vida tentava me dizer essas coincidências desestabilizadoras?

Trata-se de três infrações de ordem diferente, mas procurei o que nelas poderia haver de comum. Claro que todas tinham que ver com a minha maneira de dirigir o carro. "Gentil retrovisor, diga-me, o que está errado?" Foi enquanto eu jogava com as peças do quebra-cabeças que a palavra "apressada" começou a brilhar na minha tela interior. Eu estava apressada demais para respeitar o limite de velocidade, apressada demais para parar no farol amarelo, demasiado apressada para reservar tempo à observação atenta de todos os sinais. Minha reflexão me levou a considerar que eu não adaptara o meu comportamento automobilístico à minha nova consciência; como se eu me tivesse eximido de aplicar as leis universais a esse aspecto da minha vida.

> Quanto mais se amplia a consciência, tanto menos a nossa energia pode suportar o menor desvio, a menor incoerência. A responsabilidade aumenta ao mesmo tempo que a consciência.

PARTE DO VEÍCULO	LIGAÇÃO COM A VIDA ATUAL	PERGUNTAS PERTINENTES
Carroceria	Corpo físico	◆ Que tipo de manutenção eu faço com relação a ele? (regular ou irregular) ◆ Eu me preocupo em mantê-lo em bom estado?
Aspecto exterior	Personalidade	◆ O que penso da minha imagem? ◆ O que eu desejo que as pessoas vejam de mim?
Parte interior	O eu íntimo	◆ Como está a limpeza do interior do meu carro? ◆ Tenho tendência a acumular objetos aí?
Motor	Força-motivação	◆ Costumo me animar demais? ◆ Falta-me às vezes motivação? ◆ Tenho confiança na minha capacidade?
Faróis	Capacidade de visão	◆ Há uma situação que me recuso a ver? ◆ Lado direito: intuição, emoções — criatividade, capacidade de receber ◆ Lado esquerdo: análise, organização, vontade, capacidade de dar
Bateria e alternador	Energia vital	◆ Estou com pouca energia? ◆ Costumo deixar-me esvaziar sem reservar tempo para me "recarregar"?
Radiador	Reservas	◆ Faço as coisas intempestivamente? ◆ Continuo a avançar quando sinto que as minhas reservas estão se esgotando?
Freios	Controle, segurança	◆ Tenho tendência a me refrear diante da novidade? ◆ Lanço-me com muita pressa sem saber parar?
Acelerador	Desejo de avançar	◆ Que tipo de motorista descreve melhor a maneira de eu me conduzir na vida: medroso — prudente — consciente — distraído — agressivo — lento — apressado?

Transmissão — Caixa de câmbio	Capacidade de reação — Ritmo de desenvolvimento	◆ Tenho dificuldade para fazer "engrenar" os meus projetos? ◆ Fico irritado quando dirijo? ◆ O que me impede de avançar?
Pneus	Capacidade física — Suporte que permite avançar	◆ Sou levado a desistir diante dos obstáculos? ◆ Sinto-me arrebentado?
Gasolina	Alimentação interior, energia para se manter cotidianamente	Em caso de pane: ◆ Afastei-me da minha Essência Vital? ◆ Tenho a impressão de que me faltam meios ou dinamismo para conduzir a minha vida?
Volante	Controle da direção a tomar	◆ Sou eu quem decido as coisas ou me deixo levar pela vida? ◆ Sou levado a hesitar diante de duas opções?

60 | TUDO É REFLEXO

De fato, uma vez que SABEMOS, não podemos mais agir como se não soubéssemos. Todavia, quando nos fazemos de inocentes, nossa sabedoria está presente para nos chamar à ordem. Nesse tipo de situação, o fenômeno da repetição, longe de se dever à má sorte ou ao acaso, serve para chamar a atenção a fim de permitir um reajustamento de atitude. A cegueira vem a ser, cedo ou tarde, causa de sofrimento.

Quanto mais nos habituamos a lidar com a simbologia dos objetos e dos acontecimentos, mais as mensagens parecem se apresentar de maneira literal. Assim, por exemplo, um farol que deixa de funcionar indica que devemos buscar aquilo que uma parte do nosso ser não quer ver diante de si. Um pequeno amassado no pára-choque pode servir para nos despertar acerca do ponto com respeito ao qual temos de nos alinhar. Fechar as portas deixando as chaves dentro do veículo pode nos lembrar de que é impossível levar a nossa vida se a cabeça estiver em outro lugar e não estivermos presentes a nós mesmos. Torna-se assim divertido, e mesmo fascinante, observar as mínimas coisas que acontecem do ângulo de uma realidade interior que se reflete no mundo exterior.

A CASA, REFLEXO DO MUNDO INTERIOR

Dentre essas realidades, a casa em que moramos merece menção. Quer se seja proprietário ou locatário, sedentário ou nômade, os ambientes nos quais escolhemos viver refletem aquilo que somos. É sem dúvida isso que explica o fato de a maioria das pessoas não permitir a entrada de ninguém na intimidade de seu lar.

Enquanto o automóvel, objeto em movimento, reflete as atitudes, a casa ou apartamento reflete o estado de espírito. Basta chegar ao interior de uma casa para sentir a atmosfera que dela advém e saber, em pouco tempo, se nos sentimos ou não à vontade ali. Tudo isso se deve ao fato de o ser humano emitir vibrações que se fixam, em maior ou menor grau, na matéria circundante. O invisível se manifesta na realidade visível por meio do nosso gosto e de nossas escolhas em matéria de ambiente geral, de espaço, de móveis, de objetos diversos, de cores e de disposição. Não é preciso dizer que o resultado que eu qualificaria como energético não tem nada a ver com a riqueza material da pessoa. Nessa vibração particular impregna naturalmente o nosso ambiente íntimo, e todo ser vivo, animal ou humano, a percebe, tenha ou não consciência desse fato.

Do mesmo modo, é deveras improvável que nos entendamos maravilhosamente com alguém se nos sentirmos incomodados no seu ambiente doméstico.

Pessoalmente, ocorreu-me de me sentir incomodada na casa de pessoas que considero bons amigos. Com o passar do tempo, descobri certos aspectos delas que eu desconhecia e com os quais não me sentia em harmonia. Uma vez que me conscientizei dessas informações, pude escolher a orientação que desejava imprimir ao meu relacionamento. Tudo isso deve, é claro, ser relativizado conforme a pessoa more só ou com outras pessoas.

Seja como for, creio que se deve sempre levar em conta aquilo que se sente em determinado ambiente, porque essa sensação tem um número incalculável de informações valiosas.

Estar bem na própria casa é por certo muito importante. Quando isso não acontece, há vários caminhos a explorar no tocante ao espelho.

PERGUNTAS PERTINENTES QUANDO SE PENSA EM MUDAR DE RESIDÊNCIA

◆ Estou bem comigo mesmo neste momento?
◆ O que me desagrada neste ambiente?
◆ Do que preciso para me sentir à vontade?
◆ Quais são as lições ligadas ao fato de eu morar aqui?

Uma pessoa põe a casa à venda e durante vários meses nada acontece. Ela quer sair da casa porque viveu ali um relacionamento amoroso que agora chegou ao fim. A escolha do ambiente tinha sido um compromisso, e a pessoa a vira, de início, como temporária. Por que então ela não consegue vender a casa?

Nós achamos que escolhemos uma casa em função de sua forma, de seu tamanho, de seu aspecto exterior, de sua atmosfera. Isso só é verdade parcialmente, se consideramos que a alma, para evoluir, precisa de uma certa situação vibratória. Cada lugar emite uma energia particular, e a pessoa se sentirá atraída por aquele ou por aqueles que estão em ressonância vibratória com ela.

A pessoa do nosso exemplo mora num terreno margeado por um pequeno curso de água. Como a água simboliza o inconsciente e as emoções, ela pode se questionar quanto ao seu relacionamento amoroso. Este acabou no plano físico, mas terá chegado ao fim no plano invisível? Duas almas podem continuar ligadas muito tempo depois de um rompimento amoroso. De que tipo de ligação se trata? Seria ilógico acreditar que um vínculo positivo a impedisse de avançar. É preciso, pois, pesquisar o lado sombrio do relacionamento: raiva, ressentimento, dor, traição...

Tão logo a energia dessa pessoa se livrar de toda a emoção negativa com relação ao ex-companheiro, o movimento natural da vida retomará o seu curso e a pessoa terá muitas possibilidades de deixar essa casa.

Estamos sempre no lugar certo no momento certo.

62 | TUDO É REFLEXO

Os cômodos da casa também podem refletir nosso estado de espírito por meio de suas diversas funções:

Cozinha ——————— Transformação, provisão
Quarto ——————— Repouso, isolamento
Sala de Jantar ——————— Encontros, comunicação
Banheiro ——————— Purificação, relaxamento
Sala de Estar ——————— Atividades, prazer
Escritório ——————— Trabalho, reflexão

Tendemos a privilegiar um ou mais cômodos num determinado período de acordo com as nossas necessidades particulares. Podem-se por exemplo tomar freqüentes banhos quentes por um longo período de tempo. Temos tendência ao isolamento quando precisamos de um tempo de integração, assim como a convidar pessoas quando o nosso espírito está receptivo. Trata-se sempre de indícios acerca de como estamos e do que vivemos.

Já aconteceu com você não poder suportar os tons ou o estilo de decoração de uma parte de sua residência? Mas quando a escolheu você o fez orgulhoso de sua escolha. Trata-se de um capricho seu ou do desgaste do tempo? Talvez não. Estamos em constante evolução e a nossa energia se altera. Inconscientemente, somos atraídos pelas cores compatíveis com o nosso campo energético (Anexo 1). Do mesmo modo, não devemos hesitar em fazer modificações (ser criativo não equivale a ser caro) que permitam que nos sintamos em harmonia com o ambiente.

Diga-me onde você mora e direi quem você é neste momento.

OS REVELADORES POSITIVOS

Se os incidentes muitas vezes traduzem aspectos que a pessoa se recusa a ver, eles são igualmente o reflexo de aspectos positivos inconscientes com os quais temos necessidade de retomar o contato para aumentar a confiança em nós mesmos, bem como a nossa auto-estima. Desse modo, a nossa Sabedoria interior às vezes nos lança piscadelas tanto a propósito de pequenas coisas como de grandes.

Por ocasião de uma troca de presentes, entre amigos secretos na firma em que trabalhava, ganhei o Schtroumph dorminhoco[9] confortavelmente instalado em sua cama. Eu mal saía de um período de intenso trabalho introspectivo e achava que estava pronta a

---

9. Personagem de história em quadrinhos associado à preguiça.

me lançar ao período seguinte. A vida me dizia que, pelo contrário, era hora de descansar e de cuidar de mim com carinho. Essa mensagem me ajudou a reduzir a tensão e, no mês seguinte, dei-me conta de que a minha cama me atraía de maneira incomum. Pus o schtroumph no criado-mudo como lembrete, e esboçava um sorrisinho toda vez que o meu olhar dava com ele. Algum tempo depois, ao olhar para ele, eu já não tinha a mesma sensação de antes. Fiquei então sabendo que a minha fase de repouso chegara ao fim.

Os eventos especulares são magnéticos no sentido de que se manifestam em função das nossas necessidades e do nosso desejo. Um desejo sentido intensamente pela alma costuma provocar manifestações físicas necessárias à sua realização. É raro que esses sinais venham de uma fonte previsível, e eles estão associados à fé do interessado. Não é por outro motivo que se diz que a fé move montanhas! Lembro-me de um fato no qual a minha fé me impeliu, de todas as maneiras para as montanhas...

Há alguns anos, planejei uma viagem de iniciação ao Peru com um pequeno grupo de desenvolvimento pessoal. O contato com o guia inca de passagem pelo Canadá despertara em mim uma inexplicável atração por esse périplo. Eu só dispunha da metade do dinheiro necessário. Lembrei-me então de que o meu contador falara da possibilidade de eu receber uma boa devolução do imposto de renda. Dirigi-me à vida, ou, melhor dizendo, a parte de mim que estava voltada para essa viagem (eu estava um tanto confusa por que o meu lado mental não compreendia o que estava acontecendo comigo!). Estipulei então que, se o dinheiro viesse antes da data-limite de inscrição, isso seria para mim sinal de que deveria ir; recebi o dinheiro dois dias antes do prazo final. Quando voltei do Peru, havia recebido uma carta que dizia que ocorrera um erro na minha devolução e que eu deveria reembolsar um terço da quantia que me fora atribuída. Estourei de tanto rir: o governo acabara de me emprestar a soma de que eu precisara para partir. Eu sabia muito bem que não teria me atrevido a fazer um empréstimo para fazer essa viagem, que eu considerava acima das minhas condições. Minha energia superior tomara uma decisão diferente...

Considerei com cautela essa notícia que poderia se afigurar uma catástrofe; não é preciso dizer que eu não dispunha do dinheiro para fazer a devolução, mas tudo se arranjou da melhor maneira. Fui compreender muitos meses mais tarde a que ponto essa viagem única fora determinante na minha evolução.

Esse exemplo teve em mim muita repercussão, mas a minha história está cheia de pequenos fatos nos quais o dinheiro chega justo no momento certo e, na maioria das vezes, de uma fonte inesperada. Percebi algo constante que, a meu ver, está longe de ser desprezível: trata-se sempre de casos em que a necessidade é real, não se tratando de um desejo nem de um capricho.

Às vezes, a vida segue caminhos tortuosos para nos revelar o melhor de nós mesmos. Ocorre de o medo de nossa própria força ser tão paralisante, que o espírito tenha de recorrer a meios consideráveis para nos levar a contemplar

64 | Tudo é Reflexo

a nós mesmos. Os grandes acontecimentos da nossa vida, para a nossa felicidade, nem sempre são lições dolorosas. Mas por vezes precisamos chegar ao fundo do poço para perceber que somos de fato capazes.

Com a ajuda da minha família, passei por uma experiência que não estamos prontos a esquecer. Há vários anos, meu irmão adoeceu num momento em que a minha mãe partira para fazer uma longa viagem. Como ela era o principal esteio moral dele, julguei que a ocorrência do fato naquele momento não se devia ao acaso, já que o meu irmão era na época uma pessoa muito "insegura". Como o meu pai falecera há muitos anos e a minha irmã vivia no exterior, só lhe restava eu, que morava longe da cidade em que ele vivia. Meu irmão estava sofrendo de pânico e, depois de se consultar, viu-se internado numa instituição psiquiátrica. Minhas visitas ao seu leito me deprimiam literalmente, já que ele definhava a olhos vistos. Não conseguíamos imaginar como alguém, mesmo equilibrado, pudesse manter a sanidade no contexto traumático em que o meu irmão se encontrava.

Fiz tudo o que pude para manter a compostura. O meu companheiro, bem mais afetado pelas suas emoções e por uma situação que julgava inumana, me propôs levá-lo para casa. De início surpresa com a generosidade de sua idéia, concluí que apenas um ambiente familiar acolhedor, aliado a uma atenção personalizada, poderia fazê-lo sair daquela situação.

Até hoje me surpreende a audácia dos meios que empreguei para fazê-lo sair do hospital. Consegui ganhar a confiança do psiquiatra, que assinou sua alta duas semanas mais tarde. Eu tinha indicações bem precisas a seguir, pois meu irmão estava tomando uma forte medicação. Esta lhe paralisava parte do cérebro e o tornava deveras incapaz mesmo para as atividades mais simples, como comer e atender às suas necessidades. Meu marido e os meus filhos aceitaram incluir o meu irmão no seu cotidiano, além de aceitar o fato de que eu teria menos tempo para lhes dedicar.

Os primeiros dias foram difíceis, dado que ele tinha obsessão com a morte. Eu acompanhava os seus delírios e tentava aplacar o seu medo. Eu sentia que as energias dele estavam como que possuídas e eu limpava seu corpo com as mãos, que depois mergulhava na água para canalisar essa energia. Inspirei-me parcialmente em terapeutas que eu vira agir, mas a maioria de meus gestos eram instintivos e eu até me surpreendi ao me ver fazendo-os. O meu desejo de ajudar o meu irmão era um forte catalisador que me fazia descobrir em mim mesma um ser que eu não conhecia. Tive o atrevimento de reduzir a medicação, seguindo a minha própria avaliação, interpretando à minha maneira as instruções médicas. A cada visita, o médico ficava maravilhado com o progresso obtido. Embora ele me tivesse prevenido de que meu irmão poderia não voltar a ter uma vida normal e que, se o conseguisse, não o faria em menos de um ano, obstinei-me em acreditar no contrário. Eu julgava que o meu irmão estava passando por uma profunda crise existencial e que só precisava do nosso amor para sair dela fortalecido.

Passados dois meses em nossa casa, numa situação natural em que retomava a vida, meu irmão voltou ao seu apartamento, tendo deixado de precisar tomar boa parte de seus medicamentos.

Algumas semanas mais tarde, ele voltou a trabalhar, sendo assistido pelo médico de família. Essa ajuda dada ao meu irmão era aos meus olhos bastante normal, e eu não me dei conta da amplitude da força e da fé que isso exigira de mim.

Dois anos depois, quando eu consultava uma médium, esta me falou da minha capacidade de cura e anunciou que, dentro em breve, eu estaria realizando esse trabalho. Diante do meu ar de incredulidade, ela me olhou bem dentro dos olhos e disse: "Você vai ter a coragem de negar a cura que realizou de um ente querido há não muito tempo?" Enrubesci até a raiz dos cabelos. Essa pessoa não sabia nada da minha história. Eu estava submetida ao choque da lembrança desse episódio, não obstante importante, de que eu conseguira me esquecer, tamanho era o ponto até o qual os meus poderes me assustavam. Minha Sabedoria interior, colocando-me numa situação que envolvia um membro da família, sabia que essa resistência não se manteria, dando lugar ao natural. Meu irmão e eu somos muito gratos por essa cura. Constatando a que isso me levou até hoje, eu não poderia dizer qual de nós dois se beneficiou mais!

Creio que faço parte de uma categoria de seres bem comuns.

> **Resistimos a ver tanto a nossa beleza e a nossa grandeza quanto a nossa vulnerabilidade e partes sombrias.**

Minha alma teve dificuldade para abrir um caminho para ela em meio a essas numerosas negações de mim mesma. Tenho a impressão de que a resistência a exteriorizar o meu poder enquanto SER veio de certa consciência de abusos nos quais a pessoa pode se perder quando se sente poderosa. Sou reconhecida à vida por não ter me feito provar senão amostras do meu poder ao longo de todo o período no qual o meu *ego* ainda era forte demais. Tomei consciência de que ele poderia se apossar dos meus dons psíquicos para fazer a clássica *"ego trip"*. Mas essa proteção, assegurada pela minha orientação interior, teve dois gumes que me levaram a ter muitas dúvidas. De fato, quando se manifestava determinada capacidade, como, por exemplo, a cura, a "clariaudiência" ou a mediunidade, tratava-se de algo fugidio com cuja presença eu não podia contar. Essa capacidade desaparecia ao final de certo tempo, ou então se manifestava quando eu menos esperava, o que me levava a não crer em mim mesma e nem confiar no meu potencial. Eu me comparava de maneira desvantajosa às minhas amigas, que exibiam inúmeras qualidades e me desvalorizava intimamente ao mesmo tempo que fingia julgar muito normal o fato de estar cercada de mulheres cheias de virtudes.

Porque a vida é generosa: como a família não bastava (devo admitir que sou cabeça-dura; é o oposto, o lado sombrio da minha perseverança), precisei atrair para mim amigas videntes, médiuns, com capacidade de cura, todas muito desenvolvidas espiritualmente. Que belos espelhos tenho ao meu redor e como nem sempre me é fácil admirar a mim mesma com a intensidade com

66 | TUDO É REFLEXO

que os admiro! Uma coisa é certa: não posso mais negar os meus dons e, dando graças pela sua presença na minha vida, sei que o trabalho de integração segue o seu próprio caminho.

Acredito profundamente que sempre fui guiada divinamente, e que todos nós o somos. Minha vida se tornou muito mais simples depois de eu ter reconhecido esse fato e desde que passei a me deixar levar pela corrente! De tanto me empenhar em reconhecer e pôr em prática meus talentos de cura, venci em larga medida os meus temores de ser incompreendida e mal julgada. Hoje, digo simplesmente que sou capaz de curar a alma.

No entanto, tenho de reconhecer que estou dizendo isso aqui publicamente pela primeira vez. Além das palavras que escrevo e das coisas que digo, é a vibração profunda do meu ser de amor que realiza o trabalho. Meu *ego* não pode vangloriar-se por isso, já que, conscientemente, não posso explicar como a cura funciona. Sei apenas que, quando faço o meu trabalho com a alma, vejo-me cheia de energia e de júbilo; não tenho a impressão de fazer um trabalho, ainda que atue junto a pessoas em péssimo estado de saúde. Como terapeuta encontro todos os elementos essenciais para o meu desenvolvimento. Com efeito, a vida (se posso me exprimir assim) faz com que pessoas que têm necessidade daquilo que sou capaz de dar cruzem o meu caminho. Em contrapartida, cada uma dessas pessoas me serve de espelho, refletindo os diferentes aspectos do meu ser. Embora, na maior parte do tempo, eu já tenha enfrentado os problemas que me trazem, observo que a concordância entre o que os meus clientes vivem e aquilo que desenvolvo de acordo com o meu nível de consciência é sempre perfeita. É comum que o simples fato de estar atenta ao que lhes digo[10] igualmente respostas que me servem em termos pessoais.

Não estaremos todos cercados de espelhos que se manifestam de acordo com as nossas atividades cotidianas? Essa maneira de sempre ter à mão um espelho tornou-se para mim um modo de vida, um modo de sempre contemplar no momento certo os pêndulos. Quanto mais avanço, mais tomo consciência de que tudo, absolutamente tudo, tem um significado. Sei que essa afirmação pode parecer exagerada ou mesmo insana aos olhos de quem ainda não abordou essa perspectiva. O espírito lógico procura uma explicação. Se não a encontra, ele não pode suportar a sua ignorância nem sua falta de controle sobre a vida, declarando com toda a boa fé a inexistência de certas realidades. Creio que o fenômeno da frustração do plano mental deveria servir de ponto de partida para uma outra forma de questionamento, uma forma mais aberta e mais inclinada a procurar respostas em outras dimensões da vida.

Na alvorada do terceiro milênio, bombardeados que somos por uma fabulosa quantidade de informações, não nos resta outra escolha senão abrir o nosso banco de dados interior se quisermos nos encontrar no nosso íntimo e trazer harmonia para a nossa vida.

---

10. O fato de me voltar para o meu eu profundo sempre gera respostas "sob medida".

SEGUNDA PARTE

OS RELACIONAMENTOS VISTOS PELO ESPELHO

2

Honrarás Pai e Mãe

O JOGO ESTÁ FEITO

NOSSOS PRIMEIROS ESPELHOS são, indubitavelmente, as pessoas mais próximas de nós, a começar pelos nossos pais. Eles desempenham um papel determinante, não só durante a infância como na idade adulta. A importância da relação entre pais e filhos não precisa ser provada: o equilíbrio psicológico da pessoa depende dela. É evidente que toda tentativa de desenvolvimento nos faz, cedo ou tarde, voltar à criança que fomos e aos pais que tivemos.

Sem diminuir a importância da educação, minha proposta terá como alvo aqui dar outra vez a cada pessoa a oportunidade de se sentir bem consigo mesma, independentemente dos pais que teve e do tipo de educação que recebeu. Poucos podem se gabar de ter tido pais ideais. À primeira vista, alguns parecem mais favorecidos nesse particular. Mas que dizer dos outros? Terão eles *caído* numa família ruim? Alguma coisa deu errado?

Podemos acreditar que nascemos nessa família por acaso e ficar com pena de nós mesmos, dizendo que é impossível ser felizes porque a nossa infância nos marcou. Podemos também acreditar que nada está entregue ao acaso no universo e começar a procurar a razão de ser de cada coisa que se refere a nós. A Inteligência suprema trabalha para servir ao mesmo tempo a cada pessoa envolvida num grupo ou situação.

Analisando toda a situação familiar da perspectiva da alma, podemos conferir um novo sentido às desigualdades, às injustiças e a toda situação aberrante.

Por exemplo, uma alma que encarna para aprender as lições da tolerância, muito provavelmente nascerá numa família em que reina a intolerância. Em contrapartida, sempre haverá no seu caminho modelos de sabedoria que ela poderá imitar. Cabe contudo a ela a responsabilidade de identificá-los. Muitas vezes temos bem ao nosso lado algo que procuramos por muito tempo longe... Mas é impossível usar o espelho para evoluir enquanto mantivermos uma atitude de vítima. Entendo por isso a tendência de se sentir impotente diante de uma situação ao mesmo tempo que se atribui a responsabilidade por ela a um fator externo. Inúmeras de nossas expressões correntes traem a atitude derrotista da vítima:

- ◆ Não tive escolha
- ◆ Não foi culpa minha
- ◆ Não me foram dadas chances
- ◆ Não se pode mudar nada
- ◆ Ninguém me compreende
- ◆ A vida é injusta
- ◆ É hereditário

E utilizamos um bom número de outras expressões! Só conheço um antídoto para a "vitimite": SER RESPONSÁVEL, o que é bem diferente de carregar o fardo da responsabilidade.

> Admitir que temos responsabilidade por determinada situação confere-nos o poder de agir no sentido de transformar aquilo que não nos convém.

Bem entendido: responsável no sentido de implicado, que assume, confiável, maduro, não no sentido de culpado, errado, fracassado, alguém que deve pagar por algo.

Na minha opinião, chegamos todos à vida com deficiências que estão conosco desde o início, ao lado de um cofre que contém tudo aquilo de que precisamos para realizar o trabalho que nos foi confiado. Nascemos imperfeitos e perfectíveis, de pais igualmente imperfeitos.

Contudo, no contrato não está especificado que serão necessariamente esses pais que nos servirão de exemplo para as lições da nossa alma. Na verdade, eles acabam sendo exemplos, mas nem sempre de aspectos positivos. Observando-os viver, aprendemos por vezes o que não se deve fazer. Há casos em que a criança nasce mais evoluída no nível da alma do que os pais. Os valores transmitidos pela sociedade por meio da educação são muito estereotipados: os pais existem para ensinar os filhos a viver. Deles se espera que tenham todo o saber e que transmitam esse saber aos filhos. Isso funciona muito bem quando estão em jogo a educação e a conformidade às normas sociais. Mas ensinar como SER é algo totalmente diferente.

Honrarás Pai e Mãe | 71

Imaginemos que uma pessoa esteja na terra para aprender a doar. Até a idade escolar, ela depende dos pais e quase tudo o que recebe (positivo e negativo) vem deles. Sabe-se que a maioria dos traumas ocorre na primeira infância. De fato, como poderia uma criança fugir de uma situação que a faz sofrer se a sua sobrevivência depende dos pais? No nível da personalidade, a criança espera tudo deles. Suponha que essa criança tem uma mãe que fica doente com freqüência e um pai que trabalha muito; ela poderá então sofrer por causa do fato de não receber o suficiente. Enquanto não tomar consciência do objetivo de sua alma, que é doar, ela continuará a esperar aquilo que os pais e, mais tarde, o companheiro e as pessoas próximas, lhe dão; ela se sentirá constantemente em falta e acreditará que não pode doar porque não recebeu. Sem reconhecer a própria riqueza, ela acreditará que a própria felicidade depende dos outros e muitas vezes se sentirá frustrada, julgando que a vida não lhe dá o suficiente.

Acredito de todo o coração que o ser humano possui um valor intrínseco que independe de sua educação. Mas a crença transmitida, de acordo com a qual as crianças valem menos que os pais, impede a alma de fazer seu trabalho de reconhecimento. Essa compreensão do motivo pelo qual estamos na terra, e numa família específica, é a meu ver um importante prelúdio à aceitação de todo tipo de sofrimento vinculado à nossa infância. Ela nos permite assumir a responsabilidade ao tomar consciência de que as condições iniciais criadas pela nossa alma são primordiais para a nossa evolução.

> O modo pelo qual reagimos ao nosso contexto familiar determina a nossa atitude diante da vida.

Não há nenhuma necessidade de a pessoa ser maltratada para que se sinta magoada e traumatizada; muita sensibilidade e falta de confiança em si mesma já é suficiente. Tendo como certo o fato de que todos os pais têm boas intenções e dão o que podem, podemos abordar nossas reações infantis com mais distanciamento.[1] De minha parte, dei-me ao trabalho de fazer um balanço daquilo que o meu pai e a minha mãe me deram, por um lado, e daquilo que me faltou no meu relacionamento com eles, por outro. Isso teve o feliz efeito de me reconciliar com as minhas vivências infantis. Confiando que a minha alma sabia o que fazia e tinha sido guiada na escolha das pessoas que me educariam, tive muito mais facilidade para aceitar suas falhas. Esse exercí-

---

1. Dr. Bergler, 1978, *Les parents ne sont pas responsables des névroses de leurs enfants.*

72 | Os Relacionamentos Vistos pelo Espelho

cio me ensinou a reconhecer que a qualidade da alma dos meus pais foi para mim um trampolim que me fez mergulhar na minha própria busca interior. [2]

A história se repete

Muitas vezes, é por meio de problemas conjugais ou por ocasião do rompimento de um relacionamento amoroso que se estabelecem ligações dotadas de sentido entre o presente e o passado.

Claro que esse fato é mais ou menos consciente no início do relacionamento, pois tudo é novo, tudo é bonito. Compreendemos aquilo que nos atrai com a personalidade e o ego e, por isso, vemos no início os aspectos do outro que são diferentes dos nossos, ficando as semelhanças ocultas nas profundas feridas da alma. [3]

> Considerando o fato de a alma estar longe de assimilar todas as lições quando deixamos a companhia de nossos pais, a vida nos oferece oportunidades, fazendo com que pessoas que se parecem com eles cruzem o nosso caminho.

Vemo-nos na maioria das vezes com um primeiro cônjuge que termina por nos lembrar da atitude de um de nossos pais. Por outro lado, o nosso próprio comportamento também pode se assemelhar ao de um de nossos pais. A vida de casal reproduz, num prazo mais ou menos longo, as mesmas frustrações e mágoas que tivemos com os nossos pais.

Quando, aos 21 anos de idade, deixei a casa paterna, minha consciência do que os relacionamentos envolvem era bem limitada. Foi por meio de minhas relações conjugais que fiz as mais claras descobertas nesse domínio. Com o distanciamento que a maturidade proporciona, tive condições de avaliar as minhas opções amorosas em função de lições que não tinham chegado ao fim na relação com os meus pais. Fiquei pasma ao constatar a que ponto eu me sentia atraída por tipos de homens que davam a oportunidade de continuar coisas que eu começara com o meu pai.

O pai de meus filhos era uma pessoa sensível, poeta, introvertido, alegre, suscetível e "inseguro", ao passo que o meu pai era prático, hábil, extrovertido, dificilmente ria e

---

2. O exercício de balança parental proposto em *Les leçons de vie de la prophétie des Andes* (capítulo VI) é o mais completo que conheço.

3. Essa noção é desenvolvida no capítulo *Os amores, meu cavalo de batalha*.

era seguro de si — logo, diametralmente oposto. Falo aqui de atitudes, e estas, como é natural, nem sempre correspondem à natureza profunda do ser. Meu marido era tão diferente do meu pai, que fui levada a vê-lo mais semelhante à minha mãe, seja na maneira de abordar a vida, com respeito às suas vulnerabilidades e às suas reações diante de mim. Quando as coisas não iam muito bem entre nós, ele e a minha mãe se entendiam às mil maravilhas. Esclareço que eu tinha o que se chama de "caráter" do meu pai. Aos 20 anos, eu não tinha a mínima consciência de meus bloqueios da primeira infância com respeito a ele. Mas, com o passar do tempo, compreendi que eu sofria tanto devido à minha decepção, que comecei a evitar toda atitude que me lembrasse o meu pai. Logo, eu fora inconscientemente atraída por um homem que era o oposto dele. O espelho de mim mesmo que o meu amor me fornecia era, portanto, o meu lado terno, sensível, intuitivo e vulnerável. Esse aspecto dele, que no início me irritara, causava problemas ao meu lado racional, que buscava me deixar acima das emoções. Há muito eu vinha me impedindo, por uma questão de sobrevivência, de estar em contato com as minhas intuições. Na verdade, na época eu não me atribuía nenhuma intuição, e menos ainda sensibilidade. Como o meu pai faleceu quando eu era recém-casada, eu jamais pudera verificar com ele as coisas que descobrira no curso dos anos. Mas eu tinha a sensação de que, como eu, ele tinha uma extrema sensibilidade por trás de sua aparente invulnerabilidade, e que não dava livre curso à sua intuição. Seu lado artístico e amante da natureza, que herdei, incitou-me a crer que ele escondia dos outros, e possivelmente de si mesmo, o seu lado terno. É preciso dizer que a emotividade nos homens não estava em moda naquela época!

Eu tive diante de mim, durante anos, na figura do meu marido, o espelho de um aspecto oculto do meu pai, aspecto que eu me recusava a reconhecer em mim mesma, porque isso teria aberto uma porta que o meu medo mantinha bem trancada.

Mais de vinte anos depois, a minha força e o meu conhecimento de mim mesma eram melhores. Meu inconsciente estava disposto a se deixar abordar na pessoa do meu segundo marido, um homem em cuja companhia eu podia mergulhar no meu lado oculto. É claro que, no nível consciente, eu procurava o contrário do que vivera com o meu primeiro marido, acreditando que estava longe de ter colocado um ponto final no relacionamento com o meu pai.

Como o meu segundo marido era em todos os aspectos diferente do primeiro, eu estava diante de um terreno desconhecido, e muito feliz por isso. O recém-chegado tinha, como o meu pai, uma inteligência prática e bastante habilidade manual. Eu sentira muita falta dessa característica com o outro marido, pois me habituara na infância a ver o meu pai se ocupar de tudo o que havia a reparar ou consertar em casa. Eu me sentia mais segura agora que já não precisava fazer eu mesma essas coisas. Observe-se que o benefício marginal de minha primeira situação fora o desenvolvimento da minha capacidade como pau para toda obra, o que demonstra que:

> ## Podemos aprender tanto por meio da falta como do exemplo.

Mas o reverso da medalha estava à minha espera: o meu novo companheiro, assim como o meu pai, tinha a tendência a fugir de suas emoções e de sua intuição e a se fechar no mutismo quando via as coisas se complicarem. Sua neutralidade desesperadora tinha o dom de desencadear em mim toda uma gama de emoções. Eu passava com ele tudo aquilo que, bem a despeito de mim mesma, eu fizera o meu primeiro marido passar. Senti nas entranhas o que quer dizer viver com uma pessoa afastada de suas emoções. Alfred refletia para mim, a um só tempo, o meu pai e o meu eu antigo. O fato de eu tomar consciência disso me ajudou a compreender o meu ex-marido e a me libertar dos julgamentos que ainda fazia a seu respeito. Ao mesmo tempo, eu tinha de acolher aquela Nicole que tinha tanto medo de se revelar.

Ao abrir de par em par a porta das minhas emoções, tive acesso à minha vulnerabilidade, e minhas mágoas passadas vieram à tona. O modo como eu me sentia com o meu marido que conservava dentro de si o que tinha para me dar, tornou o meu espírito consciente de memórias enterradas desde a primeira infância. Eu adorava Alfred como adorara o meu pai, dando-lhe o melhor de mim mesma com toda a confiança, ao passo que ele se retraía sem cessar. O meu pai antes me negara grande parte do calor e da atenção que me prodigalizava por causa de seus limites pessoais, e eu supusera que não era mais digna de seu amor. Com Alfred, eu tinha sempre a sensação de não ser importante na sua vida. Faltava-me muito o calor de que eu tanto necessitava. Eu era naquele momento o oposto da mulher de antes, que não precisava de ninguém e que ficava irritada com as necessidades afetivas do marido.

Por fim, entrei em contato com a minha vulnerabilidade e, por meio dela, com a minha enorme sensibilidade. O trabalho que eu não pudera fazer com o meu pai teve prosseguimento nos meus relacionamentos amorosos. Também tomei consciência de um importante fato: o meu pai morrera de ataque cardíaco e eu agora compreendia por que o seu coração não agüentara o golpe. Ele havia bloqueado as emoções durante toda a vida, acumulando sofrimentos em vez de liberá-los. Eu me sentia tardiamente próxima dele, o que aumentava o meu amor por ele.

Eu acreditava, então, ter reunido todas as peças que constituíam o quebra-cabeça do relacionamento com o meu pai. Mas outro episódio estava à minha espera.

O meu terceiro marido refletiu para mim outros aspectos do meu pai: jovial, sociável e acessível, extrovertido, sempre pronto a dizer coisas que faziam rir. Seu charme irresistível me fazia lembrar do meu querido pai. Mas ele era igualmente tenso, crítico e dado a lançar acusações. Com ele, completei o que reunira com o precedente. Um profundo sentimento de ter sido traída pelo meu pai no momento em que ele me negara o seu amor[4] *continha a minha confiança no meu parceiro; sem o saber, ele exibia no mínimo duas vezes as atitudes necessárias para que eu me sentisse traída, como se as lições que haviam ficado incompletas requeressem espelhos cada vez mais potentes. Ao lado dele, eu tinha de enfrentar a parte do meu ser que não acreditava ser digna de amor; eu me sentia a tal ponto maltratada que isso me forçou a reagir e a proclamar que merecia algo mais.*

Em última análise, o meu lado crítico (que não é o menos pronunciado) foi duramente confrontado por um homem que me criticava abertamente, e o meu componente "sabe-tudo", que quer sempre ganhar, foi servido a seu bel -prazer pelas nossas termináveis batalhas. Eu não me esquecia de que julgara bastante o meu pai quando ele criticava a minha mãe, e me via num cenário bem pior do que aquele que havia julgado. Eu não só me tornara crítica como o meu pai mas também fora atraída por um homem que criticava ainda mais do que eu. O espírito do meu pai, lá do céu, devia ser tomado pela compaixão diante dos sofrimentos que eu infligia a mim mesma de tanto resistir à pessoa que eu era. Por outro lado, nos momentos difíceis, eu tinha consciência de trabalhar aspectos de mim mesma ligados a ele, tendo mesmo muitas vezes o reflexo de pedir a sua ajuda.

No cômputo geral, o que eu tinha de semelhante ao meu pai, e que não aceitava em mim mesma, refletia-se sucessivamente para mim pelos homens da minha vida. Nos dois últimos casos, os aspectos positivos do meu pai que eu via neles tinham servido de estímulo à minha alma desejosa de evolução. Isso me leva a pensar que, por intermédio de nossos pais, todos os elementos da nossa evolução são apresentados já na primeira infância. Não apenas, como eu já disse, os nossos pais são os nossos primeiros espelhos como também somos irremediavelmente atraídos, por toda a vida, por pessoas com as quais damos continuidade ao trabalho iniciado com eles até que venha a libertação.

O GENITOR DO MESMO SEXO

O genitor do mesmo sexo também é objeto de aprendizagens igualmente fascinantes. Na teoria do complexo de Édipo explica-se que a criança que busca agradar o genitor do sexo oposto será levada a imitar o genitor do mesmo sexo que o seu. Por exemplo, o garotinho que deseja tornar-se o príncipe encantado da mãe observa como o pai se comporta com ela, pois se dá conta de que este sabe como seduzi-la. Assim se constrói gradualmente a identidade sexual. O genitor do mesmo sexo é o principal protótipo que a criança tem sob os olhos para aprender como se tornar um homem ou uma mulher. Mas o que acontece quando o modelo, no todo ou em parte, não se comporta de acordo com o nosso sentido ético e quando se tem vontade de devolvê-lo de bom

---

4. Não descrevo aqui a realidade, mas a minha interpretação de criança.

grado à fábrica? Em muitos casos, ao reagir, busca-se desenvolver as atitudes contrárias. Mais tarde, tem-se a surpresa, nem sempre agradável, de se parecer estranhamente com o modelo a que se resistiu tanto.

Minha mãe é uma mulher com grandes qualidades de alma: altruísmo, generosidade, disponibilidade, abnegação, ao lado, é bom esclarecer, dos excessos que isso costuma implicar porque, como diz o adágio, nós temos os defeitos das qualidades que temos. Quando criança, eu observava que ela nunca tinha um minuto para si mesma, ainda que sua única atividade fosse cuidar dos filhos e da casa. Eu percebia ainda que parecia nunca sobrar no orçamento recursos para que ela fizesse compras para si mesma. Ela detestava pedir, e eu a vi privar-se de saídas, de dinheiro e de ajuda para não ter de fazê-lo. Sua generosidade natural a levava a crer que todos deviam oferecer seus préstimos. Na minha simplicidade infantil, eu achava que esse modo de viver era inutilmente complicado e sofria por ela, pois eu sentia que ela não estava contente. Ela fazia alusões sutis aos bons tempos nos quais fora, como dizia, "filha". Meu bom senso me dizia para não agir assim caso quisesse ser poupada. Estava fora de questão eu ser dependente e, menos ainda, vítima e limitada. Não obstante, reprimi tudo isso para chegar à idade adulta com uma visão idealizada de minha mãe; a razão é simples: eu não via nela nenhum defeito, tal era a minha admiração pela sua grandeza de alma. Mas, paradoxalmente, eu não desejava ser como ela. Em minha consciência, eu me via simplesmente bem diferente dela, identificando-me com mais facilidade com as atitudes de meu pai, que exibia aos meus olhos defeitos bem evidentes. Eu preferia a minha confiança em mim mesma e na vida à prudência e sabedoria restrita de minha mãe.

Mas, cedo ou tarde vem necessariamente o bom samaritano para nos dizer com toda a candura: "Meu Deus, como você é parecida com a sua mãe!" Esse é o supremo insulto, se é que isso é possível, porém mais ainda se isso vem do cônjuge num momento de frustração: "Você é a cópia fiel de sua mãe!" é claro que, com isso raramente se quer fazer um elogio, mas uma referência a uma atitude negativa. Observei que a atitude nefasta que costuma se manifestar na maioria das vezes entre as mulheres é a necessidade de se encarregar de tudo, de tudo controlar a pretexto de se preocupar com os outros e de querer ajudar.

Inconscientemente, aprendi com a minha mãe a me controlar e reprimir; é claro que, de tanto se controlar, a pessoa termina tratando os outros da mesma maneira. O espelho mais perturbador que existe é a consciência de que nos tornamos justamente aquilo que julgamos e rejeitamos! Essa tomada de consciência foi difícil de engolir. Foram os meus filhos que na maioria das vezes refletiram o meu aspecto controlador, principalmente na adolescência. Eles me diziam que cuidasse de minha vida, o que eu não me atrevia a dizer à minha mãe quando era jovem.

Mas deixar de controlar os outros é tarefa fácil em comparação com deixar de controlar a si mesmo. Aqui, os espelhos ficam mais sutis porque se está só consigo mesmo para fazer o trabalho. Em contrapartida, uma pessoa que se controla vai perceber que se sente atraída por pessoas que não permitem a si mesmas ser como são, expressar certos talentos nem simplesmente passar à ação. Toda forma de contenção passa então a entrar em ressonância com a pessoa que se controla. Como toda moeda tem dois lados, a pessoa controladora também pode ter ao redor de si pessoas que exibem atitudes totalmente opos-

> Quanto mais resistimos a olhar de frente para nós mesmos, mais o espelho nos oferece reflexos de atitudes exteriores excessivas.

tas às suas. Assim, todos os tipos de excessos e de descontroles são atitudes que a farão reagir, pondo-a diante daquilo que ela se impede de fazer.

Há por certo uma gama imensa de espelhos à disposição de toda pessoa que faça a opção de se libertar de seus aspectos controladores. A contenção alheia nos faz sofrer e seus excessos nos tiram do sério. Quer peguemos o touro por um chifre ou pelo outro, ainda temos de dominar o touro inteiro!

Uma atitude de minha mãe que me desagradava profundamente e que ela até hoje tem é o seu lado "mãe pata", que é uma versão "bem-educada" do controle. (Imagine-se como um ovo debaixo da mãe pata e me digam se julgam ter os movimentos livres!) Eu, aos 40 anos, ouvia de minha mãe conselhos e recomendações como se ainda fosse uma criança; isso francamente me irritava. Tive de lhe dizer que eu havia crescido para fazê-la parar com isso.

Uma das minhas primeiras preocupações como mãe foi favorecer a autonomia de meus filhos, já que havia tido problemas com relação a isso. Desde cedo eu deixei que eles tomassem as suas decisões e assumissem as suas responsabilidades, mostrando-lhes, ao mesmo tempo, as conseqüências a serem igualmente assumidas. Lembro-me de ir a uma grande loja com a minha filha de 3 anos, que naquele dia decidira usar uma meia vermelha e uma azul. Era tão primordial, aos meus olhos a noção de liberdade, que eu estava pronta a enfrentar o julgamento dos outros. Vários anos depois, um incidente pelo qual passei com ela mostrou-me com exatidão o resultado do juízo que eu fizera sobre a minha mãe.

Numa bela manhã de outono, quando minha filha já tinha 14 anos, observei que a temperatura caíra e que o clima já era de inverno. Eu disse à minha filha, que estava no quarto ao lado: "Que casaco você vai usar esta manhã? O de ontem ou aquele outro com capuz?" A resposta não se fez esperar: "Quá-quá-quá-quá" — ela imitou a pata. Pata, eu? Que horror! Não pode ser; estou tendo uma alucinação! Eu, que tanto me preocupei em não superproteger os meus filhos, agora estava sendo tratada como mãe pata! Fiquei chocada. Pondo a cabeça na abertura da porta, ele me disse, com um ar de deboche: "Você não tem de me dizer que está fazendo frio esta manhã; você sabe que eu já cresci!" Que paulada e que lucidez naquela criança! Porque, afinal, é preciso reconhecer que eu fora sutil. Eu poderia ter dito, como a minha mãe: "Está fazendo frio; é bom pôr um chapéu ou usar um capuz!" Mas não foi assim. Eu não sou como a minha mãe. Eu permito que se escolha! E no final acabo sendo vista da mesma maneira como a via. Onde foi que errei? A arte de fazer a mesma coisa de outra maneira... Não foi nada divertido ver todos os atalhos que eu tomava para chegar ao mesmo ponto.

Assim que as minhas emoções se acalmaram, questionei-me acerca de minha motivação e concluí que toda boa mãe se preocupa com o bem-estar dos filhos... independentemente da idade deles, e que os seus conselhos são uma expressão do seu amor. Compreendi, de um só golpe, que os conselhos que minha mãe me prodigalizava nada tinham que ver com uma falta de confiança em mim. Não tenho palavras para explicar o efeito que

> Renunciar a uma opinião e ao ressentimento com relação a um genitor nos deixa aliviados e abre o nosso coração.

teve sobre mim tomar consciência disso. Foi algo da ordem do alívio, da libertação profunda; um combate interior acabara de chegar ao fim.

No meu entusiasmo, telefonei imediatamente para a minha mãe para lhe contar a grande novidade. Mas, para fazê-lo, tive antes de lhe confessar que eu sempre tivera essa opinião a seu respeito. Ela ficou surpresa ao ouvir que eu me incomodara tanto com os seus conselhos, prova de que eu não tinha sido sincera com ela. No entanto, eu ainda não estava pronta para ver um aspecto controlador nesse tipo de amor, que é o desejo de proteger o outro. Hoje eu chamaria a isso de amor condicional: é amor, por certo, mas um amor que precisa ser aprimorado, já que tem nuanças de uma projeção de nossos medos sobre o outro e de uma restrição à vivência plena da sua vida que prejudica a prática do "viva e deixe viver".

Minha identificação consciente com a minha mãe se fez de maneira fragmentária, visto que resiste enormemente a reconhecer em mim aspectos de sua força feminina bloqueada. Na família de minha mãe, há toda uma linhagem de agentes de cura, videntes e feiticeiras de boa estirpe. Posso remontar até a minha bisavó, que aos 95 anos, ainda era consultada pelas pessoas da cidade em que vivia. Minha avó, uma sábia natural que emanava paz, entrava em contato com o além de modo tão palpável quanto com as pessoas que a cercavam. Cresci num ambiente no qual consultar as cartas ou o chá, ou então contar um sonho premonitório, eram coisas absolutamente normais. Em tudo isso, a única manifestação que a minha mãe reconhecia nela mesma eram os sonhos premonitórios, diante dos quais ela dizia ser deveras impotente. Aos meus olhos, é evidente que ela faz parte da mesma linhagem, e sempre tive a certa consciência do fato de que ela resistia a isso. Quanto a mim, eu dizia a mim mesma que a minha mãe era a última da linhagem, pois eu não reconhecia em mim nem intuição nem faculdades extra-sensoriais. Eu estava longe de me dar conta de que era ainda mais bloqueada do que a minha mãe. Ela ao menos tinha o dom de confiar no seu "dedinho", como ela dizia, o que era muito incômodo para mim na infância, dado que eu nunca podia lhe esconder coisa alguma...

Da atitude de restringir o meu SER, passei a ser receptiva às emoções, graças aos homens que me "pertenceram", e essa porta abriu outra ainda mais profunda para me dar acesso ao meu poder criador. Uma longa viagem pelos meus chakras, na qual parti do alto (eu estava sempre na minha cabeça) para descer pelo coração, pelas emoções e pelas entranhas, fez-me por fim voltar a me arraigar (Anexo 1). E tudo isso durou uns bons 25 anos... no mínimo![5] Hoje, eu assumo a minha opção de alma e me sinto muito honrada de fazer parte dessa linhagem de mestras-mulheres. Quanto à minha mãe, que hoje tem idade bem avançada, sua evolução nunca cessa e as pessoas que a cercam reconhecem espontaneamente sua qualidade de alma.

Uma outra oportunidade que a vida me deu de compreender quem de fato é a minha mãe, e de me aproximar dela, foi ter colocado ao meu redor inúmeras pessoas do signo de Capricórnio, de que a minha mãe é nativa. Afora os meus filhos e o meu sogro, conto com três boas amigas nascidas sob esse signo. Que bela prestidigitação! E precisei de tempo até fazer "Ahá!" Não obstante, acabei por observar o fato, mas não percebia qual poderia ser a sua utilidade. Felizmente — graças ao meu espírito analítico e crítico da época, — eu tinha todas e todos guardados numa caixa com etiquetas: "muito diferentes", "irreconciliáveis". Eu, pelo contrário, sempre dizia a quem me quisesse ouvir que me entendia muito bem com os capricornianos. De tanto dizer isso, lembrei-me de que a minha mãe também fazia parte desse grupo. E continuei a procurar o motivo de a minha relação com ela não ser tão evidente. Com o tempo, consegui fazê-la sair cada vez melhor

> Aproximar-se de um genitor equivale
> a aproximar-se de si mesmo.

da caixa. Quanto mais recupero o poder que lhe dei quando criança, menos a julgo e menos a minha atitude "insegura" me perturba. Compreendo o seu medo de confiar no seu poder interior porque eu mesma carreguei esse medo comigo por muito tempo.

Tenho de reconhecer que já passei por momentos difíceis, porque acusava interiormente a minha mãe de ser responsável por certas manifestações de falta de confiança em mim mesma. Eu rememorava a minha infância e me lembrava de inúmeros medos que ela me transmitira. Eu não assumia a res-

---

5. Dixit Hi Ha Tremblay, personagem bem conhecido do humor de Quebec.

ponsabilidade por aquilo que vivera. Compreendi que podia reagir de outra maneira e que imitei o seu comportamento medroso porque tinha medo de acreditar em mim mesma. Hoje eu vejo a minha mãe tal como é, com seus sucessos e fracassos. E aprendo a amar essa mulher que é, como eu, uma mãe e que traz, ela também, suas mágoas infantis não-curadas.

Nosso primeiro modelo de casal

O casal formado pelos nossos pais é também um espelho repleto de informações. Crescemos numa dada dinâmica familiar e não é raro nos vermos outra vez, na qualidade de cônjuges, num cenário semelhante (quando não idêntico...). Inconscientemente, fazemos tudo para voltar a nos ver nas situações propícias às lições que nossa alma escolheu. É vantajoso compreender com rapidez, sob pena de nos vermos diante de múltiplos *clones* da situação original em todas as esferas da nossa vida! Aqueles e aquelas a quem isso acontece acabam por explodir, seja no nível da saúde, no da família ou no do trabalho. Com efeito, as lições vinculadas com os nossos pais são a tal ponto primordiais que o inconsciente, guiado pela alma, devolve cem vezes a peça à fábrica se for preciso. Quando o mesmo tipo de situação se repete em vários domínios ao mesmo tempo, a resistência finalmente chega ao fim. Se o ego tende a considerar que a sorte está contra ele, a pessoa resistirá, a ponto de adoecer ou de causar grandes conflitos nos seus relacionamentos pessoais e profissionais.

> Toda resistência à evolução pode
> causar perdas dolorosas.

Todavia, o espírito consciente da realidade do espelho verá nas provações uma ocasião de se libertar.

Passei com a minha irmã, há alguns anos, uma curta provação desse tipo.

Fui ao seu encontro nos Estados Unidos e iniciamos uma viagem de carro de centenas de quilômetros. Ficaríamos juntas 24 horas por dia, o que acontecera da última vez quando ainda éramos adolescentes. Desde a primeira etapa, a irritação se fez sentir. Na segunda, a atmosfera foi se tornando mais pesada e as reflexões e críticas ficaram cada vez menos sutis. Como tínhamos a impressão de que as férias seriam longas, aproveitáramos o tempo para exprimir as nossas frustrações. A situação era ridícula: duas terapeutas de férias que se viam obrigadas a fazer terapia de si mesmas! O começo foi laborioso, mas uma vez que as peças do quebra-cabeça se juntaram, tudo ficou límpido:

estávamos prestes a reproduzir exatamente o mesmo padrão do relacionamento conjugal de nossos pais. Eu fazia o papel de papai, que se contenta com tudo, mas critica abertamente o que não o agrada. Minha irmã, na pele de mamãe, com quem sempre se identificara criticava-a interiormente e não se atrevia a fazer abertamente as suas exigências. Ela ia ficando cada vez mais frustrada porque eu não lhe adivinhava os desejos, e o seu modo de se sentir vitimada por mim me conferia automaticamente a condição de carrasco. Estávamos fascinados por constatar a que ponto nossos comportamentos eram calcados, nos mínimos detalhes, nos de nossos pais.

À luz de nossos conhecimentos teóricos sobre os mecanismos inconscientes de dominação[6], identificamos os medos e mágoas ocultos que estavam por trás de nossos comportamentos. Depois respiramos fundo; o desafio era monumental, mas nada de recuar. Tomamos então a decisão de não deixar passar nenhum detalhe, mas com uma norma bem precisa: toda observação deveria ser feita em tom de galhofa. Batizamos então as férias: viagem de núpcias. E, a partir desse momento, tudo se transformou. Passamos duas semanas rindo de nossos próprios defeitos e a exagerá-los para nos divertir. Quando uma de nós se esquecia, a outra estava ali para lembrá-la. A viagem foi memorável, porque nos aproximou muito uma da outra, ao mesmo tempo que proporcionou um clima ameno e uma franqueza renovada às nossas relações. Minha irmã, que faz parte da famosa linhagem familiar, faz mais o estilo "fada". Ela é uma bênção na minha vida, e mais ainda depois de termos acabado com as rivalidades e com os diversos desacordos entre nós.

> O jogo do espelho, quando jogado a dois e de modo consciente, prova ser um eficiente instrumento de transformação.

Creio sinceramente, por tê-lo notado na minha vida e com inúmeros clientes e participantes, que nenhuma verdadeira libertação pode ocorrer sem que se passe pelo esclarecimento de nossas relações com os nossos pais. Delas vêm as nossas mágoas que, por sua vez, são a causa de: bloqueios, temores, traumas e mecanismos de defesa. Encontro com freqüência pessoas que resistem a voltar ao passado dizendo que ele está "enterrado". Que ilusão! O passado ressurge por si mesmo de múltiplas maneiras, disfarçado de outra coisa para enganar o nosso componente mental, que se julga o patrão. Não é possível ficar em paz consigo mesmo, e não me refiro aqui a uma calma passageira, enquanto no fundo do coração não tivermos feito as pazes com nossos pais. Os dois representam em larga medida aquilo que somos, em branco e em preto.

---

6. Redfield, 1995, *Les leçons de vie de la prophétie des Andes* (capítulo IV): *L'intimidateur, l'interrogateur, l'indifférent, la victime* [O intimidador, o interrogador, o indiferente e a vítima].

82 | Os Relacionamentos Vistos pelo Espelho

> Julgar os pais ou querer fazê-lo equivale
> a tratar a si mesmo do mesmo modo.

Genitores e filhos adultos

Muitos adultos têm condições de, num ou noutro momento da vida, voltar a viver com os pais que envelhecem. Quer se trate de lhes dar assistência ou de uma estada temporária, há muito mais a aprender do que se pode perceber à primeira vista. De um lado, parece muito natural que uma pessoa tome a si o cuidado de um genitor idoso. De outro, várias opções bem decentes podem ser imaginadas para lhes garantir uma velhice confortável. Trata-se, assim, de uma opção pessoal que muitas vezes traz em si aspectos inconscientes, porque a alma busca todos os meios de aperfeiçoar a própria evolução.

Viver com um genitor idoso ou que perdeu a autonomia pode parecer difícil. A liberdade e a intimidade costumam ser restringidas, sem falar na adaptação a um novo papel para o qual é raro que se esteja preparado. A pessoa se vê muitas vezes com menos tempo para si mesma, com muitas concessões a fazer, e começa a sentir o peso da situação. Os conflitos de gerações e de caráter voltam a aflorar, e a pessoa se pergunta em nome de que passa por uma situação na qual se sente acuada. Destaque-se que as pessoas que fizeram opção por cuidar dos pais idosos sem no entanto residir com eles, estão expostas ao mesmo problema, apesar de numa intensidade inferior.

Devemos nos lembrar de que sempre estamos no lugar certo no momento certo; se, portanto, somos lançados a uma situação que exige muito de nós, e temos a impressão de não poder sair dela, não há dúvida de que existe aí uma lição a aprender. Resistir a ela só agrava o problema. Por motivos que podem parecer obscuros, algumas pessoas precisam desse tipo de situação para aprender a se comportar de outra maneira diante dos pais. Quando temos consciência do papel determinante da relação entre pais e filhos no equilíbrio da vida adulta, não podemos deixar de ser receptivos à possibilidade de se libertar de atitudes restritivas, como o julgamento e o ressentimento.

Em contrapartida, doar sentindo-se forçado a fazê-lo fecha o coração e aumenta o ressentimento. Doar de modo sadio e equilibrado não remete necessariamente ao respeito aos nossos limites, sejam eles quais forem. E quem fala de limites fala também de responsabilidade. A VIDA nunca exige que

> Todo gesto de generosidade, se feito de coração aberto,
> proporciona benefícios principalmente ao seu autor.

avancemos além dos nossos limites; logo, quando ocorre de nos sentirmos aprisionados a uma situação e jogamos a culpa numa causa exterior, estamos numa crise aguda de "vitimite".

Eu acredito firmemente, por tê-lo observado muitas vezes, que uma situação nunca se prolonga além do tempo necessário para aprender uma dada lição. É sobremodo proveitoso proceder a uma introspecção honesta cada vez que uma parte de nossa vida de torna pesada ou traz sofrimento. De fato, todo contato com um ser humano pode ser uma ocasião para aprofundar o conhecimento de si mesmo, o que se acentua mais no caso de um genitor. Afinal, foi a nossa alma que escolheu os nossos pais e ela tinha os seus motivos para fazê-lo.

CÓPIA FIEL

Os espelhos que nos circundam, sejam quais forem, têm, todos eles, o papel de nos ajudar a seguir o caminho que iniciamos com os nossos pais, como numa viagem com escalas em que é impossível chegar apenas ao destino fixado. Sem o saber, somos grandes criadores. Conseguimos criar as situações mais inverossímeis para nos levar a tomar consciência das coisas. Nesse aspecto, a nossa Sabedoria interior zomba bastante do que o componente mental pode pensar dela. Assim é que:

> Enquanto não tivermos completado e assimilado uma lição, continuaremos, pelo tempo necessário a atrair para nós as circunstâncias e as pessoas com as quais podemos fazer o nosso trabalho de alma.

As razões conscientes que nos atraem para uma situação têm com freqüência quase nada em comum com as razões profundas que reúnem duas almas para fazer uma parte do caminho.

Eu acabara de comprar o meu imóvel e tinha dificuldades para arcar com tudo sozinha. Como costuma acontecer, fiz então um pedido ao Universo: "Preciso de uma pessoa compatível para morar comigo e dividir as despesas." Como o faz a todo pedido claro, o Universo se apressou a responder: Cécile apareceu na minha casa no máximo dois dias depois. Tínhamos travado contato há dez anos numa sessão de crescimento. Mais tarde, nossos caminhos tinham se cruzado em algumas ocasiões e morávamos naquele momento na mesma região. Para cúmulo da "sincronicidade", ela procurava moradia. Tomamos então as providências de praxe e algumas semanas mais tarde ela se mudou para a minha casa. Tínhamos muitos interesses em comum, e não nos faltavam assuntos para conversas. Cécile era uma mulher simples e entusiasta cuja presença me fazia bem. Todavia, ao final de um mês, algumas de suas atitudes começaram a me incomodar. Ela me disse: "Eu adoraria que você fizesse as suas observações de outra maneira, pois não me sinto bem com o modo como o faz." Descobri a fragilidade e a insegurança dela. Quando uma coisa não dava certo, ela ficava quieta por algum tempo e depois vinha me falar do assunto, o que eu apreciava, pois gosto de situações claras. À medida que o tempo passava, eu me pegava cada vez mais pensando a respeito dela. Eu fazia e refazia mentalmente minhas frases antes de abordá-la, pois temia magoá-la. E percebia que nenhuma fórmula produzia os resultados desejados; apesar dos meus esforços para não acabar com a harmonia, havia muitas vezes detalhes que causavam conflitos, e eu sentia que uma certa tensão se estabelecia entre nós. Havia na atitude dela uma exigência não-declarada, expectativas não-formuladas e alusões que exprimiam as suas decepções, coisas que me lembravam cada vez mais o que eu sentia com a minha mãe. Eu me encontrava diante de um comportamento de vítima extremamente sutil. Eu me via cair no padrão de ser demasiado gentil e de tudo fazer para me adaptar à outra e respeitá-la. Minha agressividade aumentava e eu tinha medo de me exasperar por causa da coisa mais insignificante.

O verdadeiro sentido de sua presença na minha vida se tornou então evidente: eu devia aprender a não mais me deixar manipular e a me preocupar, antes de tudo, com a minha própria harmonia. Dei-me conta de que eu estava a ponto de perder essa harmonia, pois o meu problema com Cécile ocupava com uma freqüência demasiado grande os meus pensamentos. Resolvi então prepará-la anunciando-lhe que doravante eu resolvera reagir "naturalmente" e que era possível que eu fosse indelicada e seca com ela. Ela me respondeu que não queria que eu a tratasse assim, ao que eu retorqui que cada qual teria de assumir as suas próprias reações. Senti um enorme alívio por ter dado a mim mesma essa permissão, mas não é preciso dizer que a minha companheira ficara pisando em ovos. Na realidade, eu não tive de explodir, porque o simples fato de não mais me preocupar em satisfazê-la a todo custo me libertou enormemente.

Examinando com mais atenção o que me perturbava em suas atitudes, identifiquei um mecanismo também presente na minha mãe e que sempre me deixara incomodada. Trata-se da arte de fazer o outro sentir-se culpado por não ter feito a coisa certa. Uma tática sutil que consiste em pedir ao outro, em nome da harmonia, que deixe de ser ele mesmo para evitar que quem pede sinta seus próprios temores e mágoas. Quando me dizia muito polidamente "Eu adoraria que você parasse de me falar desta maneira porque isso me lembra a autoridade do meu pai, o que me deixa perturbada", Cécile fazia isso sem dúvida inconscientemente. Ela tinha diante de si um espelho parental e lhe dizia que desaparecesse. Esse tipo de observação, freqüente na minha juventude, tendia a fazer um controle sutil sobre o meu modo de ser, o que desempenhou um forte papel na minha falta de auto-estima. Eu sempre chegava à conclusão de que a minha maneira de ser não era certa; numa palavra, que eu não tinha o direito de ser quem era. Eu também tinha diante de mim um espelho parental, pois me sentia diante dela como me sentia diante de minha mãe.

A partir dessa descoberta, muito esclarecedora para mim, a minha resposta aos "eu adoraria" de minha companheira se resumia a: "O que você adoraria não diz respeito a mim, a vida é assim!" Eu me sentia cada vez mais satisfeita, mas Cécile, por seu turno, parecia cada vez mais insatisfeita com a sua co-habitação comigo. Pedi então ao Universo que os nossos caminhos se separassem quando terminei o que devia aprender por intermédio dela. Duas semanas depois, ela me disse que decidira morar sozinha. A experiência durara três meses; eu me senti aliviada. Graças a Deus! Sei que ela também tinha o que aprender com a nossa aproximação, e só ela pode saber se aprendeu.

Como eu disse no início:

> O discípulo escolhe o mestre quando está pronto para trabalhar um ponto preciso de sua evolução.

Para completar esse quadro, acrescento que essa experiência melhorou a qualidade do meu relacionamento com a minha mãe. Algum tempo depois, percebi que me sentia mais à vontade na presença dela simplesmente porque eu finalmente cedera a mim mesma a liberdade de ser eu mesma. Eu era capaz de assumir a minha diferença e parei de temer suas possíveis reações a isso. No aspecto no qual eu sempre me sentira impotente para superar o medo sutil em minha relação com a minha mãe, a vida me permitira experimentar a atitude correta numa relação em que eu estava bem menos envolvida "emocionalmente".

REMETER TUDO A SI MESMO

Quando contei esse episódio a uma amiga, o relato desencadeou nela uma reação negativa que me espantou e me fez refletir. Reproduzo aqui a reflexão dela para poder aprofundar uma questão importante:

Observando as minhas próprias ações e vendo as reações desagradáveis que por vezes provoco nos outros, eu também tinha a tendência para sentir que algumas pessoas não me aceitam tal como sou. Chego à conclusão de que tenho de mudar o meu modo de ser porque ele desagrada, com muita freqüência, as pessoas que me cercam. Sei que não podemos mudar os outros, mas podemos mudar a nós mesmos. Então, quando tenho de me ajustar aos outros e quando tenho de aceitar assim como sou?

Que bela armadilha a de se adaptar aos outros para obter a sua aprovação! Posso testemunhar, dado que me vi profundamente presa nela, o ponto até o qual uma atitude como essa pode nos fazer sofrer e nos afastar da pessoa que somos. Eu diria que nunca temos de nos adaptar aos outros, mas, antes, devemos adaptar-nos a nós mesmos.

86 | Os Relacionamentos Vistos pelo Espelho

> O único trabalho verdadeiro que se pede
> à alma encarnada neste mundo é a aceitação total
> e amorosa de sua realidade momentânea.

Sem esse amor incondicional que nos permite ser quem somos, sem sentir medo de ser rejeitados, permanecemos entes sofredores. Sendo incapazes de aceitar certas características da nossa natureza, atraímos para nós pessoas que, mediante as suas críticas, nos refletem a severidade com a qual tratamos a nós mesmos. Uma vez que admitamos e respeitemos os nossos limites, sem cuidar das reações exteriores que possamos provocar, produz-se o milagre: ou as pessoas mudam a sua atitude ou então saem do nosso caminho.

> Não temos de mudar a nós mesmos, mas nos aceitar,
> com o nosso cortejo de imperfeições, como se fôssemos
> um pai amoroso que não questiona, por causa
> de um erro, o amor que dedica ao filho.

Uma das grandes vantagens que descobri ao considerar espelhos as pessoas que me cercam foi a libertação do ressentimento que podia sentir com relação a elas. Antes disso, eu não conseguia analisar o que se passava em mim quando determinado comportamento me incomodava. Eu me sentia ferida e reagia de imediato para me defender. Eu atacava de modo a ferir o outro. Usava, assim, a minha rapidez de espírito contra mim mesma, porque a minha ação não só não diminuía a minha perturbação, como agir assim me afastava das pessoas. Eu conseguia o contrário daquilo que o meu coração desejava: estar mais perto de mim e dos outros.

Hoje, toda vez que me debruço sobre algum sentimento perturbador, descubro algo acerca de mim mesma: uma vulnerabilidade, um medo, uma programação. O caminho que devo seguir a fim de procurar a minha verdade me fez necessariamente ver a verdade do outro; isso desencadeia a minha compaixão, porque vejo os seus medos, as suas mágoas, e me dou conta de que estamos na mesma situação. Eis algumas perguntas úteis a essa introspecção:

Tornar-se o seu próprio genitor

Cada qual é quem é, e prefiro crer que ninguém age com a intenção de magoar as outras pessoas, mas, antes, em função de suas limitações. Uma vez que se identifique a "mágoa", pode-se dizer que o simples fato de reconhecê-la e

- O que mais me perturba nessa pessoa?
- O que sinto quando ela se comporta dessa maneira?
- Essa sensação me lembra alguma outra pessoa ou alguma outra situação?
- Qual seria a minha verdadeira reação ao seu comportamento se eu não estivesse apegado a esse relacionamento?
- Que nome eu daria à mágoa ou ao limite que reconheço em mim?
- O que preciso dizer ou fazer para que cesse o meu sofrimento?
- Será que me amo suficientemente para dar a mim mesmo aquilo de que tenho necessidade?

acolhê-la basta para reduzi-la pela metade. O resto da cura é obra do amor e do tempo. A maneira mais rápida de curar uma ferida não é deixá-la ao ar livre embora protegendo-a? Assim, a cicatrização ocorre por si mesma. Quem pode clamar que não tem mágoas nem carências? Uma vez que se admita e se assuma a realidade, é preciso atender às carências. Nem os nossos pais nem os nossos cônjuges ou filhos estão na terra para realizar esse trabalho. Eles nos amam à sua própria maneira, nunca perfeita, da mesma maneira como nós os amamos. A primeira tarefa de nossa alma é aprender a amar a nós mesmos tais como somos e nos dar todo o apoio de que precisamos para nos desenvolver. Nossos pais desempenharam esse papel da melhor maneira possível durante a nossa infância. Eles foram os representantes exteriores de nossos aspectos femininos e masculinos internos. Cabe agora a nós, adultos que somos, tornar-nos para nós mesmos o pai e a mãe que desejaríamos ter. Afinal, quem conhece melhor do que nós as nossas necessidades?

Acho maravilhoso constatar que os elogios que fazemos a nós mesmos nos alimentam mais o coração do que os vindos dos outros ou do que os que deles esperamos. Nossos pais tentaram em vão nos dar tudo o que podiam; se a válvula de nossa auto-estima não estava aberta, é como se tivéssemos regurgitado tudo aquilo que comemos.

Eu gostaria de terminar este capítulo oferecendo um exercício que muito me ajuda a me tornar maternal e paternal. Trata-se de escrever e, depois, de dizer todos os dias (quando sentir necessidade) palavras que desejaríamos ouvir da parte de papai e de mamãe para entrar em contato com as mágoas profundas e iluminá-las com o amor. A título de exemplo, transcrevo aqui o meu trabalho pessoal.

MENSAGENS DA MINHA MÃE IDEAL

- ◆ Eu desejo, quero e amo você.
- ◆ Meu docinho, quero pegar você nos braços e abraçá-la com força.
- ◆ Amo-a assim tal como você é; admiro as qualidades que vejo em você e não vejo em mim.
- ◆ Você é preciosa para mim.
- ◆ Acredito em você.
- ◆ Vou cumular você de toda a doçura que eu tiver.
- ◆ Ofereço a você a minha acolhida.
- ◆ Por meu intermédio, você vai aprender a amar e a apreciar os homens, a confiar neles.
- ◆ Desejo fazer de você uma mulher plenamente desenvolvida.
- ◆ Vou ensinar a você os segredos femininos; quero ter com você uma boa convivência.
- ◆ Estimulo-a a confiar em si mesma e em sua voz interior.
- ◆ Não tenha medo, estou com você; você não está sozinha.
- ◆ Filha querida, tenho orgulho de você.
- ◆ Você tem o direito de ser diferente de mim.
- ◆ Estou aqui gratuitamente para mostrar o meu amor, mesmo quando você não precisa de nada.

MENSAGENS DO MEU PAI

- Minha princesa, minha rainha, eu adoro você.
- Você é o meu orgulho; adoro falar de suas proezas.
- Sua beleza exterior e interior me comovem.
- Você é única, a primeira, a melhor.
- Adoro a sua feminilidade. Gosto de ajudá-la a desenvolvê-la todos os dias.
- Sempre a protegerei, filha querida.
- Sua pele é suave; adoro afagá-la com doçura.
- Estou disponível para ficar com você e ensinar-lhe as coisas que sei.
- Reconheço a mulher que existe em você e me orgulho de ser o seu pai. Como você é bonita!
- Desejo encorajar você a conseguir o máximo de si e a desenvolver seus talentos.
- Se você sentir medo ou tristeza, meus braços estão aqui para apoiá-la.
- Mostrarei tanto a minha força como a minha sensibilidade.
- Siga em frente, você vai conseguir; você dispõe de todo o necessário.
- É certo ser uma líder sem deixar de ser plenamente mulher.
- Tenho por você grande admiração; eu a amo.

Lembro-me de ter chorado muito ao escrever essas linhas que descreviam tanto as minhas mágoas como o remédio a lhes aplicar. O fato de imaginar pôr essas palavras na boca de meus pais verdadeiros aumentava o fluxo de minhas lágrimas. As palavras entravam em mim como um alimento que apaziguava o meu coração. Uma grande doçura se instalou em mim nos dias seguintes. Gravei a minha voz e ouvi as minhas mensagens de amor à noite, na cama, durante várias semanas. [7]

Acabei de descobrir um cicatrizante natural para minhas feridas mais profundas. Esse exercício contribuiu igualmentee para eu ser mais capaz de perdoar a mim mesma. Tenho de me perdoar por ter feito escolhas tão doentias, por ter julgado os meus semelhantes e por lhes ter causado sofrimento. Parei de me lastimar por não ter compreendido até esse momento como a vida é bela e doce quando somos simplesmente nós mesmos, sem medo. Dizem que nunca é tarde demais para compreender. Eu acrescento: nunca é tarde demais para amar.

---

7. Sugiro um mínimo de 33 dias, número que simboliza a integração espiritual.

3

Nossos Filhos,
Que Bons Mestres!

SER PAI É UMA das mais nobres responsabilidades que um ser humano pode ter. Apesar da reconhecida importância do papel do genitor, não sei de nenhuma formação nem curso preparatório para isso. Trata-se, no entanto, de uma função com suas próprias regras, e está longe de ser fácil dominá-la.

Tornar-se genitor é aceitar guiar um recém-chegado a um mundo cheio de incoerências, no qual nós mesmos temos dificuldade para viver.

Ser genitor é aprender na prática pelo método de tentativa e erro.

Ser um genitor realista é perceber que não se pode fazer dos filhos o que se quiser.

Ser um genitor aberto é aceitar o fato de que os filhos têm tanto a nos ensinar quanto julgamos poder ensinar a eles.

Ser um genitor lúcido é dar-se conta de que se está na escola da vida 24 horas por dia e de que os nossos filhos podem ser mais evoluídos do que nós no plano da alma.

Tive três filhos aos quais dei o melhor de mim, com tudo o que isso implica de imperfeições. Minha experiência de mãe me alimentou, fez que eu me desenvolvesse e evoluísse. Tenho por essas três belas almas muita gratidão por me terem escolhido como guia terrestre. Desde a mais tenra infância deles, comecei a perceber que os meus filhos tinham muito a me ensinar. Embora eu às vezes tenha resistido a esse fato, nem por isso deixei de aprender muito com eles e graças a eles.

A inocência da criança é tão grande que isso faz dela um professor natural. Desse modo, o adulto consciente que a vê viver e amar a vida procurará voltar a ser aquilo que um dia foi.

"Se não nos tornarmos honestos como crianças, não poderemos ter acesso ao Reino interior."

As páginas a seguir tratam bem pouco da educação dos filhos, voltando-se mais para a tomada de consciência que podemos ter em contato com eles.

Dedico este capítulo não só aos pais biológicos como também a todos os educadores, que considero meus pais de coração.

As crianças expressam aquilo que não dizemos

Ah, como amamos os nossos queridos filhos! Fazemos tudo por eles, para que sejam felizes e vivam em segurança. Não obstante, que genitor nunca teve, num momento de exasperação, um pensamento inadmissível como o do Pequeno Polegar?

Que grandes mestres são os nossos filhos! Incansavelmente, dia após dia, ano após ano, eles são fiéis à sua tarefa inconsciente, a de refletir para nós alguns traços de caráter ou certas atitudes com os quais não fizemos as pazes, seja porque nós os recusamos ou porque eles são inconscientes.

Muitas pessoas observaram que o filho com o qual tiveram mais dificuldades é aquele que mais se assemelha a elas. Isso nada tem de surpreendente! É como ter diante de si, ao longo do dia, uma cópia fiel de um aspecto de nosso próprio ser.

> Toda pessoa que se assemelha conosco em termos dos nossos traços de caráter não-aceitos tem grande probabilidade de: deixar-nos com os nervos à flor da pele; levar-nos a perder a paciência; exasperar-nos e, em algumas ocasiões, nos levar a perder o controle.

Mas, o que fazer? Não há como fugir ou deixar o filho na rua. Trata-se de um ser bem diferente de um cônjuge ou de um amigo. O filho está presente e convive conosco por muito tempo. Haverá um manual com o modo de usar, uma receita para tornar todos esses anos não só suportáveis como harmoniosos? Porque, afinal, se compreendermos de fato como funciona uma alma de criança, sem dúvida poderemos nos ajustar...

Consultei o grande espelho das almas infantis em benefício dos pais e dos educadores. E eis o que ele me revelou:

Caros amigos, vocês já refletiram sobre a expressão "Criar filhos"? Ela implica a elevação da sua alma, a evolução do seu ser. Vocês julgam que ter sucesso na missão de vocês consiste em mudar os comportamentos inaceitáveis dos filhos. E quanto mais vocês tentam contê-los, impor-lhes limites, mais eles se rebelam e fazem o oposto do que vocês esperam. Seus filhos não precisam que vocês lhes moldem o caráter. Eles lhes foram confiados para que vocês os pudessem guiar.

Se o seu temperamento se assemelha ao de um de seus filhos, não seriam vocês as pessoas mais indicadas para lhe ensinar como é que a pessoa se comporta quando traz uma bagagem como essa?

E eis que o mestre se torna discípulo. É claro que isso acontece porque vocês não têm um perfeito domínio de si:

> O filho que, na sua inocência, reflete para você o seu "defeito", ajuda-o a tomar consciência das partes do seu ser que você não aceita.

Ele às vezes se torna insuportável, a ponto de você ter de puni-lo? A que está ele prestes a reagir? Haverá uma emoção ou uma frustração que você não revela?

Seu filho, na pureza da sua sensibilidade, capta de maneira vibratória aquilo que você vive, mesmo que você tente ocultá-lo. Sua reação espontânea e inconsciente é então exteriorizar aquilo que você reprime em si, porque você e seus filhos estão ligados em termos de energia e a sua alma e a deles estão na presença umas das outras para se apoiar mutuamente. Quanto mais sensível o filho, tanto mais diretamente ele reage ao que você vive. Ele pode adoecer se, por exemplo, você estiver sob uma forte pressão interior e se obstinar em continuar como se tudo estivesse bem. Você reprime as próprias emoções! Ele as expressa no seu lugar. Você contém a própria raiva! Ele se torna violento. Você julga a si mesmo! Ele mente para você. Você não se faz presente a si mesmo! Ele lhe pede atenção de modo incessante. Você se priva de seguir os próprios impulsos! Eles cometem atos criminosos.

Tentar corrigi-lo ou controlá-lo é tão absurdo quanto, vendo no espelho uma imperfeição no seu rosto, quebrá-lo para tentar removê-la.

Os seus queridos filhos não são detestáveis nem impossíveis na sua natureza profunda, não mais do que você mesmo o é. Se quer corrigir uma atitude deles, você não pode fazer isso antes de encontrar em si mesmo os vínculos correspondentes. O trabalho a realizar não incide tanto sobre eles quanto sobre você mesmo. Como você sabe, as crianças aprendem por mimetismo: elas guardam muito pouco do que você diz, imitando mais o que você faz e o que você é. Como você pode amar a imagem que o espelho reflete para você?

PEQUENA HISTÓRIA VIVIDA

Há gerações repetimos o ditado "As crianças imitam aquilo que nós fazemos". Acreditamos nisso sem nos dar conta da profundidade e do alcance dessas palavras.

Nada como um pouco de realidade cotidiana para tornar concreta essa mensagem. Uma amiga me confiou:

"Meu filho tem um defeito horrível: mente demais! Isso me perturba de todas as maneiras. Acho que já esgotei todos os meios para fazê-lo compreender a importância de se dizer a verdade!"

Então, fizemos juntas o jogo do espelho. Ela concordou em responder às perguntas com toda a honestidade.

- ♦ Você demonstra a tendência de mentir aos outros para se sair bem?
- ♦ Você aprimora ou exagera a realidade quando conta alguma coisa?
- ♦ Ocorre de em algumas ocasiões você mentir para si mesma, de fazer as vezes de avestruz?
- ♦ Você tem a preocupação de ser HONESTA, isto é, de fazer com que os seus atos estejam de acordo com os seus pensamentos e com as suas palavras?

Como muitas pessoas, a minha amiga achava que não mentia, pois era para ela uma questão de honra sempre dizer a verdade a todas as pessoas. Por esse motivo, ela não se dava conta de haver uma parte do seu ser no comportamento do filho. A resposta que ela deu à terceira pergunta forneceu-lhe muitos dados sobre que refletir ao lhe revelar que ela tinha a sua maneira, deveras sutil, de usar a mentira para enganar-se a si mesma.

Examinamos em seguida o aspecto construtivo da sua reação com relação ao filho. O fato de ela não poder suportar a mentira era aos meus olhos um indício de grandeza de alma. Eu lhe disse:

— *Sua atitude interior é justa: a mentira não tem lugar aí. A parte que precisa ser transformada é o seu sentimento de intolerância; de início com relação ao seu filho e, depois, com respeito a si mesma.*

— *Você quer dizer que essa mágoa profunda que sinto quando sei que o meu filho mente para mim é também o que acontece comigo quando não digo a verdade? Isso me faz mal, não quero nem pensar nisso. Isso significa que eu me maltrato enormemente. Que descoberta! Mas que fazer quando sinto isso?*

— *Para ajudá-la a ver o que acontece com você mesma, vamos usar o exemplo do seu filho. Imagino que, na maior parte do tempo, você percebe intuitivamente o que ele tenta esconder de você.*

— Isso não é difícil; na idade dele, as histórias carecem de coerência e de sutileza.

— Qual é, na sua opinião, o motivo de ele mentir assim?

— Já pensei sobre isso; acho que ele tem medo das minhas reações e das do pai. Sinto que ele não quer nos enganar. Costumamos dizer-lhe que temos orgulho dele, mas suponho que ele tenha vergonha de alguns de seus atos. Quando não acredita estar à altura, ele deve tentar mascarar a verdade.

— Anotei o que você acabou de dizer sobre o seu filho. Você quer fazer a experiência de ler trocando o ELE por EU?

— Claro que sim. Por que não?

Vi o seu semblante ir se alterando à medida que ela lia; e, com uma voz vacilante, ela me confessou:

— É verdade. Tenho medo do que os outros vão dizer, medo de enganar. Tenho medo de não estar à altura das minhas próprias expectativas; assim, para não ter uma decepção, finjo que não tenho as capacidades necessárias e não empreendo coisa alguma.

As palavras se atropelavam na sua garganta. Eu sentia com clareza que ela tomara consciência de algo importante. Ela começou a falar da infância.

— Meu irmão mais velho era muito hábil em tudo. Meus pais costumavam fazer observações elogiosas a seu respeito. Quanto a mim, toda vez que começava a fazer algo, eu me perguntava se o meu desempenho seria tão bom quanto o dele, tão bem-sucedido quanto o dele. Eu sempre me comparava com ele, se bem que os meus pais não o fizessem. Eles me estimulavam a desenvolver as minhas capacidades pessoais. Vejo bem hoje que era eu quem não apreciava quem eu era; eu queria ser como ele. Ele tinha tudo a seus pés, e todos gostavam dele. No fundo, o meu filho se parece comigo. Ele tenta ser quem ele não é. Meu coração dói quando digo isso, mas sei qual é o seu sofrimento secreto. Pobre criança: num contexto diferente, ele está prestes a impor a si mesmo o inferno que vivi durante toda a minha infância. É preciso quebrar essa carapaça! É meu dever fazê-lo sair dessa armadilha destruidora. Amo-o demais para permitir que se destrua dessa maneira!

— E você não ama a si mesma o bastante para acolher a criança que existe em você, essa criança que tem medo e se esconde por trás da mentira? Ela tem extrema necessidade de ser aceita assim como é, na sua imperfeição. E o mesmo acontece com o seu filho. Ao sentir que é amado não pelo que ele faz mas pelo que ele É, ele ficará menos angustiado. Quando você parar de julgá-lo e de querer corrigi-lo quando ele errar, o seu filho vai começar a se abrir e vai confidenciar a você seu medo de fracassar.

A minha reflexão a fez sair da infância, porque fez reagir a mãe que havia nela.

— Mas então, de que adianta ser genitor se não agirmos de modo a chamar os filhos à ordem quando julgamos necessário? Devemos aceitá-los assim como são, sem tentar torná-los conscientes dos pontos fracos que eles precisam melhorar?

— Boa pergunta! É claro que não se trata de deixar passar tudo. Tendo-o chamado à ordem, começa o trabalho que você terá de fazer. Foi vendo-me reagir a certas atitudes dos meus filhos que comecei a praticar a teoria do espelho. Eu perguntava a mim mesma por que eu tinha me tornado tão intolerante. Procurei o que isso vinha tocar nas *profundezas do meu ser. Se, por exemplo, você indica a seu filho que não aceita as mentiras dele, você só lhe revela parte da verdade. O fato de ter descoberto o seu próprio medo do fracasso a ajuda a descobrir o que impele o seu filho a mentir. Por outro lado, tenho certeza de que a sua menina interior terá muito a contar ao seu filho. Que bela amizade em perspectiva, não é?*

— Sim, eu sinto que o meu coração suspira por um alívio. Eu fiz que se calasse por muito tempo a parte de mim que está cheia de projetos e que se vê sufocada pela minha falta de confiança em mim mesma. Sinto um calor dentro de mim só de pensar na idéia de confidenciar minhas angústias ao meu filho.

— Você percebe que essa cura traz benefícios para você e para ele? Pouco importa se você faz isso por ele ou por você; a sua motivação é guiada pelo amor, e o amor faz milagres. Cada vez que se rompe conscientemente a carapaça de uma antiga programação, as pessoas próximas que se acham aprisionadas por essa mesma carapaça são atingidas vibracionalmente e podem vivenciar uma libertação adequada ao seu nível de consciência.

— Convenhamos! Isso não pode funcionar numa pessoa que não esteja consciente de ter um problema!

— Você julga isso impossível? Garanto que percebi isso em inúmeras ocasiões. Eu me via bloqueada quanto a expressar a raiva, e trabalhei conscientemente para resolver esse problema. E quando o consegui, o meu filho que padecia da mesma dificuldade pouco tempo depois teve um acesso de raiva. O pai ficou surpreso ao vê-lo agir assim, mas eu apenas ri, dado que tomei esse fato como uma boa notícia.

De fato, eu estava certa de que o meu filho, que nem sequer presenciara os meus acessos de raiva, se havia beneficiado do meu trabalho consciente. Como é maravilhoso constatar que temos entre nós uma ligação no nível da energia! Os seres que convivem durante longos períodos escolheram no nível da alma a ajuda mútua em sua evolução.

> Nas famílias, certas atitudes nefastas se perpetuam de uma geração para outra. Basta uma pessoa consciente para remover a carapaça, e os que vêm depois dela têm novas oportunidades de evoluir de um modo diferente.

Tenho a impressão de que o resultado é mais direto com as crianças por causa da grande abertura de espírito delas, bem como do fato de elas não resistirem muito a mudanças. Eu diria ainda que o nosso contato com elas está situado mais no nível do coração, e que sentimos mais intensamente as coisas que vivemos na companhia de nossos pais.

Seis meses depois da nossa conversa, a minha amiga não só aceitara o seu medo do fracasso, como se empenhara em montar um estabelecimento comercial. Ela realizava, assim, um sonho da juventude, e, ao mesmo tempo, recuperava sua verdadeira natureza. Sua criatividade estava em plena efervescência; ela decidira que os seus medos não dirigiriam mais a sua vida. Com o filho, as coisas estavam indo bem melhor. Ela me disse: *"Aprendi a aceitar a minha verdade. Depois de tê-la dito a mim mesma, é mais fácil dizê-la aos outros."* Quando voltei a falar com ela sobre o que desencadeara a sua tomada de consciência, ela ficou pasma ao constatar até que ponto a levara o fantasma da mentira. Nunca se sabe o que uma olhada honesta no espelho pode fazer!

POR AMOR AO OUTRO

Há entre as pessoas que nos cercam espelhos que levamos um certo tempo para reconhecer, dada a nossa grande preocupação com o que acontece na vida do outro. Enquanto genitores, estamos prontos a fazer qualquer coisa pela felicidade dos nossos filhos. Por isso, é fácil cair na armadilha na qual se toma a vida do filho nas mãos, tornando-nos indispensáveis. A experiência a seguir vai demonstrar que:

> Aprendemos muito a nosso respeito observando o que fazemos com intensidade em benefício dos outros.

Christian, o meu filho mais velho, começou a sofrer de asma aos 3 anos de idade. O médico me explicou que o eczema de que ele sofria desde que nascera tomara outra forma. Quando o médico nos propôs uma imensa quantidade de medicamentos químicos, alguns dos quais causavam dependência, perguntei-lhe por quanto tempo se estenderia o tratamento. Sua resposta, que equivalia a: por toda a vida, me fez mergulhar numa profunda confusão. Eu não podia aceitar a idéia de que o meu filho se tornasse dependente de medicamentos por toda a vida. Eu nada sabia da doença e menos ainda da saúde, mas algo em mim tomou na época a firme decisão de encontrar uma alternativa.

Assim começou para mim a longa busca de melhoria. Fiz essa busca por amor a meu filho, e o que descobri serviu tanto para ele como para mim. Ao longo dos anos, fui levada a pessoas dotadas de grandes qualidades, capazes de ajudar pessoas que me iniciaram na psicossomática e na metafísica. Comecei a procurar respostas que estivessem além do aspecto físico e, com perseverança, tive a prova de que aquele que busca acaba sempre por encontrar.

Contudo, não se pode imaginar de um terapeuta ouvir dizer: "Minha senhora, é sua a responsabilidade por 50% dos problemas do seu filho!" Passei horas meditando acerca dessas palavras. Na maioria das vezes, enquanto eu cuidava do almoço ou passava o aspirador pela casa me ocorria ao espírito a resposta; em suma, quando eu estava sozinha e bem ligada à realidade.

Minha iniciação no que diz respeito ao espelho foi muito árida. Eu me sentia solitária com as minhas perguntas entre as visitas que fazia a praticantes de medicina alternativa. É preciso dizer que, vinte anos atrás, essas abordagens pouco conhecidas pareciam vir de outro planeta, e a sua aplicação nos tornava pessoas um tanto estranhas. Logo, eu não me sentia à vontade para falar a esse respeito com outras pessoas, porque isso acentuava o meu sentimento de ser criticada, contestada e mesmo ridicularizada. Hoje é mais fácil para mim ver a que ponto os comentários vindos de fora mascaravam a minha ambivalência. Enquanto uma parte do meu ser estava persuadida de que o meu esforço era válido, uma outra duvidava e me reprovava por nunca agir como todos faziam.

Contudo, o bem-estar do meu filho e, mais tarde, o de minha família sempre esteve acima dos meus questionamentos. Trabalhei como uma abelha para produzir e preparar uma alimentação saudável e natural. Agradava-me redescobrir as receitas das avós para curar os achaques e aprendi a pôr em prática o meu próprio poder de cura.

Tudo isso para dizer que a minha longa procura por uma saúde global foi motivada pela condição fisiológica de outro ser, como se não valesse a pena despender toda aquela energia "só por mim".

Meu filho, cujos problemas de respiração estavam ligados a uma repressão emocional, era o perfeito reflexo de sua mãe. De fato, eu estava a tal ponto ocupada em tentar salvá-lo que não me dava conta de que eu mesma lhe dava inconscientemente o exemplo de reprimir as emoções.

> O elemento que dificulta o desvelamento do efeito de espelho é a diversidade das manifestações externas de um mesmo problema.

Como o meu bloqueio pessoal se expressava por meio de enxaquecas e de crises hepáticas, eu não estabelecia nenhuma relação entre a doença dele e as minhas. Ainda mais que a asma era hereditária pelo lado do pai dele, enquanto os problemas do fígado vinham da minha família. Na primeira vez em que me disseram que a hereditariedade era tanto uma questão de atitudes quanto de genes, fiquei chocada. Se eu resolvesse acreditar, isso alteraria por completo as perspectivas futuras da minha saúde e da dos meus filhos. Como a vida está sempre atenta para nos fornecer a oportunidade de avançar, aconteceu que na época eu estava muito magra: não conseguia, como era o caso da minha mãe, engordar. Tendo obtido ajuda, desenvolvi uma nova programação mental e

98 | Os Relacionamentos Vistos pelo Espelho

ganhei um pouco de peso. Ainda que não fosse conclusivo, esse exemplo serviu para que eu me libertasse de uma crença muito disseminada, segundo a qual nada podemos com relação aos nossos problemas físicos.[1]

Estando descartada a desculpa da hereditariedade, continuei a pesquisar a minha possível participação na doença do meu filho. Para a minha felicidade, não cheguei a me sentir culpada porque intuí que a minha responsabilidade estava num nível sutil. Eu ainda não chegara à etapa de trabalhar a expressão de minhas emoções. Contudo, eu já sabia que a minha atitude controladora tinha sobre o meu filho um efeito indesejável. O que chamo de controle era apenas a atitude normal de um genitor tal como eu a aprendera: indicar várias proibições a partir do momento em que o filho pode deslocar-se sozinho, protegê-lo de sua temeridade inocente, ensinar-lhe um comportamento socialmente admissível. Mas meu rapaz se mostrava bem impermeável aos meus castigos de boa mãe.

Desde o seu primeiro ano de vida, sua capacidade motora era bem desenvolvida e sua vontade de fazer explorações se associava à sua engenhosidade inata. Quando ele chegou aos 2 anos, a idade do NÃO, percebi que já estava na hora de eu me adaptar a ele, não o contrário; a quantidade de "NÃOS" que eu tinha de dizer num dia, para ser fiel ao método tradicional, estava prestes a criar no menino uma resposta negativa sistemática a todas as minhas intervenções. Eu no entanto não era o tipo de pessoa que proíbe tudo, muito pelo contrário; mas tinha diante de mim um ser cuja necessidade de liberdade era fora do comum.

Tive de fazer calar um pouco a minha insegurança e lhe conceder mais oportunidades de dar livre curso à sua criatividade. Isso significava, de um lado, deixá-lo solto e garantir uma presença e uma vigilância constantes. Era aconselhável protegê-lo de sua habilidade física precoce que o levava a aventuras que estavam bem além do seu grau de compreensão. Por exemplo, mal tendo feito 2 anos, ele pulava uma grade bem mais alta do que ele e ia perambular pela rua; ele tinha um sentido inaudito da mecânica e buscava desmontar tudo com as ferramentas de que dispusesse antes mesmo de poder formular uma única frase. Sua habilidade em escalar lhe dava acesso a toda uma gama de objetos perigosos.

Um dia, numa de nossas férias, ele aproveitou o fato de estarmos dormindo para explorar uma mala e se apossar de um tubo de diuréticos. Pode-se imaginar que um garotinho ainda nos cueiros pudesse abrir um recipiente à prova de crianças e avaliar o conteúdo como bombons? O pobre pequenino teve de se submeter a uma lavagem intestinal, e nós levamos um enorme susto e tivemos o trabalho de tirar do seu caminho todo e qualquer recipiente. Ninguém conseguiria se entediar na presença dele!

---

1. A responsabilidade pela nossa própria saúde é tratada amplamente no Capítulo 7: *O corpo tem as suas razões*.

Eu oscilava entre a admiração e as proibições. Ele me lembrava da minha grande curiosidade infantil sem que eu conseguisse me identificar com a sua engenhosidade e com esse seu lado explorador. Eu por certo havia sufocado esses dois atributos em mim mesma, não por causa de uma educação repressiva, porém mais devido ao fato de a minha vulnerabilidade fazer que eu me conformasse com aquilo que eu achava que se esperava de mim.

Isto é parte do drama da minha vida: sempre me senti diferente, mas só honrava a metade do meu verdadeiro ser. Meu envolvimento com a teoria do espelho foi e é extremamente valioso em termos de me ajudar a reconhecer os diferentes aspectos do meu ser, tanto os sombrios como os luminosos.

Christian refletia para mim a minha criatividade e o meu grande desejo de liberdade. Creio que, se tivesse compreendido isso na época, eu teria trabalhado prioritariamente comigo mesma, em vez de dedicar tanta energia ao bem-estar do meu filho. Eu estava atenta para não controlar demais o que ele fazia, e isso promoveu uma considerável melhoria nas nossas relações. Não obstante, o meu grande desejo de ajudá-lo a se curar sem dúvida o sufocou sem que eu me desse conta disso.

Houve por certo aspectos positivos no meu esforço, pois conseguimos controlar a asma sem remédio até a adolescência. As violentas reações que ele teve aos tratamentos energéticos demonstram (vejo isso agora, rememorando) que ele se rebelava contra os métodos que eu preconizava, isto é, rebelava-se contra mim. Sua mensagem inconsciente era sem dúvida "Pare de cuidar tanto do meu caso!" Foi o que acabei por fazer, não por ter compreendido que era hora de eu aprender a administrar as minhas emoções, mas por causa da preocupação de não agravar o seu estado.

Tivemos, assim, de recorrer à medicina tradicional, e deixei que o meu companheiro visse o prontuário, consciente de que aquela era a época propícia à identificação com o pai.

Ah, como eu era atenta e compreensiva no tocante ao bem-estar das pessoas a quem amava! E me tratava como a Borralheira da família. Passei por um tipo de fracasso pessoal por causa do resultado do nosso combate à asma. Mas não falei sobre disso a ninguém. Só tive de reprimir a minha decepção e o meu sofrimento. Como eu pudera levar o meu filho a uma situação à qual eu chegara por mim mesma? Eu ainda não sabia que o trabalho de libertação que se faz para si afeta diretamente as pessoas próximas. Ao recusar inconscientemente a minha ajuda, talvez o meu filho soubesse, no âmago do seu ser, que as minhas limitações não poderiam levá-lo a uma verdadeira libertação. Suas crises agudas e suas internações me partiam o coração, ainda que eu exibisse uma atitude calma e confiante. A minha alma chorava por meio dele para que eu curasse as minhas próprias emoções, mas eu nada percebia.

Alguns anos depois, quando Christian passava pela sua primeira crise num relacionamento amoroso, conversamos sobre a atitude de sua namorada e de como ele se sentia na presença dela. O espelho me atingiu em pleno rosto. Ele vivia com a amiga a mesma sensação de sufocação que vivera comigo. Isso me confirmou que ele escolhera por si mesmo, como eu mesma outrora, enquadrar-se para agradar aos outros. Essa foi para mim a ocasião de eu abrir o meu coração a ele acerca das tomadas de consciência que eu fizera no tocante ao meu sutil controle dele. O fato de lhe confessar as minhas limitações permitiu que eu saísse do caminho e deixasse nas mãos dele a responsabilidade de se deixar sufocar ou de aprender a se afirmar. A relação seguinte o fez reviver o mesmo padrão de modo mais complicado.

Ah, sim! Quando a lição não é assimilada, a vida, ou, antes, o nosso desejo inconsciente de evolução, se encarrega de nos apresentar um espelho que reflete ainda mais, aumentando, assim, as nossas chances de ver com clareza. Eu, que escrevi isto, estou bem mal situada para julgá-lo. (Não deixe de ler o relato de minha vida amorosa!...)

> Quanto menor a nossa receptividade às nossas lições de vida, tanto maior a nossa impressão de que o destino se abate sobre nós.

Considerar-se azarado equivale a confessar a nossa impotência diante dos acontecimentos da vida. Mas que bom seria se víssemos todo o poder que reside na aceitação da nossa responsabilidade!

> Atraímos magneticamente para nós toda pessoa ou situação suscetível de nos fazer evoluir. Com efeito, há um fenômeno de ressonância vibracional entre dois sujeitos afetados por problemas semelhantes: a vítima atrai o carrasco; o complacente convive com o invasivo; o salvador sempre encontra em seu caminho uma causa perdida; o culpado se vê cercado de juízes, e assim por diante.

Logo, quanto mais cedo compreendermos o que uma situação quer nos ensinar, tanto menor será o tempo ao longo do qual sofremos. O SOFRIMENTO ADVÉM DA NOSSA RESISTÊNCIA. Resistência para ver a si mesmo e para se reconhecer no reflexo das atitudes do outro. Resistência para amar a nós mesmos tais como somos.

Haverá melhor maneira de tomar consciência do sentimento de sufocação do que conviver com alguém que faz tudo para tomar conta de nossa vida? Foi o que o meu filho conseguiu atrair para si a fim de se libertar de seu medo de se afirmar. Muitas vezes constatei em mim mesma, nas pessoas próximas e em clientes a que ponto podemos nos infligir um sofrimento insuportável antes de reagir e por fim fugir do nosso comportamento autodestrutivo.

Foi nessas circunstâncias tão sofridas para ele que o meu filho terminou por assimilar uma lição concernente não só no que tange às relações como também à sufocação. Seu problema se manifestou na invasão pela doença e nos termos de circunstâncias que pareciam se abater sobre ele. A vida permitiu que eu estivesse presente para ajudar a elucidar o sentido de suas mensagens, ao tempo em que eu não me envolvia diretamente. Finalmente, compreendi que ele trazia em si tudo aquilo de que ele precisava para salvar a si mesmo. Meu papel consistia no início em apoiá-lo à distância por meio de meu amor, confiar na sua força bem como nas nossas respectivas orientações.

Perto do final dessa provação, foi muito lindo vê-lo passar à ação, movido por uma certeza que eu sentia já se arraigar nele; fiquei a um só tempo orgulhosa dele e tranqüila com relação ao seu futuro. Ele se tornou um homem que sabe atender às suas necessidades e fazê-las respeitadas. Não eliminou por completo o problema da asma; ainda é possível perceber nele a respiração típica do asmático. Como ele é muito ativo, concluo disso que ele lida com bastante sucesso com seus sintomas, à sua maneira, porque os métodos naturais não o atraíram muito. Meu orgulho está no fato de ele ser ele mesmo, o que lhe confere um carisma que serve de atrativo às pessoas.

É sempre reconfortante estar na presença de toda pessoa que nada tem a provar, nem a si mesma nem aos outros.

Os relacionamentos-dádiva: espelho positivo

Todos contam entre as pessoas que os cercam ao menos uma pessoa que tem o dom de desencadear as suas emoções. Você já percebeu que no seu círculo de relações há um homem ou uma mulher com quem o relacionamento é naturalmente harmonioso? Não há concessões a fazer, nenhum esforço de adaptação. É isso que eu chamo de relacionamentos-dádiva. Quando as almas se conhecem há muito tempo, e já moldaram inúmeros aspectos da personalidade, os riscos de conflito sofrem uma ponderável redução. Elas optam assim por conviver num contexto no qual serão um apoio uma para a outra.

É isso o que sucede entre mim e a minha filha mais nova. A harmonia com ela é tão fácil, que há quem diga: não há nenhum mérito de sua parte! A minha visão da situação é que simplesmente colhemos algo que com certeza semeamos, ainda que o nosso espírito consciente não guarde lembrança disso.

Esse tipo de relacionamento tem um quê de repouso: o intervalo para o café de que tanto precisamos no caminho da vida, no qual nada vem de fato a ser concluído.

102 | Os Relacionamentos Vistos pelo Espelho

> Nossos relacionamentos-dádiva são os nossos
> espelhos positivos.

Trata-se dos espelhos nos quais nos miramos com satisfação, porque eles nos devolvem uma imagem agradável de contemplar e que nos coloca em contato com o melhor de nós mesmos. Disso decorre a importância de reconhecer e manter esses relacionamentos que servem de pontos de ancoragem principalmente em períodos turbulentos.

Gabrielle muitas vezes estava presente nos meus sonhos quando era criança, época na qual eu começara a estudar mais seriamente a interpretação dos sonhos. Usando a abordagem segundo a qual as personagens de nossos sonhos costumam representar aspectos de nós mesmos[2], descobri com o passar do tempo, uma constante: minha filha sempre desempenhou o papel de minha criança interior. O nosso parentesco anímico fez com que tivéssemos o mesmo tipo de sensibilidade, as mesmas reações profundas diante dos acontecimentos, mesmo que a sua expressão ocorra por meio de personalidades diferentes. Seu modo de agir nos meus sonhos me revelou a menina que vivia em mim, ao mesmo tempo forte e vulnerável, pura e ambivalente. Hoje, quando sonho com ela é sempre a criança interior que quer se fazer ouvir. Nessa personagem pulsa a minha criatividade, e sempre que lhe falta o ar ela me alerta.

Observar a minha filha agir e reagir muito me revelou sobre a criança que eu poderia ter sido se tivesse optado por ser mais quem eu era em vez de me enquadrar para ter certeza de agradar. O meu medo de ser rejeitada foi mais forte que a necessidade de afirmar quem eu era verdadeiramente. Bem jovem, eu já sentira que o fato de ser diferente criava dificuldades. As verdades que eu dizia espontaneamente aos adultos que me cercavam eram às vezes encantadoras, mas havia ocasiões nas quais causaram embaraço, e cedo compreendi que algumas verdades não podem ser encaradas num mundo no qual se procura salvar a face.

Para sobreviver, imitei os adultos, que fingiam que tudo ia bem, e a tal ponto que me apartei por completo das informações intuitivas que recebia acerca das pessoas que me cercavam. É como se eu tivesse desligado o circuito da minha sensibilidade.

E essa era exatamente a demonstração que a minha filha me dava dia após dia. Eu a via viver e sentia uma grande admiração por aquele pequeno ser que vinha ocupar o exato lugar de que tinha necessidade, às vezes se anulando, outras vezes reivindicando, em muitas ocasiões permanecendo sozinha ainda

---

2. Abordo essa teoria no capítulo sobre os sonhos.

> Pagamos sempre muito caro as decisões de sobrevivência que tomamos, e só quando começamos a sufocar na nossa armadura protetora é que enfim aceitamos correr o risco de afirmar quem somos, expondo-nos ao perigo de desagradar.

que fosse sociável. Pelo simples fato de estar em contato com suas próprias necessidades, ela me ensinava a cuidar das minhas. Quanto tempo levei para compreender isso!

Aprendi com ela algo que eu há muito desaprendera.

Os ataques de raiva de Gabrielle são uma lenda na família. Criança, ela tinha uma maneira no mínimo expressiva de dar livre curso às suas frustrações. Ela se punha a chorar, a berrar, a bater os pés, a gesticular; aos 4 anos, quebrou um vidro com o punho, tal a sua frustração por não ter direito a uma porção de glacê! Ficamos todos espantados; mas, dentre todos, foi ela quem mais se surpreendeu! Paralisada entre o rir desbragadamente e o franzir do sobrecenho de uma mãe que se leva a sério, eu disse a mim mesma que ela aprendera a lidar com a própria raiva; no fundo, eu a admirava por ser capaz de deixar que extravasar aquele ímpeto, que contrastava com a sua natureza tão doce e tranqüila.

Eu tive o meu primeiro acesso de raiva digno desse nome quando já era adulta e casada havia uma boa dezena de anos. O meu marido, que sempre servia de desencadeador, se posso me exprimir assim, viu aquilo com tamanho espanto que ficou de queixo caído. Depois que me acalmei, tomei consciência de que acabara de perder o controle pela primeira vez na vida. Uma paz indescritível tomara conta de mim; eu tinha a sensação de que toda a frustração, toda a raiva, todo o ódio que trazia em mim acabavam de cair aos meus pés. Depois rememorei o momento que precedera imediatamente aquele acesso de raiva: o filme transcorria com bastante clareza na minha cabeça, e de repente percebi a evidência: "Meu Deus, estou prestes a imitar a minha filha!" Eu me via gritando e batendo os pés exatamente como ela, e achava tudo aquilo muitíssimo simpático! Obrigada, minha filha; o seu exemplo devolveu-me à vida.

A raiva é uma emoção tão forte que nos destrói e corrói como o ácido quando nos impedimos de expressá-la. Inclino-me a crer que ela pode ser igualmente destrutiva quando é expressa de modo excessivo, dado que provoca sentimentos de culpa. É preciso ter consciência do fato de que o excesso de raiva, de modo geral, esconde outros sentimentos, tais como a mágoa e a desilusão. Existe assim, tanto no excesso como na falta, um fenômeno de repressão.[3]

---

3. Desenvolvo amplamente a questão da raiva no Capítulo 7: *O corpo tem as suas razões*.

104 | Os Relacionamentos Vistos pelo Espelho

Mas, voltemos à minha história. Não me lembro de ter testemunhado nenhuma real manifestação de raiva por parte do meu pai ou da minha mãe. Nossos pais não podem nos ensinar aquilo que eles mesmos não aprenderam. A sociedade na qual vivemos veicula há gerações um imenso número de falsidades acerca da raiva (e das emoções em geral), entre as quais está a de que não somos responsáveis pela nossa raiva. Não se diz "Fiquei fora de mim" ou "Ela me deixou louco de raiva"? Afirma-se em seguida que a raiva é uma emoção vergonhosa e que exprimi-la denota falta de controle. Não se diz a quem está irritado "Acalme-se, pare de falar?"

Ter um acesso de raiva é de tal modo inconfessável que é preciso jogá-la a todo custo, nas costas de outra pessoa? E aqui temos o ponto que fecha o círculo vicioso: reprimimos a expressão da raiva porque tememos magoar o outro, afligi-lo ou levá-lo a nos rejeitar. Trata-se de algo lógico, dada a nossa convicção de que o outro está envolvido em nossa raiva. Mas na verdade ele nada tem que ver com isso.

> Todas as emoções que sentimos nos pertencem integralmente e não podem ser atribuídas a ninguém.

O USO DE UM DEFEITO PARA CRESCER

Contudo, é certo afirmar que os outros servem de desencadeadores de nossas emoções. Quando faz algo a nosso ver inaceitável, a pessoa pratica uma ação que contraria os nossos valores mas não necessariamente os seus.

Tomemos como exemplo a noção do tempo.

Um genitor racional e habituado a horários fixos pode se ver às voltas com um filho do tipo artista e sonhador. Este sem dúvida terá a tendência a se atrasar muitas vezes, de ficar "preguiçando" na cama, e o genitor vai sentir necessidade de "lhe dar um empurrãozinho". Há muita probabilidade de que o comportamento do filho desperte nele toda uma gama de emoções: impaciência, frustração, nervosismo, raiva.

O tempo é para esse filho algo que se alonga e de que nos beneficiamos; para esse genitor, o tempo é contado, divide-se em partes e corremos atrás dele. Não surpreende que um deles se torne, involuntariamente, o desencadeador das emoções do outro. O filho cria de maneira inconsciente para o genitor uma ocasião propícia a rever seus valores e crenças. E, se não fizer isso, esse genitor corre o risco de ter confrontos com o seu "rapaz", sobretudo na adolescência.

Exemplos disso não faltam no nosso cotidiano. De modo geral, quando qualquer pessoa se comporta de modo a contrariar os nossos valores, reagimos vivamente, afetados por toda uma gama de emoções. A manifestação

> A vida toma a seu cargo a tarefa de ensinar aos pais que eles não podem mudar a natureza dos filhos. A função dos pais consiste mais em ajudar os filhos a viver da melhor maneira com aquilo que eles são.

externa varia da explosão ao fechar-se em si mesmo, passando pela reprovação, pelo sarcasmo, pela irritação, pela ameaça: escolha de acordo com o seu temperamento... É claro que a primeira reação é espontânea, e não há nada de útil em tentar reprimi-la ou se sentir culpado por tê-la tido. A atitude mais adequada a adotar nessa situação seria acolher essa reação sem julgamentos, algo que não se consegue sem um certo esforço consciente.

Mas, se é bom aceitar a si mesmo, nem por isso se fica muitas vezes menos convencido de que o outro, devido à sua atitude falha, é responsável pelo nosso mal-estar. É justo no momento em que os pensamentos de acusação e de julgamento começam a surgir em nós que devemos sair do nosso espelho. Assim, o genitor do nosso exemplo tem a opção de manter o seu ponto de vista. Ele pode julgar o outro e, ao mesmo tempo, todos os que se assemelham a esse outro. Cada vez que decretamos que o outro está errado, estamos dando razão a nós mesmos. Essa atitude, além de não dar margem à diferença, cedo ou tarde leva a uma batalha de ganhar ou perder na qual as duas partes acabam derrotadas, dado que a comunicação entre corações se vê cortada.

O espelho serve de apoio para que a pessoa deixe de concentrar a atenção na atitude do outro, pois o nosso primeiro reflexo é muitas vezes rejeitar a culpa projetando-a no outro. Mas, como o objetivo é a observação de si mesmo, pode-se com toda a honestidade observar uma emoção que se acaba de ter e ver o que se pode aprender com a própria vulnerabilidade, os seus medos, a sua fonte de angústia. Talvez a pessoa descubra que tem uma reação muito ruim quando não está no controle de determinada situação. No exemplo que mencionei, não haverá aí material para que o genitor reveja sua abordagem do tempo de modo a poder permitir a si, antes de tudo, fruir a vida? Por menos que nos remetam a nós mesmos, todas as hipóteses são boas.

A experiência me ensinou que o simples fato de assumir por completo uma dada emoção, isto é, o fato de admitir que somos os criadores dessa emoção, produz em nós uma grande libertação, mesmo nas circunstâncias nas quais não se sabe que utilidade isso possa ter. Acolher a emoção enquanto parte integrante do nosso ser nos ajuda, em primeiro lugar, a vivê-la e a expressá-la como ela precisa ser, sem que a pessoa julgue a si mesma. Num segundo momento, ela nos ministra lições acerca das mágoas que trazemos em nós e que muitas vezes a nossa consciência pouco conhece. Por fim, apoiando-me nesta afirmação sapiencial, "Não é possível transformar coisa alguma que antes não tenha sido aceita", eu diria:

> Concedamos a nós mesmos o direito de expressar as emoções ditas negativas; esse é o primeiro passo rumo ao domínio que fará de nós seres que expressam livremente o que sentem, sem ter a necessidade de atacar as outras pessoas.

OS ESPELHOS "NEGATIVOS"

Como eu já disse, algumas pessoas têm o dom de desencadear as nossas emoções. Ao contrário dos relacionamentos fáceis, essas pessoas nos fazem berrar, suar, babar, "explodir" e perder o controle. O resultado disso é: nós nos detestamos tanto nas nossas atitudes extremas que o nosso primeiro reflexo consiste em detestar a pessoa que faz surgir a fera que existe em nós.

Julguei bastante a minha sogra porque a considerava manipuladora. Eu sentia a hostilidade dela para comigo, pois sabia que ela não aprovava a escolha do filho. Como expressar o que eu penso à mãe do meu amado sem magoar nem a ela nem a ele? Não encontrando saída, eu evitava o máximo que podia o confronto direto dizendo a mim mesma: "Afinal não é com ela que eu vivo." Contudo, de nada me adiantou fugir, porque a vida me esperava na esquina com a chegada do meu segundo filho, uma menina de inteligência vívida, que se tomava por rainha do Universo e sabia conseguir por todos os meios o que queria. Desde cedo ela me enfrentou, pois via claro em mim. Antes mesmo da idade do maternal, ela me lançou em rosto, certa manhã: "Se você é frustrada, o problema é seu; mas não descarregue em mim!"

Catherine mal chegara aos 6 anos quando fiz uma perturbadora descoberta. No curso de um fim de semana de desenvolvimento pessoal, participei de uma sessão de expansão em forma de visualização. Pedia-se que pensássemos numa pessoa com a qual tivéssemos um relacionamento difícil. Minha filha apareceu de imediato no espírito. Enquanto eu fazia o exercício orientado em que nos era solicitado identificar o que mais nos incomodava nessa pessoa, o rosto de minha filha sofre uma brusca transformação e aparece o de minha sogra. Fiquei ainda mais perturbada devido ao fato de ela já ter falecido há quatro anos. A palavra "manipulação" estava gravada diante de meus olhos, e vi-me na incapacidade de prosseguir tamanho era o meu choque. Eu amava tanto a minha filha e tão pouco a minha sogra, que associá-las causava-me um frio na espinha.

Esse evento desencadeou o mais importante trabalho de perdão da minha existência. E o contexto do perdão estendido à minha sogra era o sucesso no meu relacionamento com a minha filha. Eu não podia me esquivar disso. Com os dois rostos confundidos, o espelho estava gritando de verdade. Conseguir aceitar que a minha filha manipulava era uma coisa; aprender a não me deixar manipular, outra bem diferente. Quanto a reconhecer que eu tinha as minhas maneiras de manipular, eu ainda estava longe dessa verdade.

Desde o começo da adolescência de Catherine, o confronto com ela se intensificou. Queríamos, uma e outra, ter a última palavra. Como nós duas tínhamos uma personalidade forte, a última palavra de modo geral ficava em suspenso, o que contribuía para dar um aspecto nebuloso à nossa relação; apesar das tentativas de aproximação, os litígios eram freqüentes. A vida me concedeu então a oportunidade de me distanciar durante os dois anos em que o talento dela a levou a uma escola especializada bem distante da nossa moradia. Eu tinha consciência de que a minha lição estava longe do fim.

Catherine é uma menina bonita, cativante, jovial, criativa, talentosa, determinada e com capacidade de liderança, igualzinha a mim, tenho de reconhecer. E, como diz o adágio, temos os defeitos das nossas qualidades. Catherine tem também seus momentos de obstinação, é "controladora", egocêntrica, indecisa, hiper-emotiva, imprevisível, distante. Resisto a dizer... igualzinha a mim. Por que é tão difícil? Não gosto que os outros vejam esses meus aspectos. Sei contudo que eles são evidentes aos olhos das pessoas que convivem comigo e que me apreciam tal como eu sou. Trata-se de um segredo de polichinelo, de uma farsa! Fica-se na situação da criança desejosa de esconder um enorme balão nas costas e diante da qual todos riem, pois só ela acredita que está dando certo. E os risos nos dizem: "Pare de esconder a si mesma; se não fosse possível conviver com você assim como você é, ninguém mais estaria aqui." E apresento a hipótese de que as pessoas que de fato se afastaram talvez não pudessem assumir o espelho que eu efetivamente era para eles, apesar de mim mesma, por intermédio dos meus defeitos.

Um ano depois da minha separação, meus três filhos adolescentes foram viver comigo. Eles formavam uma frente ampla de questionamento de meus valores de "boa mãe". Punham-me muitas vezes contra a parede ao zombar dos meus temores com relação a eles. Por exemplo, no momento de negociar a hora de voltar para casa, eis como eu acabava por me tornar objeto de zombaria:

— Vejo que você vai sair hoje. A que horas pretende voltar?

— Sei lá! Umas 2 horas da manhã.

— Você não pensa no que faz: ainda não passou dos 14 anos... A que horas vai voltar aos 18?

— Se entendi o seu raciocínio, na sua idade você deveria voltar uns dois dias depois!

Foi o período em que as coisas se complicaram com respeito a Catherine, que acabava os estudos secundários. Ela dizia: "Quem tem problemas com a adolescência são os pais. Nós estamos mudando e vocês são incapazes de acompanhar." Quando a verdade sai da boca das crianças, o único jeito é engolir a pílula com humildade. Minha filha era especialista em criar situações em que eu me via fazendo o máximo por ela com a impressão desagradável de privar seu irmão e sua irmã de uma atenção que eu desejaria que fosse mais eqüitativa.

Inconscientemente, ela se aproveitava do meu grande desejo de ajudar e de socorrer, e eu todas as vezes caía na armadilha ao ultrapassar a minha vontade ou os meus limites. Eu me detestava por não ser capaz de lhe dizer não e ao mesmo tempo acumulava muito ressentimento contra ela. Eu podia ver que a insegurança e a indecisão delas a levavam a me manipular para obter ajuda; eu sabia também que ela não tinha consciência de sua maneira de invadir o espaço circundante. Era por isso que eu sempre dizia que iria lhe dar mais uma chance... Até me sufocar, até detestá-la. Odiar o próprio filho ao mesmo tempo que se tem amor por ele é uma experiência traumatizante que não desejo a ninguém.

Mais uma vez a vida me permitiu recuperar o fôlego. Esse período coincidiu com o momento em que os meus filhos foram viver com o pai, como fora combinado. Só vi Catherine, que naquele verão fora trabalhar num acampamento, uma ou duas vezes. Para a minha felicidade, porque eu talvez não tivesse podido conter as piores maldades, tão intensa era a minha amargura com relação a ela.

Eu era então animadora, em tempo integral, de um centro de desenvolvimento pessoal. Como a vida faz bem as coisas, sempre aprendi muito ao ensinar. Esse doloroso episódio com a minha filha foi uma ocasião para assimilar, quase à força, uma noção muito importante para o equilíbrio de todo ser humano: a salvaguarda do espaço vital. Os animais aplicam essa noção instintivamente ao delimitar seu território. Pode-se dizer que, na condição de mãe, eu não me reconhecia o direito nem a um território próprio nem a limites pessoais. Uma analogia de obviedade meridiana, que me surgiu na forma de uma imagem, fez que eu voltasse a pôr os pés na realidade.

Trata-se da história do proprietário de um terreno cercado que deixa o portão aberto. O cão do vizinho vai com freqüência dar ali o seu passeio, e deixa vestígios "desagradáveis" de sua passagem. O nosso homem se sente insultado e vai procurar o vizinho para lhe dizer que o cachorro dele é malcriado e solicitar que ele o prenda em seu próprio quintal. "Mas, meu senhor", responde o vizinho, "quem o deixa entrar no seu terreno?" Não se pode culpar o pobre cão da história, não mais, por sinal, do que a minha filha.

Essa tomada de consciência da minha responsabilidade cedo me levou a retirar das costas da menina a culpa que eu lhe atribuía. Passei a respirar melhor pelo fato de ter menos rancor com respeito a ela, ao mesmo tempo que continuei a julgar um pouco o seu lado invasivo. Mas a paz não me voltara para sempre. Eu tinha ainda muito rancor por mim mesma e me julgava severamente por ser incapaz de dizer não num contexto em que alguém me pedisse ajuda. Eu sempre acreditara que a vontade de ajudar fosse um sinal de generosidade e de grandeza de alma. Meu bom senso me dizia que falta algo quando não se consegue ser generoso.

> Esvaziar a si mesmo ao dar é uma aberração;
> é contra a natureza.

O MONSTRO NO ESPELHO

O que me fazia então, ultrapassar os meus limites? Deveria estar por trás disso um benefício secundário. Mas, é claro: ser apreciada e até indispensável! Eu aumentava o meu próprio valor por ser uma mulher insubstituível, uma mãe exemplar. Que peso eu ponho de súbito nas costas: sinto-me cansada, esgotada, confusa; fecho os olhos e respiro de uma maneira que traz o ar do fundo de minhas entranhas. E eis que, para o meu horror, vejo passar um hediondo monstro. Meu corpo é tomado por um espasmo e meus olhos ficam redondos como bolinhas de bilhar! Fico assustada, porque essa besta sou eu, ou melhor, ela habita em mim. Digo ELA porque falo de um aspecto feminino de mim que se expressa de modo negativo. Trata-se da maravilhosa força feminina alojada na criatividade e na intuição (Anexo 3), força que cria problemas ao ser negada, bloqueada ou retida. Essa forma é uma energia tão intensa, que acaba por encontrar um meio de se exteriorizar. Eu a compararia com a água, que muda de rumo diante de um obstáculo e continua inopinadamente o seu curso.

Eis aqui o perfil de uma mulher que as circunstâncias levaram a sufocar sua energia natural. Ela tem intuições, mas não as segue na maior parte do tempo porque não confia nelas. E, por esse mesmo motivo, essa mulher tem dificuldade para confiar nos outros. Isso lhe dá um desejo irresistível de ver tudo, com freqüência nos mínimos detalhes, de se imiscuir na vida das pessoas próximas, de querer fazer tudo por elas. Ela sempre tem uma opinião a dar, instruções a fazer, recomendações, claro que com a intenção consciente mais pura do mundo: a de ser útil. Dá-se por vezes a ela o nome de Germana, porque ela gere e dirige. E como pode ser que as pessoas que a cercam se sentirem vigiadas, criticadas, controladas, sufocadas ou invadidas? É que o instinto de sobrevivência delas reage à presença do monstro. Bem jovem ainda, minha filha mais nova se expressou da seguinte maneira: "Mamãe, deixe-me viver a minha vida!"

Dei a esse monstro o nome de louva-a-deus. Este seduz habilmente as suas presas, que crêem que ele lhes quer bem; depois termina por devorá-las. Por analogia, acrescento que o louva-a-deus as priva da vida, da liberdade, da autonomia e da autoconfiança. E faz isso tudo com a maior sutileza! Porque ele não tem consciência de que o seu objetivo oculto é impedir o outro de expressar sua própria força. O poder de criar e de transformar se metamorfoseia em controle indireto, em manipulação sutil. Falo aqui de todo tipo de meios indiretos a que as mulheres recorrem para conseguir o que desejam, incluindo as diversas formas de sedução, sem esquecer a arte de atrair simpatia. Esclareçamos que o louva-a-deus termina por "estourar" devido ao fato de ter devorado a presa. Não lembra esse triste fim o estado de esgotamento, de desencorajamento e de desmotivação em que se vêem inúmeras mulheres, com freqüência mães, por terem a impressão de terem feito coisas demais?

> Suicidamo-nos moral, física e psiquicamente de tanto querer fazer demais, quando a vida requer de nós apenas SER.

A nossa sociedade valoriza o Fazer e o Ter. Quanto ao Ser, ele se ausenta de todo ambiente no qual se busque parecer e provar. Ele é discreto, foge de todo tipo de perturbação. Manifesta-se no silêncio, na natureza, na volta à fonte. Ah, como é repousante a companhia de uma pessoa que é simplesmente ela mesma! Não se precisa "realizar" nada, provar coisa alguma, nem se distinguir.

Sim, esses três últimos termos descrevem bem o retrato sombrio da besta que reconheci em mim mesma. E, repensando em Catherine, vi de modo completo o reflexo ofuscante do espelho. Seu aspecto manipulador e, ao mesmo tempo, o de minha sogra, que tanto me perturbava — eu encontrei isso em mim mesma. Eu não o via porque as nossas maneiras de manipular eram diferentes. Afinal, usamos de alguma criatividade para personalizar o nosso monstro! E enquanto nos ocupamos em denunciar o comportamento indigno dos outros, o nosso, bem, esse vai aumentando como bem quer e entende!

Depois, para recuperar a tranqüilidade, tive de aprender a me perdoar por ter me respeitado tão pouco. E a minha melhor oportunidade de conseguir isso era considerar os meus aspectos negativos de um ângulo que não o da indignidade. Creio sinceramente que são raros os seres humanos que agem habitualmente com a intenção consciente de prejudicar. Nossas atitudes egoístas e defensivas na maioria das vezes vieram à luz do dia pelas fendas do nosso sofrimento e do nosso medo.

No meu caso, desde a infância eu achava que, para ser amada, a pessoa tem de fazer coisas "boas", coisas que agradem aos outros. Essa crença era reforçada pelo meu medo de ser rejeitada se me permitisse fazer o que me agradasse e atender prioritariamente às minhas próprias necessidades. O fato de eu ter-me obrigado, quando jovem, a repetir tantas vezes que era egoísta acabara com o que havia de natural em mim e me levara a crer que: "*É mamãe que conhece a verdade; eu não estou certa; tenho de parar de seguir a minha vozinha interior.*"

Cumpre admitir que eu então devia ser um espelho causador de embaraços à minha mãe, que me via agir ao meu bel-prazer quando eu, na verdade, agia sempre em função dos outros. Aliás, não foi de outra maneira que os meus filhos agiram comigo! Não é insuportável ter todos os dias diante dos olhos uma pessoa próxima que toma atitudes que nós não nos autorizamos a tomar? Disso decorre a nossa necessidade de controlar o outro da mesma maneira como aprendemos a controlar a nós mesmos e como fomos controlados, desde a infância, pelos nossos educadores, uma situação que pode nos levar longe! Quanto a mim, o simples fato de tomar consciência da carapaça serviu para quebrá-la. Quando avaliei a enorme tarefa que aquilo teria representado para a pequena menina frágil que eu fora — a de me afastar dos meus instintos — vi-me tomada de compaixão por ela-eu. Compreendi então que, na época, o instinto mais forte assumira a primazia: a sobrevivência. Por que poderá alguém, aos 3 ou 4 anos de idade, decidir privar-se do amor dos pais? É claro que a minha mãe diria hoje que eu me beneficiaria de seu amor de qualquer maneira, sem que se levasse em conta o meu comportamento; na qualidade de mãe, eu sei, no mais profundo de meu ser, que isso é verdade. As opções inconscientes da infância são geradas, na maioria das vezes, pelo medo, e mais: pelo medo da carência em todos os níveis.

Foram esses sofrimentos e essas privações que, de tanto me porem contra a parede, me impeliram a buscar um novo equilíbrio.

> Superar os medos da infância fará parte dos desafios
> que cabe à nossa alma enfrentar?
> A meu ver, todos os sofrimentos e privações que
> inconscientemente infligi a mim mesma assumem um sentido
> evolutivo se vistos por esse ângulo.

A REABILITAÇÃO

É estranho constatar que a mãe que existe em mim me levou à menininha que sempre esteve dentro de mim. Seu sofrimento era grande. Ela passava meses chorando: todo um acúmulo! Comprei uma bela ursinha de pelúcia para ela; acalentei-a e falamos de nossas infelicidades, eu que há muito tempo não me

112 | Os Relacionamentos Vistos pelo Espelho

acalentava. Durante longos períodos, dormi agarrada a ela. Quanta carência de doçura a compensar! Como se eu não tivesse fundo. Quando nos encontramos nesses abismos, um apoio exterior costuma ser necessário. As minhas inúmeras ocupações terapêuticas e energéticas muito contribuíram para as descobertas que fiz sozinha.

A etapa seguinte consistiu em fazer uma grande "faxina" no meu coração, entre outras coisas, convidar a sair, agora que já não me convinha, tudo que eu deixara entrar. E esse tipo de tarefa requer tempo, a menos que se esteja pronto a varrer tudo de uma vez, o que não era o meu caso. Minha preocupação em viver numa bela harmonia com os meus filhos continuava deveras presente. Eu já começara a eliminar os SIM quando pensava no NÃO. O mais difícil era e continua a ser evitar colocar a minha "propensão a ajudar" antes para servir ao meu proveito pessoal do que ao dos outros.

Há vários anos, uma amiga minha, cuja criança interior era bastante presente, me dirigiu uma afirmação de que ela por certo já não se lembra, mas que constituiu para mim uma lição de vida. Ela me disse: Na minha opinião, a minha vida se compara a um recipiente que recebi ao nascer, e tenho como tarefa primordial cuidar para que fique cheio e mantê-lo assim para poder atender às minhas necessidades. E acrescentou: todos temos recipientes de tamanhos diferentes; por isso, que benefício pode trazer nos compararmos uns com os outros? Muito obrigada, minha cara amiga, caminhei bastante seguindo a sua idéia!

Por exemplo, uma pessoa que sou levada a criticar interiormente por não ser muito firme, faz sem dúvida o máximo com o tamanho de recipiente de que dispõe. Porém, o que mais serviu à minha integração, coisa de que os participantes de meus cursos muitas vezes me ouviram falar, é que tudo gira em torno de esvaziar e encher o recipiente. Explico.

Quando eu vivia em função dos outros, sem levar em consideração as minhas necessidades pessoais, aquilo que eu dava resultava no gradual esvaziamento do meu recipiente. Como eu havia perdido a capacidade de enchê-lo outra vez por mim e para mim, eu me vira obrigada a depender dos outros. Eu fazia tudo por eles, e a minha lógica queria que eu esperasse o mesmo da parte deles, algo que só de raro em raro funcionava e que era para mim fonte de muita frustração. Eu pensava: "As pessoas são tão egocêntricas!" — e copiava a atitude da minha mãe ao mesmo tempo que me negava, de todas as maneiras, a me assemelhar a ela! Logo, de modo cíclico, eu me esvaziava, enchendo-me ao mesmo tempo de amargura, e dei de presente para mim uma bela crise hepática. [4] Como deixar de viver com raiva quando a pessoa impõe a si mesma esse tipo de privação de suas necessidades primordiais?

---

4. Lembremo-nos de que o fígado é a sede da raiva.

Precisei de tempo para compreender que ninguém veio ao mundo com a tarefa de atender às minhas necessidades, a não ser eu mesma. O meu primeiro DEVER enquanto ser humano é, portanto, o de cuidar de mim mesma, o que resulta no enchimento do meu recipiente. Segue-se a isso uma sensação de contentamento, como quando acabamos de fazer uma excelente refeição. Uma vez cheio, o recipiente se põe a transbordar de acordo com a lei natural. E é esse transbordamento que se destina aos outros, e não o conteúdo de base, que serve à minha sobrevivência. Como é bela a palavra "transbordamento"! Ela nos remete ao júbilo, à expansão, à abundância, ao brilho.

> **Dar o que nos sobra — eis o segredo!**

Já tive muito medo de ser e, sobretudo, de parecer egoísta. O espelho se encarregou disso sem esperar refletir o meu medo. Como? Bem, naturalmente, ele encontrou pessoas ao meu redor para me fazer observar que eu agia como um egoísta.

> **O espelho funciona de modo muito simples: ele faz com que qualquer outra pessoa diga em voz alta aquilo que pensamos no fundo do nosso ser.**

Eis duas boas perguntas que ajudam a fixar as novas atitudes:

♦ Vou me deixar influenciar, como no passado, ou vou agir a partir do respeito a mim mesmo?
♦ Estou pronto a enfrentar a discordância das pessoas que me cercam?

Quanto mais as pessoas que amamos demonstram sua desaprovação, mais dificuldades temos com o exercício! Aprendemos a recuperar a certeza de ser amados pelo que somos. Apliquei a mim mesma o que eu já havia posto em prática com os meus filhos quando lhes dizia: "Eu amo muito você, mas não gosto nada do que você acabou de fazer!" Eu descobri que sabia muito bem amar, e que eu privara desse amor a pessoa mais importante da minha vida... Nada menos o princípio do sapateiro que não tem sapatos.

AFIRMAÇÃO E HARMONIA

Foi impossível para mim aprender a me afirmar sem passar pelo caos. Fui do excesso de "sim" ao excesso de "não". Eu não sabia como ser firme com os meus filhos e ser levada a sério continuando a me mostrar doce, gentil e cordata como era antes. Devo dizer que uma boa parcela do meu ser estava muito infeliz por ser "má" e intransigente com as pessoas a quem eu mais amava. Em contrapartida, o outro lado sentia-se bem com o fato de o preço a pagar para conseguir me fazer respeitar era ter temporariamente má reputação, sobretudo diante dos meus filhos. O meu nobre desejo de harmonia levara um golpe!

Percebi, a partir disso, que cada uma das lições que aprendi tinha de passar pelo lado oposto do pêndulo antes de recuperar o equilíbrio, o que de fato faz muito sentido. Apesar de mim mesma, desenvolvi, a paciência dado que, embora muitas vezes eu esteja no caminho certo, tendo a achar que não avanço com rapidez. Eu, que tanta paciência tinha com os outros!

A grande "faxina" do meu coração, que durou alguns anos, foi estimulada por uma quantidade de acontecimentos que não os incidentes com a minha filha. Cada vez que estou firmemente decidida a fazer qualquer coisa, dir-se-ia que o Universo conspira para me apoiar e impelir a ir mais longe. Aprendi a ficar mais atenta ao sentido profundo dos mais comezinhos eventos da minha vida. Para dar um exemplo, naquela época algumas pessoas saíram da minha vida, para não dizer do meu coração. Em certos casos, as coisas acontecem sozinhas. Explico isso pelo fato de que, pondo-me a vibrar em outra freqüência, posso ter causado incômodo a pessoas que se alimentam, sem dúvida de modo inconsciente, de meu desejo de agradar a qualquer custo.

Uma querida amiga de muitos anos falava de seu desagrado por não poder estar em contato com "a verdadeira Nicole", como ela dizia. Curiosamente, no momento em que eu aprendia a me afirmar, ela parecia não apreciar o meu novo modo de ser. Deixei então, deliberadamente, que ela ficasse com essa impressão. Lembro-me de lhe ter dito: "Se você não se sente à vontade com aquilo que sou, não posso mudar o meu jeito. Pelo contrário, esforço-me por me aceitar; assim sendo, prefiro não ter contato com você por algum tempo." Nunca mais voltamos a nos falar. É como se diz: não se pode fazer omelete sem quebrar os ovos.

Ao longo de minhas diferentes mutações, observei que alguns relacionamentos se transformam e se consolidam, ao passo que outros acabam para ceder lugar a novos relacionamentos.

> **Tentar reprimir quem quer que seja ou o que quer que seja sempre se contrapõe ao fluxo da vida.**

O trabalho de afirmação de si mesmo é, de fato, imenso para a maioria das pessoas. Por esse motivo, ele é feito necessariamente por etapas. Quando já se

> Não obstante, as pessoas não mudam; o que muda
> é o modo de ver.

passou pelas principais etapas, pode-se ter a surpresa de ver um espelho negativo ficar positivo.

Os anos se passaram, minha filha Catherine amadureceu e, com a ajuda do seu afastamento, a sua atitude com relação a mim mudou muito. A nossa assimilação, cada uma à sua maneira, nos ajudou a virar o espelho para o lado positivo.

Lembro-me de que, quando foi passar algum tempo comigo, ela mostrava-se preocupada em respeitar o meu espaço e o meu modo de agir, o que me surpreendeu e alegrou. Eu sentia que havia certa prudência entre nós. Parecíamos gatos escaldados com vontade de se reaproximar.

O ano que ela passou fora do país depois da faculdade, também contribuiu para fortalecer a ligação entre nós, pois suas cartas não eram ameaçadoras, e podíamos dar livre curso à onda de amor que sempre existira entre nós.

Anos depois, a vida nos colocou numa situação capaz de nos testar e de nos dar um prêmio. O namorado e ela pretendiam fazer uma experiência de seis meses. Surgiu a idéia, não sei na cabeça de quem, de que eles podiam ir morar comigo. O entusiasmo foi geral e confesso ter me surpreendido com o fato de termos ficado pouco apreensivos. Minha intuição dizia que o companheiro dela iria alegrar a minha vida, e eu não me enganei. Foi um período marcado pelo bom humor, pela cumplicidade e pela partilha. Ela teve condição para esquecer todas as dificuldades passadas. Vivemos como amigas e senti, da parte do casal, um grande respeito por mim.

> O meu espelho me confirmava que o fato de eu ter
> aprendido a me respeitar criara as condições para incitar
> os outros a fazê-lo.

Faltam-me palavras para descrever a profunda alegria que essas descobertas me proporcionaram. Para resumir, foi com uma parte de mim mesma, personificada pela minha filha, que encontrei a harmonia. Trata-se de maravilhosa recompensa que não tem preço. Graças à vida!

QUANDO OS FILHOS SE TORNAM ADULTOS

Os jovens adultos se vêem, de um momento para outro, cada vez mais levados a se reaproximar dos pais. Tomemos o exemplo do jovem que deixa a casa paterna e volta a ela passados alguns anos. Essa volta poderá ser motivada, às vezes, por problemas econômicos, outras vezes por uma grande solidão decorrente do rompimento de um relacionamento amoroso. Pode, ainda, ser causada por circunstâncias nas quais ambas as partes vêem vantagens. Pouco importam os motivos externos que reúnem pais e filhos depois de terminada a educação destes; uns e outros são guiados por necessidades inconscientes de dar prosseguimento a lições inacabadas. A meu ver, uma coisa é certa: as lições que devem ser assimiladas a partir disso destinam-se tanto aos pais quanto aos filhos.

Os jovens de hoje costumam ter uma facilidade natural para cuidar de si mesmos e de suas necessidades. Aos olhos dos pais, eles muitas vezes são considerados egoístas, para grande desespero destes, que se perguntam como puderam gerar o oposto do que são. Por isso, eles são levados a criticar interiormente os filhos, julgando-os simples aproveitadores. Por que a vida se obstinaria em impor a um pai o recomeço da educação dos filhos? Não seria mais cabível inverter a pergunta e se interrogar acerca do que os pais podem aprender numa situação dessas?

Muitos pais nesses casos se sentem acuados, visto que sempre deram tudo aos filhos e sempre agiram em função deles. Eles transmitiram a mensagem: "Vocês são reis e têm grande importância." Anos depois, eles se vêem diante do resultado de sua obra e não o podem suportar. Por quê?

Não teriam eles diante dos olhos um exemplo daquilo que deveriam fazer por si mesmos? Pode-se até apostar que a atitude egocêntrica dos jovens será exagerada na medida mesma da falha dos pais em cuidar de suas próprias necessidades...

> Não precisamos de um espelho de aumento
> quando vemos claramente...

Vi pais bem maduros aprender, não sem dificuldades, a se afirmar diante de seus jovens adultos. Nunca é tarde demais para aprender a dizer não. Um NÃO sadio faz com que se preserve o próprio espaço vital, quer o assunto seja tempo, dinheiro, intimidade ou energia.

Inúmeros pais se sentem obrigados a dar tudo aos filhos, em larga medida porque a sociedade e a religião contribuíram para convencê-los de que são responsáveis por eles. Houve avós que tiveram de se defender na justiça depois de a lei ter-lhes imposto o sustento dos netos na ausência dos pais.

Até onde vai a responsabilidade de um ser por outro e qual o grau justo dessa responsabilidade? No tocante a isso, a minha opinião difere muito da oficial. A sociedade atual nos estimula a assumir a nossa responsabilidade pelos outros e pelo mundo exterior em geral. Os pais são julgados responsáveis pelo que os filhos fazem e pelo que não fazem; os professores são considerados responsáveis pelo sucesso ou pelo fracasso dos alunos; os médicos, pela saúde dos pacientes, e assim por diante.

> **Busca-se sempre jogar nas costas de alguém o que acontece com outra pessoa.**

Parece-me evidente que uma criança que não aprende a se responsabilizar e a se assumir será um adulto que sempre buscará fora de si mesmo as causas de seus dissabores. Uma criança, jovem como é, deve fazer escolhas na medida da consciência que tem das coisas. Ela pode decidir se afastar das outras crianças adotando uma atitude hostil, pode resolver se recusar a aprender na escola, pode optar por obter atenção por meio de comportamentos negativos. Cada vez que ela faz uma escolha, de maneira consciente ou não, o bom senso requer que lhe sejam apresentadas as conseqüências que essa escolha envolve. Assim, gradualmente ela vai aprendendo a fazer escolhas de um modo positivo para ela. Se for educada por adultos que nunca aprenderam a assumir a si mesmos e que, acreditando ser úteis aos filhos, evitam fazê-los sofrer as conseqüências negativas de seus atos, a criança vai se tornar irresponsável e egoísta. Ela cresce aprendendo a procurar um responsável, eu chegaria a dizer, um culpado por tudo que lhe suceder.

Chegando à idade adulta, essa criança reproduz inevitavelmente esse padrão em sua vida afetiva e, muitas vezes, também na vida profissional. Como isso a leva inevitavelmente a um beco sem saída, ela se decepciona, chegando mesmo a se tornar uma pessoa amarga e a sentir-se enganada pela vida.

Seja como for, uma volta à casa sempre tem uma razão de ser. Trata-se de uma ocasião de desenvolvimento oferecida a uns e a outros. O desafio consiste em transcender as restrições do cotidiano a fim de descobrir um presente que espera apenas ser aberto. E as palavras-chave dessa aventura poderão ser:

- ♦ Receptividade à diferença do outro;
- ♦ Respeito por si mesmo e pelos outros;
- ♦ Expressar claramente em palavras suas reações ao outro.

MESTRES E DISCÍPULOS

Quando eu ainda era uma mãe jovem, eu tinha por critério principal de sucesso na educação que meus filhos se sentissem bem com relação a si mesmos e realizassem o seu potencial. E, secretamente, desejava impeli-los o máximo possível em sua evolução, a fim de que eles, por sua vez, também me fizessem avançar. Eu via isso como um resultado possível. Foi o que de fato aconteceu, mas de um modo diferente do que eu havia imaginado.

O simples fato de eles serem o que eram no começo contribuiu muito para o meu desenvolvimento. Tive a graça de me abrir a fim de aprender em contato com eles. Aquelas crianças, que a meus olhos eram habitadas por três almas sábias, não tinham consciência do que me ensinavam. Eu acredito instintivamente na evolução. Isso supõe que os filhos nascem, na maioria das vezes, mais evoluídos que os pais no nível da alma. Eles nos são convenientes, por seu modo de ser e suas reações, para fazer que nos abramos a novas dimensões. Suas almas sensíveis são tocadas a tal ponto pela injustiça em todos os níveis e pelo poder que rege o mundo, que não é de admirar vê-las se revoltar para exigir um mundo melhor. São os construtores de um mundo novo, refletindo as suas ambições aquilo que temos de mais puro. Ouçamos os filhos, porque em geral as palavras deles são sábias. Nós mesmos não adotamos novos valores que confrontavam os de nossos pais? O mundo retrocederia, em vez de avançar, se nos recusássemos a ser receptivos aos valores das novas gerações.

Não é quando eles falam acerca da incoerência da sociedade em geral que temos dificuldade para seguir os nossos jovens, mas, antes, quando eles reagem às nossas atitudes de injustiça e de poder no cotidiano. Nossos filhos, graças a nós, têm a oportunidade de serem tratados, desde o começo como pessoas completas. Em conseqüência, eles consideram a própria opinião tão importante quanto a dos pais, e não compreendem por que estes procuram impor-lhes modos de agir tanto quanto modos de ser. Não têm eles o dom de refletir nossas incoerências com raciocínios como estes: *"Por que você pode fazer e eu não?"*, *"Por que eu tenho de fazer o que você quer e não o que eu quero?"* A resposta de um genitor desconcertado, e que teme perder a autoridade, seria algo como: *"Porque eu sou o pai ou a mãe e sou eu quem decide."* Para a infelicidade do nosso ego, nossos filhos não se impressionam muito com essas observações. Seu senso inato de respeito à liberdade de Ser faz com que eles sintam que o nosso plano mental está sem recursos ao lançar mão de argumentos como esses.

Meus filhos passaram pela adolescência praticamente todos ao mesmo tempo, havendo apenas uma diferença de quatro anos entre o mais velho e a mais nova. Nos anos em que vivi sozinha com eles, eles formaram uma frente única contra os meus valores, que, na expressão deles, julgavam "sem sentido". A minha maneira de aprender e de sobreviver, é bom confessar, foi me levar a dedicar tempo a revisar cada um dos valores que eles contestavam. Eu parecia alguém num barco que estivesse sendo levado pela corredeira! Quando eu não "perdia o pé", perdia a cabeça. Na realidade, eu perdia sobretudo poder, o que causava insegurança, já que um novo tipo de comunicação estava em vias de se estabelecer no nosso barco, ou então eu era reconhecida como a capitã, mas só em alguns aspectos. O que eu colocaria no lugar do poder? Onde começava e terminava o meu papel de mãe? Essas questões voltavam com a freqüência dos questionamentos, isto é, quase sem cessar: porque não faltam detalhes do cotidiano quando se convive com três adolescentes. Para sobreviver, aprendi a definir as minhas prioridades, a demarcar o meu território, a negociar e a renegociar acordos que pudessem satisfazer ambas as partes. As leis deviam aplicar-se a todos eqüitativamente.

Um dos meus grandes problemas era a constância; eu era a garantia da aplicação das determinações e, dependendo do humor do momento, deixava ou não passar os desvios. Isso de modo geral levava à perda do respeito pelas determinações, e eu me via como a parte perdedora. Essa atitude refletia a falta de consideração e de respeito que eu tinha com relação a mim mesma, e se exteriorizava como falta de firmeza com os meus filhos.

Tendo sempre considerado o meu papel de mãe como o de um guia, tive filhos que me lembravam a todo momento que eu não tinha por função controlá-los ou impor os meus pontos de vista. Definitivamente, cada um de nós terminou fazendo bem o próprio trabalho...

Acredito sinceramente que criar filhos é um dos mais exigentes meios de evolução, mas, ao mesmo tempo, um dos mais gratificantes que existem.

Como hoje os meus filhos são todos adultos, posso constatar diretamente o montante da colheita, que ultrapassou todas as minhas expectativas. Estamos longe de ter acabado de fruir tudo o que foi semeado, e, de minha parte, sinto-me privilegiada por ser mãe deles.

A mensagem que eu quero transmitir a todos os pais é a seguinte:

> Dêem, sem regatear o melhor de si mesmos,
> sejam honestos com os seus filhos.
> Vocês têm o direito de cometer todos os erros de percurso,
> desde que envolvam os seus filhos com um grande coração,
> para que eles sintam o amor que vocês têm por
> eles dia após dia.

4

Os Amores,
Meu Cavalo de Batalha

ESTE CAPÍTULO é diferente dos outros sob muitos aspectos. Em primeiro lugar, assemelha-se mais a uma autobiografia do que a um ensaio ou a um guia prático. O motivo é bem simples. Minha difícil vida amorosa do último decênio, que desencadeou esta minha pesquisa, precisa ser contada para que se compreenda o caminho percorrido por esta última.

O título escolhido evoca a idéia de um combate. Não existe um domínio da nossa vida que não é afetado pela sabedoria, quando parece que os problemas se enfileiram para nos atacar? Temos a impressão de que a alma estabeleceu um domínio específico para as principais lições, como se nos convidasse a aplicar nossas receitas que funcionam bem aos casos em que as coisas não dão bom resultado. Para mim, a clareza se empenhou a tal ponto em se fazer presente na minha vida amorosa, que o meu distanciamento não é tão evidente quanto o é nos outros domínios da minha vida.

Também optei por deixar que o espelho falasse diretamente. As "reflexões" que ele faz ao longo deste capítulo correspondem a uma consciência que eu ainda não tinha no momento em que foram vividas as situações que vou relatar. Logo, esse espelho representa a minha visão atual, aquela que adquiri com a prática e com a integração da teoria que constitui o tema deste livro. Ele intervém tanto para me fazer (fazer a vocês) boas perguntas como para me revelar as minhas motivações profundas. Ele não me dá presentes; é direto. Contudo, ele não faz as vezes de um juiz, mas de uma pessoa neutra que apenas quer esclarecer. E simplesmente reflete a realidade que existe, seja ela positiva ou negativa.

A par de sua consciência mais elevada, o meu personagem-espelho observa todas as situações com amor, tendo como único objetivo guiar, a mim e ao leitor, rumo à aceitação profunda do nosso ser. Eu não descobri nenhum modo mais eloqüente do que esse para exemplificar o caminho que fui levada a percorrer para finalmente sair desse longo túnel.

Eu não faço este relato pelo prazer de contar, pois confesso que sinto um pouco de vergonha por ter levado tanto tempo para compreender.

Eu conto porque sei que estou longe de ser a única pessoa a cair nessas armadilhas.

Eu narro para que os meus leitores possam ver a si mesmos, identificar-se e por sua vez encontrar a porta que leva à liberdade afetiva.

DA ILUSÃO À REALIDADE

Eles se casaram, foram felizes e tiveram muitos filhos: eis um belo final que a maioria das pessoas desejaria ter. Eu diria mais: que sonham viver durante toda a sua existência.

Quem de fato não sonhou com a bela princesa ou com o príncipe encantado? A pessoa que será o nosso complemento ideal e junto à qual a vida vai ser como um longo rio tranqüilo. O encantamento do primeiro amor raramente dura por toda a vida, como se esperava. É uma situação cada vez mais excepcional encontrar pessoas que tenham tido o mesmo parceiro amoroso durante toda a vida. A velocidade cada vez maior do movimento evolutivo deste fim de milênio causa inúmeros rompimentos. Já não estamos nos mesmos comprimentos de onda, não evoluímos no mesmo ritmo ou, então, os defeitos do parceiro se tornam insuportáveis e os conflitos põem fim ao amor. De uma a outra experiência, perdemos as ilusões e ganhamos desconfiança! Chegamos até a considerar o amor como uma fonte de sofrimento da qual é preferível manter-se afastado.

Não obstante, o amor sempre fez a terra girar, fez o mundo cantar e inspirou os artistas. É preciso acreditar que ele tem um atrativo e uma força de tal magnitude, que somos irremediavelmente apanhados em suas redes! Alguns relacionamentos amorosos são dádivas e servem de apoio a outras lições, enquanto outros se apresentam como ossos duros de roer. Outros ainda podem fornecer uma peça que falta ao nosso quebra-cabeça e nos ajudar, assim, a dar mais um passo na nossa evolução. Quando são de curta duração, assemelham-se por vezes à passagem de um anjo: a frase de um professor que nos acompanha a vida toda, alguém que encontramos nas férias, um bom samaritano que nos ajuda a sair de uma dificuldade e que nunca mais vemos.

Para uma categoria de pessoas como a de que faço parte, a relação amorosa é objeto de grandes aprendizados, o que pode explicar uma vida amorosa marcada, em alguns momentos por abalos de todo tipo, incluindo rompimentos.

De uma relação para a outra, sempre se espera que "desta vez" dê certo, que essa pessoa saberá satisfazer os nossos desejos e, enfim, nos fazer felizes!

A primeira coisa que nos atrai no outro costuma ter relação com o aspecto físico ou com um aspecto particular da personalidade. Nós achamos que é isso que nos atrai a um relacionamento quando, na realidade, isso conta bem pouco na nossa escolha.

Quais as verdadeiras razões que atraem os seres uns para os outros? Pouco importa se se trata de um relacionamento heterossexual ou homossexual, o processo é o mesmo, pois tudo isso acontece no nível da alma. Minha visão pessoal é a de que a alma encarna na terra, de um lado, para aprender e se aperfeiçoar e, do outro, para dar uma contribuição pela sua unicidade. Logicamente, o seu primeiro objetivo, o de aprender com as lições da vida, serve para preparar o terreno para que o segundo, que denomino irradiação pessoal, possa se realizar. De acordo com essa ótica, nada há de surpreendente no fato de nos sentirmos impelidos a partir do nosso íntimo a ir sempre mais longe, a ultrapassar os limiares atingidos. A alma nunca pára de evoluir, ainda que às vezes precise de um período de descanso.

Eis-nos, portanto, atraídos por alguém: magneticamente atraídos, eu me atreveria a dizer. Porque são almas que se reconhecem no sentido de ver na outra uma ocasião de aprendizagem. Esquecemo-nos com demasiada facilidade de que estamos neste planeta, acima de tudo, para evoluir.

> Não será a felicidade, que sempre consideramos um objetivo, o resultado do conjunto de nossas atitudes?

A sociedade em que crescemos nos transmitiu uma concepção idealista da felicidade. Tendemos a crer que ser feliz significa não mais encontrar mais obstáculos, viver com o parceiro ideal e em eterna harmonia. Ainda que alguma parte de nós tenha consciência de que há nisso tudo um quê de ilusório, mantemos essa crença de modo mais ou menos consciente. Ainda sonhamos por meio de romances, de filmes, de folhetins ou, então, invejando pessoas que nos parecem ter realizado esse sonho.

A meu ver, a harmonia, que tenho procurado durante toda a minha vida, não tem nada a ver com a ausência de conflitos, mas, antes, com o respeito às minhas próprias necessidades e limitações. Ela não está ligada de nenhum modo a situações de perfeição, mas antes com a minha reação em coerência com aquilo que eu sou.

> É um esforço vão buscar a harmonia com um parceiro quando não estamos em busca de harmonia com nós mesmos.

Os Amores, Meu Cavalo de Batalha | 123

À medida que avançamos na idade, vamos percebendo que o bem-estar depende bem menos dos outros do que de nossas reações a seus modos de ser.

Da perspectiva da evolução, existem a meu ver inúmeras pessoas que para nós podem ser convenientes no que diz respeito à vida amorosa, porque as lições a aprender são muitas. Não vejo necessariamente como fracasso o fato de não se ter aprendido tudo com uma única pessoa! Não é ao mesmo tempo tranqüilizador e estimulante considerar que cada experiência pode nos ajudar a nos desenvolvermos e a nos prepararmos para a etapa seguinte? Aqui, o clichê da alma gêmea pode ser prejudicial, visto que nem todos estão destinados a encontrá-la.

De modo geral, começamos um relacionamento amoroso sob o encantamento das diferenças do outro, com a impressão reconfortante de que essas diferenças nos completarão. Por ironia, algum tempo depois, essas mesmas diferenças começam a nos incomodar. O outro simplesmente é quem é, não atende mais aos nossos desejos, às nossas necessidades. O encantamento se quebra e, para recuperar o equilíbrio, tendo ou não consciência disso, criamos jogos de manipulação que possam suprir as nossas carências e realizar os nossos desejos. De modo mais ou menos sutil, procuramos fazer que o outro se comporte de maneira diferente para nos satisfazer. Já que a relação não se mantém mais por si mesma, tendemos a acreditar que talvez não estejamos com a pessoa certa ou, pelo contrário, que não temos o que é necessário para manter o parceiro.

> Quando começam primeiras dificuldades é que de fato tem início o "contrato da alma", quando a personalidade e o ego, com freqüência frustrados, sonham em viver numa outra situação.

O mais das vezes, duas almas se atraem por causa de suas semelhanças, tanto no nível das mágoas como no das lições a assimilar. O que nos leva a crer que os opostos se atraem é o fato de uma mesma mágoa poder se exteriorizar no plano da personalidade mediante atitudes diametralmente opostas. Tomemos como exemplo duas pessoas que na infância passaram pela experiência da rejeição. Uma vai desenvolver um tipo de personalidade que tudo faz para provar a si mesma, e aos outros, que tem muito valor. A outra, pelo contrário, poderá crescer com comportamentos que traem falta de confiança em suas capacidades. Quando essas duas pessoas se encontram, as suas atitudes diferentes são flagrantes. Uma será atraída pela segurança da outra, que ficará encantada com a admiração que a primeira demonstra por ela. É preciso ter muita experiência para ver de imediato que esses dois seres têm, em termos profundos, o mesmo problema. Contudo, no nível inconsciente, é justamente a mesma mágoa que faz que cada uma dessas personalidades seja atraída pela outra. A primeira combate o sentimento de rejeição afirmando o próprio valor, ao passo que a segunda se retrai. Não obstante, por trás da confiança e da falta de confiança está o medo da rejeição.

Distanciemo-nos um pouco a fim de avaliar melhor essa realidade. Em princípio, a criança aprende a reconhecer o próprio valor por meio do olhar dos adultos que cuidam dela. As reações às vezes negativas destes ao comportamento da criança a levam a acreditar que não é aceitável tal como é e que é preciso mudar para agradar. De tanto sentir seus impulsos rejeitados pelo mundo adulto, a criança passa a rejeitar a si mesma, julgando condenáveis suas atitudes naturais. Ela então desenvolve inconscientemente uma subpersonalidade para se ajustar aos adultos que a cercam com o objetivo de, naturalmente, conservar o amor deles. No caso examinado, a pessoa que sente necessidade de se vangloriar não tem mais confiança em si mesma do que aquela que se anula. Uma e outra precisam aprender a acreditar naquilo que são, ao mesmo tempo que assumem as reações do mundo exterior. Enquanto basearem seus atos na aprovação, essas pessoas vão continuar muito vulneráveis à menor reação negativa e continuarão a se sentir rejeitadas.

> Tornar-se plenamente quem se é constitui um desafio de tamanha importância para o ser humano, que a alma não cessa de buscar situações que lhe permitam aprimorar sua aprendizagem rumo à liberdade.

Falo aqui da liberdade de ser quem se é, amando a si mesmo tal como se é.

A situação de intimidade dos parceiros amorosos tem grande eficácia quando está em jogo a apresentação de todos os diferentes aspectos de duas personalidades. Uma vez chegada ao fim a fase de encantamento, o espelho começa a revelar as verdades profundas e, na maioria das vezes, inconscientes. E o que acontece? Não gostamos do que vemos! Acreditamos que, se o outro mudasse, tudo iria melhor.

Espelho: "Você acredita de fato que, se mudar o espelho, terá outro rosto? Então você não vê que o outro simplesmente reflete o que existe em você?

DO SOFRIMENTO À CONSCIÊNCIA

Ah, como demorei para compreender! Eu estava ocupada demais reagindo ao que os outros diziam ou faziam, não me restando por isso tempo nem energia

Os Amores, Meu Cavalo de Batalha | 125

para ver em mim o que causava as minhas reações emocionais. Ainda que a minha vida nada tenha de muito diferente ou específico, é com exemplos do meu cotidiano que preferi exemplificar o caminho que percorri para passar do sofrimento à consciência.

Quando, enfrentando grandes dificuldades, me casei com Jean-Pierre, eu tinha a convicção de que o faria feliz e de que ele me faria feliz. Nossa educação nos havia transmitido a crença de que tudo devemos fazer para tornar os outros felizes e de que estes, em contrapartida, fazem o mesmo por nós. Habituada que estava a viver em função dos outros, para mim era totalmente natural fazer concessões. E justamente no começo não havia muito a ceder. Tudo corria às mil maravilhas! Vivíamos a liberdade dos jovens, e nossos gostos de modo geral eram compatíveis. Fazíamos tudo juntos e desistíamos de tudo o que não tínhamos em comum. Se um de nós não se sentisse à vontade com algum amigo do outro, este renunciava voluntariamente à amizade. Desenvolvemos nosso relacionamento, sem disso nos apercebermos, a fim de acabar com o conflito, acreditando, ao menos no meu caso, que a harmonia seria o resultado da ausência de conflitos. Com a chegada dos filhos, a taxa de concessões aumentou necessariamente, embora o conjunto tivesse permanecido agradável.

Ocupada como estava com a função de quem faz tudo em função dos outros, acumulei inconscientemente insatisfações e frustrações, reprimi o meu ser profundo e projetei tudo em observações reprobatórias mais ou menos sutis dirigidas ao meu marido. Eu vivia o reverso da medalha da minha crença, que queria que eu fosse feliz graças a ele; eu acreditava por isso que a minha infelicidade era culpa dele. Eu me via prensada entre o meu hábito de calar todo desejo pessoal que ameaçasse a harmonia do casal e um sentimento de frustração que me invadia, dando-me uma sensação de falta de ar. Eu sofria cada vez mais por causa das diferenças (aparentes) do meu parceiro. Seu temperamento minucioso e perfeccionista me irritava, sobretudo nos momentos em que o cotidiano exigia eficiência. Seu lado poético, que tanto me seduzira, perdeu o encanto quando eu via que ele dedicava a sua energia a cuidar das flores que enfeitavam o canteiro e que os legumes pareciam ser a sua última preocupação. Seu lado anti-social, que nos fizera passar tantos bons momentos juntos, me privava de reuniões com grupos de amigas que eu tanto apreciava.

Espelho: "Não causa nenhum espanto que os poetas a enervem: você não reserva um tempo para viver. Está sempre preocupada com o que há para fazer, e fica demais tensa para sentir prazer com o que faz. Você se valoriza com base no seu desempenho, pois não acredita que basta apenas SER. De tanto pressionar a si mesma dessa maneira, é bem provável que você perca o fôlego! E as coisas de que VOCÊ gosta? Quando vai começar a proporcioná-las a você?"

Eu não compreendera que cada um é o artífice da própria felicidade. Tornara-me especialista em FAZER e empobrecia cada vez mais o meu SER. No entanto, eu tinha ao meu lado um homem que, para a felicidade dos nossos filhos, se divertia e sentia prazer e sabia reservar tempo para viver.

Eis um fato vivido que exemplificar bem o que eu estou dizendo:

Certo sábado, enquanto eu me dedicava a realizar tarefas que nunca acabam quando se vive no campo, Jean-Pierre estava sentado na cozinha lendo o jornal da semana. Entro em casa, agastada, e procuro um lápis para riscar a lista de tarefas que acabara de realizar, fazendo o máximo de barulho possível. Depois, faço-o secamente saber que o trabalho não andaria com rapidez se todos agissem como ele. E o meu espelho vem com duas patadas me responder, ao mesmo tempo que baixa o jornal para melhor me encarar: "Este é o meu método de me descontrair depois de uma semana de trabalho. Assim evito ter uma crise hepática todo mês, como é o seu caso."

Uma bofetada não teria resultado num efeito melhor. Fui fulminada pela simplicidade e pela verdade de sua proposta. É inútil esclarecer que essa foi uma boa lição. Nem por isso deixa de ser verdade que se pode ter um bom professor e ser cabeça-dura.

> Quanto mais resistimos a mudar determinada atitude, mais somos agredidos pela repetição cotidiana das lições.

Embora eu soubesse que era bom e até necessário reservar um tempo para mim mesma, eu nunca fazia isso. O marido, os filhos, a casa, o trabalho e mesmo a benemerência — tudo isso tinha primazia com relação a mim.

Nessa época, vendo que eu precisava de ajuda, a vida enviou-me um segundo espelho, ainda mais flagrante, na pessoa de um bom amigo que trabalhava à noite. Tínhamos um grande prazer em discutir coisas juntos, tomando chá enquanto as crianças estavam na escola. Não precisando cuidar dos filhos e da casa, ele parecia dispor de todo o seu tempo. Ele passava longas horas andando ao léu, tomando sol, fazendo longas caminhadas. Não é preciso dizer que eu era sempre a primeira a dizer que era hora de ir, e até me ocorria dizer, ao ir ao seu encontro, que eu não tinha muito tempo para lhe dedicar. "O que você tem de tão importante a fazer? Não pode mesmo deixar para depois?" — perguntava ele. E eu, de minha parte, provava-lhe por a mais b que, se atrasasse uma dada coisa, atrasaria todas as outras que estavam à espera e terminaria por não fazer nada. Depois ele perguntava por que eu me comprometia com tantos projetos, e eu me recusava a continuar discutindo por que não me sentia compreendida.

Um dia em que ele foi me visitar, discuti com ele enquanto cuidava do canteiro. Isso me deixou de mau humor e observei que ele não se oferecia para me ajudar, dispondo como dispunha de todo o tempo do mundo, quando eu tinha tanto a fazer. Sem entrar no meu jogo, ele falou, olhando ao mesmo tempo para as nuvens: "Nicole, eu me pergunto muitas vezes atrás do que você corre, sempre com tanta pressa e querendo fazer tudo."

Depois de uma pausa, ele acrescentou: "A menos que essa não seja a pergunta, mas sim 'de que você deseja fugir?'" Pou! Um espelho para as noites e o fim de semana e um outro para depois do meio-dia... Eu estava bem servida, para não dizer acuada.

Esses homens ao meu redor que me serviam a sua "arte de não fazer alguma coisa" me falavam à sua maneira da minha grande necessidade de imitá-los de um modo correspondente à minha natureza. Eu os reprovava por desperdiçar o tempo, porque eles o faziam de uma maneira que não me era conveniente. Depois, descobri maneiras bem criativas de "perder" tempo.

Quando relembro essa época, mal consigo acreditar em como eu mudei desde então. Devo confessar que os meus espelhos-professores tiveram uma dura tarefa; isso é um modo de falar, porque na realidade é o aluno que tem de fazer o verdadeiro trabalho.

É impossível ver com clareza quando o orgulho corta o caminho. É ele que nos faz segurar o espelho ao contrário para que o outro olhe para si mesmo. Como é fácil ver o que há de errado com o outro! Na verdade, não há nisso nada de ameaçador, já que achamos que não diz respeito a nós.

> Enquanto o aluno não tem consciência do que deve aprender, os professores se sucedem na sua vida para aumentar as suas chances de ver com clareza...

Uma revelação me ajudou a dar um passo à frente por ocasião de uma sessão de terapia de casal. O terapeuta nos pediu para formular, um por vez, nossas queixas e insatisfações. Para a minha grande surpresa, sentíamos quase a mesma coisa, ainda que a vivêssemos de modo diferente. Além disso, fazíamos as mesmas críticas. Estávamos convencidos de que a relação claudicava por causa da atitude do outro: "Se ele ou ela deixasse de ser assim, tudo correria bem." Que grande ilusão! O terapeuta nos fez perceber na prática o sentido da expressão bem-conhecida: tirar a máscara. A tarefa era a de nos enfrentarmos, usando de toda a força, enquanto segurávamos as duas extremidades de uma toalha, procurando manter firme nas mãos o lado de cada um pelo maior tempo possível. Empregamos nisso toda a nossa energia e ninguém largou a toalha; tudo indicava que tínhamos usado uma força igual: "Você não vai me vencer!" Nosso terapeuta acabou intervindo, dizendo: "Vocês poderiam ficar assim por muito tempo! Os dois têm bastante força." Passei no mesmo instante do orgulho de demonstrar a minha força à consciência do beco sem saída a que tínhamos chegado. Acabáramos de viver uma eloqüente demonstração da nossa situação de casal. Continuar desse modo era algo absurdo e inaceitável.

Na verdade, cada um de nós endurecera a própria posição de tanto julgar o outro e de se convencer de que o outro é que estava errado. Tínhamos feito juntos o caminho para terminar um contra o outro.

Mas, por que tanto nos perturba a diferença do outro? Por que não podemos simplesmente deixá-lo ser quem ele é, sem tentar intervir? Com o distanciamento, dei-me conta de que muitas mulheres tentam controlar o marido e os filhos porque aprenderam muito cedo a controlar a si mesmas. Do "isto não se faz" da infância, elas passaram para o "há uma única maneira de fazer as coisas". Elas agem de acordo com uma norma que assimilaram refreando sem parar seus próprios impulsos, e não podem suportar que alguém aja segundo sua inclinação natural.

Os homens, por sua vez, aprenderam a calar e a esconder certas verdades a fim de poder fazer em paz aquilo que querem. Desde a mais tenra infância, eles se sentiram perseguidos por uma mãe demasiado presente ou controladora. Para sobreviver, optaram pela fuga, pelo silêncio, pela repressão das emoções. Quando reconhecem na vida com a parceira a sensação de serem privados de sua liberdade, eles reproduzem esse mesmo sistema de defesa.

E tudo gira em círculos: a mulher se queixa da falta de abertura e de comunicação do cônjuge, mas quando este tenta algo, ela critica a maneira como ele o faz.

Quanto ao homem, continua a se deixar tratar pela mulher como um rapazinho em vez de se afirmar e, como diz a expressão popular, mostrar quem manda na casa.

Esse padrão, naturalmente, comporta inúmeras variantes que não vou descrever aqui. Prefiro insistir no fato de que somos levados, na maior parte do tempo, a julgar as maneiras de ser e de agir do cônjuge, em palavras ou em pensamento. Reagimos sempre que o outro parece nos privar daquilo que esperamos da vida. Achamos que o nosso parceiro deveria ajustar o seu comportamento tão logo manifestemos um desacordo ou uma frustração. Além disso, avaliamos o seu amor de acordo com a sua propensão a atender às nossas expectativas e a realizar os nossos desejos.

Que tirania! E que insensatez!

> Buscamos desesperadamente nivelar a diferença do outro que tanto nos atraiu no início.
> E é justamente nessa diferença que está a chave da aprendizagem que deve ser feita com a pessoa em questão.

Nos pontos em que as atitudes do outro nos fazem reagir negativamente, há em nós uma corda sensível que vibra com as nossas feridas não-curadas. Quanto mais forte a reação, tanto mais estamos na presença de uma pessoa que julga a outra, evitando assim entrar em contato com suas próprias mágoas.

As emoções do outro

Um dos grandes desafios da vida de casado consiste, a meu ver, em conseguir se afastar das emoções vividas pelo outro e, por conseguinte, das reações e atitudes geradas por essas emoções.

Quando comecei a minha formação em yoga, tive de sair de casa um fim de semana por mês durante dois anos. Isso foi feito com a concordância do meu marido, que teria de cuidar das crianças, na época bem pequenas. Acontecia que ele ficava emburrado quando eu voltava; ele por certo sentia, vendo o meu ar de satisfação, que eu voltara preenchida por aquilo que vivera e que tudo acontecera sem a participação dele. Os valores que eu tinha na época não me permitiam ser feliz com ele, porque eu lhe atribuía a fonte da minha felicidade. Compreendi bem depois que a reação dele era um reflexo fiel da insegurança que eu sentia. Mas na época eu voltava toda a minha atenção para essa reação, à qual eu concedia o poder de atingir o meu entusiasmo. Por todo o tempo em que isso durou, minha energia era usada em buscar meios para fazê-lo sair do seu mutismo. Vê-lo daquela maneira me perturbava muito. Como eu achava que a emoção dele estava relacionada comigo, eu me sentia responsável mesmo quando ele ficava de cara feia sem que eu soubesse o motivo. Eu me armava com muitas atitudes, cada qual mais criativa do que a outra, para fazê-lo recuperar o bom humor, mas tudo em vão, já que nenhuma dessas atitudes produzia o resultado esperado. Meus filhos compreenderam bem antes de mim e sempre esperavam que ele voltasse ao normal.

> Atribuir a si mesmo responsabilidade por uma emoção vivida pelo outro pode complicar enormemente a vida.

É comum que a nossa sensibilidade nos forneça a pista das razões profundas que causam as emoções das pessoas próximas. No exemplo citado, eu sentia a insegurança do meu marido por não ser a fonte da minha satisfação. Se simplesmente ele me tivesse concedido o direito de ser feliz sem a intermediação dele, eu não teria sido atingida pela sua reação emotiva, e ele sem dúvida teria alcançado o equilíbrio, no seu ritmo.

ESPELHO: "O fato é que você era tão 'insegura' quanto ele. De um lado, você não podia se impedir de viver com as suas novas experiências, e, do outro, temia que elas afetassem a harmonia do casal. O problema contudo, estava no fato de você negar o seu sentimento de insegurança, o que a impedia de falar abertamente com o seu cônjuge."

130 | Os Relacionamentos Vistos Pelo Espelho

E isso nos faz voltar ao meu axioma inicial: as almas que estão juntas têm de lidar com o mesmo tipo de problema.

No nosso caso, cada um tinha de aprender a lidar satisfatoriamente com as próprias emoções e a superar a própria insegurança. Como eu tinha um comportamento impetuoso e explorador, era muito difícil para mim ver a minha vulnerabilidade por meio de um homem que expressava abertamente as suas inquietações. Eu não queria me ligar à visão que ele tinha das coisas, visão que eu julgava negativa e pessimista. Pelo contrário, eu gastava muita saliva, racionalizadora profissional que era, para fazê-lo ver as vantagens de uma dada situação, a fim de lhe provar que ele estava errado em se preocupar com aquilo; numa palavra, a fim de lhe dizer que ele não tinha nenhuma razão para sentir o que sentia. Todos esses desvios eram feitos por mim para ter certeza (inconscientemente) de não entrar em contato com a minha própria insegurança.

ESPELHO: "Se alguém lhe tivesse dito na época que você era tão 'insegura' quanto ele, você teria rido na cara da pessoa, demolindo essa afirmação. Você usava a força mental para impedir a si mesma de sentir as suas emoções."

Esse controle que eu impunha a mim mesma me deixava doente, porque o que não é administrado no plano emocional desemboca "energeticamente" no plano físico e busca uma válvula de escape. Ao longo dos meus fins de semana de formação, tão revigorantes, a minha culpa inconsciente costumava provocar enxaquecas que me afetavam durante todo o dia, diminuindo, assim, o meu prazer. Foi essa a solução que o meu inconsciente encontrara quando a culpa por me proporcionar prazer ficava pesada demais: ele criava um quadro punitivo.

> Quando nos punimos, o suposto culpado tem
> a impressão de ter saldado a sua dívida, achando que
> já acertou todas as contas consigo mesmo.

Mas não por muito tempo, porque o sentimento de culpa pode ser muito insidioso. Quanto mais ele tomava conta de mim — ou talvez seja mais certo dizer: quanto mais ele se manifestava, tanto mais eu demonstrava segurança exterior. Não há dúvida de que, se remontasse à minha infância, eu poderia encontrar os vestígios desse comportamento ao longo de toda a minha vida, pois tenho a impressão de que a culpa surgiu pouco depois da minha decisão de me desvincular da minha orientação interior.[1] É verdade que ela continua-

---

1. Ver o Capítulo 2, *Honrarás Pai e Mãe*.

va a me falar, mesmo que eu não quisesse ouvir. Eu acho que eu não aprovava inteiramente, julgando-me, portanto, culpada, cada vez que dava ouvidos à minha intuição. Essa realidade dolorosa estava escondida no mais profundo do meu ser; foi por isso que, na minha jornada pessoal, ela levou tanto tempo para ressurgir. A essa altura, eu a ocultara tanto no meu inconsciente que, mesmo hoje, quando vejo uma culpa, não a consigo sentir diretamente. Preciso de acidentes físicos, como me queimar, me ferir, quebrar algum objeto que tenho nas mãos ou alguma outra forma de incapacidade, a fim de atrair a minha atenção para o fenômeno da autopunição. Agradeço sempre aos acontecimentos, isto é, à minha Sabedoria interior, por me ajudarem a tomar consciência das coisas. Terminei simplesmente admitindo o fato de que muitas das minhas emoções se expressam indiretamente e, às vezes, com atraso, devido ao fato de que eu as reprimi durante muito tempo. Sinto-me como alguém que tivesse passado por uma operação e mancasse de uma perna... E convivo com isso.

OS EFEITOS INSIDIOSOS DO CONTROLE

Controlar as próprias emoções, no sentido de impedi-las de vir à tona, tem efeitos secundários tão numerosos quanto insuspeitados. Esclareçamos desde o começo que esse controle é gerado pelo medo. Ninguém quer correr o risco de sentir aquilo que, no passado, foi fonte de sofrimento. Encontramos então, inconscientemente, um modo de se impedir de sentir por intermédio de uma atitude racional.

> A consciência superior, por sua vez, se encarrega sem cessar de criar situações que nos ponham diante de nossos medos, tendo como único objetivo, é claro, ajudar-nos a vencê-los.

Exemplifiquemos essa idéia:

Depois de uma decepção infantil com o primeiro homem da minha vida, o meu pai, eu desenvolvera uma autonomia do tipo: "Não preciso de um homem." Era para mim uma questão de honra poder fazer praticamente tudo sem contar com a ajuda de ninguém. A tal ponto, que atraí para mim um companheiro que não sabia fazer praticamente nada com os seus dez dedos. Era eu quem colocava pregos quando era necessário consertar alguma coisa. Teria eu escolhido um poeta para provar a mim mesma que eu podia representar o papel do estereótipo masculino?

ESPELHO: "Mas você não demorou a se queixar da falta de apoio do seu amado. Ele, por sua vez, não exigia mais do que aprender, o que acabou fazendo com o tempo, mas você se sentia prejudicada. Você não se dava conta de que uma parte do seu ser não queria apoio porque um dia já havia sofrido uma decepção. Um grande medo de reviver esse sofrimento ainda estava no seu íntimo."

De fato, eu tinha muita dificuldade para confiar plenamente em meu marido e para me deixar levar por ele. Se o tivesse feito, eu teria entrado em contato com a parte do meu ser que precisava de um homem, e eu me recusava a deixar o meu coração ficar à mercê de quem quer que fosse, sabendo, como sabia, como isso podia causar sofrimento. E ainda que eu e o meu companheiro tivéssemos uma boa comunicação verbal, eu não podia lhe falar a respeito, visto que não tinha consciência do problema. Quando ele me dizia o que ele via em mim, eu negava sistematicamente, porque o meu ego alimentava a crença segundo a qual ele teria poder sobre mim caso eu o deixasse perceber a minha vulnerabilidade. Assim, eu pouco me deixava levar, o que muito afetava a minha vida sexual. Eu estava num círculo vicioso: não tinha muita satisfação, o que não me motivava nem um pouco a ter relações íntimas. Essa situação me inquietava muito, a despeito do ar imperturbável que eu exibia. Cheguei a questionar a minha normalidade, dado que a minha pouca libido me levara a pensar que eu podia ser frígida. O tempo me mostrou que isso não fazia sentido, e compreendi, anos depois da minha separação, a que ponto esse sintoma estava vinculado ao controle inconsciente de meus medos. Eu costumo dizer nos meus cursos que a vida na horizontal é um reflexo da vida na vertical...

Embora tudo corresse bem no meu cotidiano, ao menos exteriormente, eu tinha sutis frustrações resultantes da minha falta de auto-estima, o que me levava a fazer de tudo pelos outros. Incapaz de assumir que aquilo partia de mim, eu projetava a responsabilidade nos membros da família, sobretudo no meu marido. Eu sentia que carregava um enorme ônus, sem me dar conta de que viver assim era uma opção minha. Uma parte de mim se sentia vítima, porque eu tinha a impressão de ser a criada de todos. Um modo de recuperar o equilíbrio ganhando um pouco de poder consistia em controlar (inconscientemente) o intercâmbio amoroso, tanto na freqüência quanto na intensidade. Eu pude de fato verificar que:

> Na vida íntima, a redução da libido
> é inversamente proporcional à amplitude
> da luta pelo poder na vida na vertical.

Está claro que, quando se sente controlada num domínio, a pessoa procura controlar em outro. Na maioria das vezes, no nível inconsciente, sofremos aquilo que acontece conosco, sem compreender mais por que "as coisas não são como antes".

O caso de mulheres que reprimem a sua força é de tal maneira disseminado, que há muito tempo circulam farsas populares acerca da redução de sua libido: a clássica dor de cabeça, a fadiga súbita quando chega a hora de ir para a cama, a síndrome do dia estafante, e assim por diante. E o pobre rapaz que repete pacientemente seu pedido, pela terceira ou quarta vez, se arrisca a ser tratado como um maníaco sexual, embora nada tenha conseguido até então... O fechamento que se segue a isso, no homem, leva-o a reduzir a sua participação nas tarefas cotidianas, de que resulta uma redução ainda maior da vontade que tem a mulher de estar nos braços do seu homem.

Há grande probabilidade de que uma insatisfação repetida leve um ou outro parceiro a compensar, seja com outra pessoa ou usando o máximo de energia em outro domínio de sua vida. Nos dois casos, trata-se de soluções-cataplasma que nem de longe atingem a raiz do problema.

Só sairemos desse círculo vicioso se pararmos de culpar o parceiro ou parceira e começar a examinar o próprio jardim. E culpar a si mesmo nos levará ao mesmo beco sem saída de manter uma atitude crítica com relação ao outro.

> Lembremo-nos de que toda crítica vinda de outra pessoa é a expressão verbal daquilo por que reprovamos interiormente a nós mesmos.

De minha parte, ter isso em mente me permitiu parar de pensar mal dos outros ou de julgá-los quando me criticavam. Uso agora toda forma de reprovação, ainda que sutil, para entrar em mim mesma e procurar a parte do meu ser que ainda se alimenta de julgamentos. Como estes são o oposto do amor, sempre saímos perdendo quando fazemos uso deles.

Voltando ao entendimento sexual entre o casal, concluo disso que este tem uma ligação direta com a comunicação entre os parceiros no nível do seu ser profundo como expressão palpável de uma ligação imaterial. A comunicação verbal também é primordial. Muitos casais acham que partilham muito quando mantêm em segredo sua vulnerabilidade. Por mais maravilhoso que seja o entendimento cotidiano, permanece o fato de que, se as mágoas e os medos profundos não forem tratados, a ligação irá se desfazer. É comum que um dos parceiros veja a sua ligação com o outro ir-se desgastando gradualmente, enquanto o outro terá o reflexo de se apegar. Essas duas reações, aparentemente opostas, estão ligadas ao mesmo temor: o do abandono, o da rejeição. A recusa a encarar de frente esse medo pode estar na origem de decisões como a de ir embora antes, a fim de não ser deixado ou abandonado, ou a de se envolver num relacionamento amoroso secreto. O outro poderá então fazer as últimas tentativas e negociações, chegando talvez a suplicar ao cônju-

134 | Os Relacionamentos Vistos Pelo Espelho

ge que fique com ele. Pode-se também vê-lo fechar-se em si mesmo e definhar. A situação por certo não é menos dolorosa para um do que para o outro. A dor insuportável tem como aspecto positivo o fato de muitas vezes servir de alavanca a uma mudança profunda. Revisam-se as próprias crenças e se busca uma saída que leve à serenidade.

Sufocar ou assumir a responsabilidade

Afirma-se que, quando tomamos consciência de um problema, ele em parte está meio resolvido. Isso, a meu ver, está correto, mas mesmo assim se faz necessário munir-se de instrumentos para a segunda parte, porque o verdadeiro teste acontece na hora de pôr em prática.

Com o meu cônjuge, apesar de toda a nossa boa vontade, os antigos problemas persistiram e a deterioração do nosso relacionamento nos abalou muito. Quando os confrontos se tornaram demasiado dolorosos, surpreendemo-nos dizendo a mesma coisa: "Vá embora, se não suporta mais; eu vou ficar aqui com os MEUS filhos!" É preciso dizer que a nossa vida familiar era gratificante, visto que o clima sempre foi alegre e afável. Nenhum de nós queria privar-se disso, e foi esse, a meu ver, o principal fator que nos ajudou a nos desapegar da rigidez de nossas posições.

Mesmo assim, era necessário um afastamento para que cada um pudesse ter tempo para se ver face a face consigo mesmo. Passamos alternadamente um mês num apartamento alugado numa cidade vizinha. Depois desses dois meses em que vivemos separados eu compreendera que não podia considerar Jean-Pierre responsável, nem pela minha felicidade nem pela minha infelicidade e começara a me ocupar de mim mesma. Afora os três ou quatro dias do ano que eu passava num mosteiro, essas semanas de solidão eram as primeiras de toda a minha vida. Passei de uma compreensão intelectual das minhas dificuldades a uma assimilação emocional. Depois, verifiquei em muitas ocasiões que nada de fato pode mudar profundamente enquanto não sentirmos nas entranhas a incoerência de determinado comportamento. Sozinha comigo mesma, tomei consciência de que a sensação de asfixia que eu sentia na minha vida de casal provinha das minhas expectativas. Mas, sobretudo, comecei a perceber por que eu tinha tantas expectativas.

Há vários anos eu vinha reprimindo a expressão de aspectos do meu ser que poderiam causar conflitos com o meu cônjuge. Pelo menos era isso o que eu achava. Eu passei a crer que o meu cônjuge era sensível demais para suportar certas realidades. Na verdade, eu temia que ele rejeitasse certos aspectos do meu ser. Hoje, como o meu espelho é mais límpido, acrescento que eu mesma rejeitava essas partes de mim. Eu estava bloqueada a tal ponto que cuidar das minhas necessidades e aspirações se tornara uma questão de sobrevivência. Vi-me forçada a dar atenção mais a mim do que ao meu companheiro, o que aliviou imediatamente o peso dos julgamentos que eu fazia a seu respeito. O meu mal-estar me levara a perceber algo importante:

> Todo julgamento se opõe à liberdade e ao amor, trazendo apenas sofrimento à pessoa que julga.

ESPELHO: "Você estava então na etapa de agir em favor do seu próprio bem por uma questão de sobrevivência. O amor de que você falava ainda estava dirigido bem mais para o outro do que para você mesma. Você ainda estava longe de ser capaz de acolher os seus medos e mágoas. Para protegê-los, você ainda tinha necessidade de manter o seu homem a certa distância. Mas você iniciou ao mesmo tempo uma aprendizagem do amor que, vale dizer, dura toda a vida."

Quando voltei para casa, eu me sentia pronta a fazer uma jornada tendo o meu espelho ao lado, isto é, diante de mim mesma.

No decorrer dos anos seguintes, aprendi gradualmente a respeitar Jean-Pierre e a apreciá-lo como ele era. Quanto às atividades a que eu me dedicava sem a participação dele, notei uma nova facilidade, como se eu, a partir de então, me tivesse concedido o direito de ter interesses diferentes dos seus. Comecei a respirar melhor.

Num relacionamento amoroso, cada parceiro está na maior parte do tempo, pelo simples fato de ser quem é, ensinando ao outro alguma coisa, naturalmente, desde que atenda ao requisito de ser consciente desse fato e de ter o desejo de avançar. Ocorre-me um bom exemplo referente à educação dos nossos filhos.

A natureza me dotou de grande maleabilidade física, que eu vejo presente também no meu espírito: adapto-me com facilidade a todo tipo de gente e de situação. Levada ao extremo, essa flexibilidade diante dos filhos pode se tornar falta de firmeza, e eu me queixava de ter dificuldades para me fazer respeitar. O meu marido, de sua parte, era dotado de uma firmeza natural, que fazia com que as suas palavras tivessem bem mais resultado do que as minhas. Quando a sua autoridade estava em jogo, ele era rígido com os filhos. Quando tínhamos dificuldades, isto é, quando somos afetados pelos nossos medos, são os defeitos de nossas qualidades que assumem lugar de destaque. Ele e eu entrávamos às vezes em conflito quando tínhamos adotado uma determinação com respeito aos filhos que eu não conseguia fazê-los respeitar. Ele então dizia que eu não lhe dava apoio.

Um belo dia, tomei consciência de que não podia dar aquilo de que não dispunha e compreendi que, aprender a ser firme e me fazer respeitar, fazia parte das razões pela qual eu estava com Jean-Pierre. Tudo o que eu tinha a fazer era observá-lo "ser" para aprender como ser assim. Era fácil dizê-lo, mas a aplicação tornou-se para mim um enorme desafio. Lembro-me de ter-lhe dito na época: "Nesta casa, você se encarrega da

136 | Os Relacionamentos Vistos Pelo Espelho

firmeza e eu da flexibilidade; eu faço o possível para lhe dar apoio, mas não se esqueça de que eu estou na escola. Cabe a você a função de fazer a ordem vigorar aqui, pois só você tem capacidade para fazê-lo."

Anos mais tarde, depois da separação, quando estávamos sós, ele com a sua firmeza e eu com a minha flexibilidade, vivemos em desequilíbrio, porque as nossas características eram complementares. Tínhamos de cuidar de três adolescentes, ele com a sua rigidez e eu com a minha moleza. Já não podíamos sair de nossas carapaças se quiséssemos passar por esse período crítico. Para mim, o ponto fundamental era não me deixar invadir, e esse foi para mim um episódio complicado no meu caminho.

Porém, a velocidade de cruzeiro costuma ser uma coisa delicada no âmbito do casal. Paralelamente aos interesses comuns do início da relação, cada qual desenvolve interesses diferentes e evolui em seu próprio ritmo. No momento em que os caminhos se cruzam, no começo da relação, os dois ritmos estão em sincronia. Passado certo tempo, contudo, vemo-nos com uma sensação incômoda. Enquanto um tem a impressão de ter de crescer e de se beneficiar com o parceiro, o outro se sente abalado e sem fôlego.

Meus interesses pessoais concentravam-se principalmente no aspecto espiritual: formação contínua em yoga, estudos teológicos, atividades pastorais, curiosidade com relação ao esoterismo. Eu buscava um sentido para a minha vida e comparava os valores assimilados a partir de diferentes filosofias. As minhas descobertas tanto me apaixonavam como deixavam o meu cônjuge "inseguro". Tínhamos intensas discussões em que ele me questionava acerca de minhas novas crenças. Ele estava à procura de respostas lógicas na sua necessidade de compreender aquilo a que eu me dedicava, bem como se tranqüilizar de alguma maneira. É claro que as minhas tentativas de explicação eram vãs, visto que eu me sentia impotente diante da tarefa de provar aquilo que não se sujeita a provas. É preciso dizer ainda que eu desenvolvera uma rede de novas amizades que atendiam à necessidade de apoio e de partilha que eu sentia. O fosso entre nós se alargava cada vez mais.

Quando a separação se impõe

Seis anos depois de nosso afastamento de dois meses, eu me encontrava de novo num beco sem saída. Meus esforços não serviam senão para me manter com a cabeça fora d'água, e eu tinha a impressão de estagnar.

"Espelho meu, gentil espelho meu, diga-me se há alguém mais bela do que eu! Diga-me que estou agindo com acerto ao sair deste relacionamento. Estou literalmente sufocada, já não me sinto apoiada; ele questiona sem cessar os meus novos interesses. Estou nau-

fragando de tanto combater a negatividade dele, e, seja como for, já não sinto amor, apenas respeito e amizade."

ESPELHO: "Sim, você é bela e boa; se puder ser convencida disso... Não, você não vai cometer um erro. Você está precisando viver essa experiência de separação para perceber que os questionamentos do seu parceiro no tocante à sua abertura espiritual a remetem simplesmente aos seus próprios medos e dúvidas. Admita, com toda a humildade, que, se se sentisse de fato segura de sua filosofia de vida, nenhuma modalidade de contestação a viria desestabilizar. Você ainda precisa ter a confirmação do acerto de suas novas opções, e é isso que a faz procurar a companhia de pessoas que se assemelhem a você. Reconheça os seus limites e você se libertará das críticas ao seu parceiro. Você vai poder continuar a estimá-lo como pessoa e como pai de seus filhos.

Opte por partir em favor de si mesma, não contra ele. Assim, você estará respeitando os seus próprios limites e as suas necessidades. Esse é, sem dúvida, o maior gesto de amor por si mesma que você vai fazer em tanto tempo. Pois eu sei quanta coragem e confiança lhe são necessárias para se privar da presença diária de seus filhos. Eu sei que o seu coração se parte diante da idéia de se afastar desta casa, que você embelezou com amor ao longo dos anos. Você precisa ficar algum tempo sozinha para aprender a amar a si mesma, pois não consegue optar por isso enquanto estiver rodeada pelos seus entes queridos. Não se julgue por não amar mais Jean-Pierre. Compreenda simplesmente que aquilo que você não ama nele é uma parte de você mesma. Vá então em paz, vá aprender a amar a si mesma, e o seu amor pelos outros vai voltar a aflorar."

A separação foi feita de comum acordo, pois tínhamos consciência de que, se um não se sente bem, o mesmo acontece com o outro, dado que a vida de casal se compara à de vasos comunicantes. Nem as crianças nem o nosso círculo de pessoas próximas esperavam que isso acontecesse. Algo de fraterno entre as nossas duas almas nos dava um ar de cumplicidade. A imagem que projetávamos era a de um bom entendimento, o que de fato ocorria, mas isso não foi suficiente para alimentar uma vida amorosa.

Logo, nada de viver em litígio no âmbito das modalidades de separação que se manifestam na vida cotidiana. Tudo se passou numa "relativa" harmonia, porque o coração ansiava por ver desfeito o clã familiar; a atmosfera estava pesada por causa de todas as mudanças que o empreendimento da separação implicava. Além disso, creio que, naquele momento, Jean-Pierre vivia isso como se fosse um fracasso.

Passou-se um ano, no decorrer do qual eu vivia durante a semana no apartamento e passava os fins de semana na casa da família. Essa transição permitia que nossos filhos continuassem a ter uma vida familiar e nos fez a todos viver, acredito, uma adaptação gradual à nossa nova realidade. A família sempre teve para nós grande importância.

138 | Os Relacionamentos Vistos Pelo Espelho

Nos anos seguintes, vivemos alternadamente, em tempo integral, com os nossos filhos. Encontravamo-nos com bastante regularidade para tratar dos assuntos relativos aos filhos. O mais divertido era, contudo, que passávamos três quartos do tempo falando cada qual de si mesmo e das tomadas de consciência que cada um tinha feito. Com o afastamento, eu via com muito mais clareza e tinha grande necessidade de me retratar com ele por todas as incompreensões e por todas as críticas que eu lhe havia feito. Esses momentos eram para mim privilegiados e libertadores: eu reassumia a responsabilidade por tudo aquilo que pertencia a mim e constatava, ao mesmo tempo, que a comunicação entre nós assumia uma nova vitalidade. Essa era a minha maneira de fechar o círculo de um relacionamento de mais de vinte anos que tivera tanto impacto na minha vida quanto os vinte que eu vivera com os meus pais.

Dez anos depois da separação, o vínculo continua presente, depois de algumas etapas de transformação. Cada um de nós seguiu o seu próprio caminho no seu ritmo e reconheceu as qualidades e o valor do outro.

> Fazer o balanço de um relacionamento que chegou ao fim é um exercício não só importante como essencial à identificação das responsabilidades pessoais que cabe a cada um.

Quer façamos isso sozinhos, na terapia ou com a ajuda de pessoas próximas, todos os métodos têm valor, desde que sirvam para identificar a parcela de responsabilidade de cada um nos aspectos que não funcionaram. Essa abertura permite o perdão a si mesmo e ao outro. Ainda que seja aconselhável considerar os fracassos e os sofrimentos como passos na nossa evolução, nem por isso as expectativas e os sonhos não-realizados deixam de causar arrependimento e ressentimento. Pude constatar que o meu ressentimento com relação ao outro acaba por si mesmo pouco tempo depois de eu reconhecer a minha parcela de responsabilidade por uma dada situação.

> Pouco importa o tempo necessário para integrar um empreendimento de perdão. Temos de ter consciência de que o relacionamento não termina no nível da energia enquanto o coração não sentir uma real compaixão.

Diante da solidão

Depois da separação, eu precisava aprender a viver sozinha. No meu cotidiano de mãe de família, eu nunca chegara a conceder a mim mesma espaços satisfatórios destinados apenas a mim. Eu tinha agora um grande prazer em criar para mim uma nova presença a partir dos materiais de que dispunha. Eu optara por ficar só e estava fora de questão me fazer de coitadinha. Comecei então a comprar flores para mim mesma todas as semanas, a me oferecer presentinhos, a reservar tempo para telefonar para meus amigos e amigas, a ler durante horas, porque tudo isso eram coisas para as quais eu não deixava que houvesse um lugar na minha "outra vida". Apesar de tudo, passado certo tempo, sempre se fazia presente um vazio interior, ou o que eu hoje chamaria de medo da minha plenitude...

ESPELHO: "Você agora está sozinha. É impossível rejeitar a culpa, projetando-a em outra pessoa, ou começar a realizar com intensidade tarefas domésticas. Você vai ter a coragem de se deixar dominar por essa sensação de vazio? Nesse vazio estão as respostas que irão permitir que você recupere a sua harmonia. Mas você sempre acredita que não pode ser plenamente feliz sem a participação de alguém. Você ainda procura a felicidade fora de si mesma."

Quando Cupido está em férias, encontramo-nos no momento certo de aprender como se pode ser feliz sem estar amando, porque nunca se sabe quando ele vai passar por você outra vez...

Tive muita dificuldade para vencer essa minha sensação de falta. Contudo, eu me achava inteiramente ocupada com os meus três adolescentes e com a minha nova carreira de animadora. Eu não percebia que precisava de integração. Tenho de confessar que busquei acelerar minha evolução com o único objetivo de estar pronta, o mais rapidamente possível, para o homem da minha vida. Consultei uma vidente que me falou dele, ainda que ela tenha sido bastante evasiva quanto ao momento em que ele iria entrar em cena. Eu devaneava como na época da adolescência e, agindo assim, não me dava conta da realidade presente.

Eu tinha um desejo forte de um encontro, achava que estava pronta para isso, porém nada acontecia. Lembro-me dessa época em que olhava à janela e via as pessoas passando na rua e em que tinha a impressão de que todos passeavam aos pares, como se só eu estivesse sozinha. Isso mostra até que ponto eu julgava desagradável a minha situação. Eu não achava muito interessante estar comigo mesma.

> O aprendizado da solidão caminha lado a lado com a do amor e da estima por si mesmo.

Às vezes eu me dizia que era preciso fazer a minha parte para ajudar o destino, e ia dançar. Não era fácil freqüentar sozinha um ambiente de encontros pela primeira vez em quarenta anos. No início, eu tinha um ar bastante tímido, eu que normalmente era tão atirada, e esperava que me tirassem para dançar. Sem considerar o meu orgulho de ter-

140 | Os Relacionamentos Vistos Pelo Espelho

me decidido a ir a esses lugares, eu voltava para casa decepcionada, sem ter tido o prazer esperado e sem ter tido um encontro interessante. Até que um dia compreendi que tudo partia de mim mesma. A partir desse momento, decidi não mais ir dançar quando me sentia carente, porque percebera de maneira flagrante que cada vez eu que estava à espera não encontrava nenhuma pessoa interessante. Que espelho fiel, mais uma vez: as pessoas ao meu redor reagiam inconscientemente àquilo que emanava de mim!

No decorrer de uma de minhas boas noites, conheci um homem que dançava bem e me pareceu charmoso. Consenti em lhe dar o meu endereço e começamos a sair com bastante regularidade. Eu vivia tudo isso mantendo certo afastamento, pois bem sabia que ele nada tinha do homem de meus sonhos. Porém, de qualquer modo, eu estava contente por ter alguém na minha vida, como se isso aumentasse o meu valor! Eu não sabia que a presença dele visava fazer-me passar por um teste. Em nossas relações amorosas, a maneira de ele tratar uma mulher estava bem distante daquilo que eu julgava merecer. Passado um mês, deixei de me encontrar com ele, dizendo a mim mesma que preferia ficar sozinha a viver um relacionamento tão pouco satisfatório. Esse foi o primeiro teste de avaliação do meu grau de assimilação no tocante ao respeito e ao amor por mim mesma. Eu ganhara um jogo, mas a partida estava longe do fim.

Integração

Aprendi a respeitar e, diria mesmo, a amar os meus tempos de integração, dado que compreendi que eles me proporcionam um certo distanciamento. Na verdade, eles são tão naturais quanto a digestão depois das refeições. Apenas o ego impaciente julga inúteis esses períodos. A natureza nos dá inúmeros exemplos disso. As árvores perdem as folhas no outono e entram num período de dormência, e ninguém tem dúvida de que elas vão se reanimar na primavera. A lua passa por diversas fases, e não há quem se inquiete com o fato de a sua plenitude não durar senão um dia por mês. No caso dos seres humanos, um período de integração pode manifestar-se por meio uma vontade freqüente e irresistível de dormir, mediante um sentimento de apego à casa; é como de súbito ficássemos anti-sociais, impelidos por um desejo de nos afastarmos dos outros e de tirar férias. Cada pessoa tem o seu sinal particular dessa necessidade. E quando não estamos atentos a esse anseio do ser profundo, não é raro sofrer uma estafa, a perda do emprego, uma doença ou um acidente, em suma, qualquer coisa que nos obrigue a parar.

Tudo isso visa permitir o reencontro com o nosso eu, quando não o de encontrá-lo pela primeira vez. Porque a maioria das pessoas foi educada a se definir a partir daquilo que sabe fazer e bem pouco a partir do que é. Assim, reservei tempo à convivência comigo mesma a fim de melhor aprender a me conhecer. Definitivamente, como se pode fazer a escolha ajuizada de um parceiro antes de ter verificado aquilo de que gostamos, aquilo de que não se gostamos, o que queremos e o que não queremos?

Uma amiga que também vivera uma separação me disse: "Muitos homens entraram na minha vida pela única razão de terem se interessado por mim. Estando eu tão pouco convencida de meu valor, não me ocorria me perguntar se eles correspondiam ao que eu desejava. Pior do que isso, eu não sabia que a mulher também pode escolher..." Como esperar viver uma condição duradoura quando estamos nessas condições?

Já fiz um exercício deveras construtivo que consiste em descrever o parceiro ou parceira que desejamos atrair: suas qualidades físicas e morais, seus gostos e capacidades. Fazemos depois a relação das citadas qualidades que achamos que possuímos.[2] Como o espelho deseja que atraiamos aquilo que corresponde ao que somos, resta-nos então adquirir as qualidades que ainda não se manifestam em nós. Porque, como se diz:

> Só podemos reconhecer aquilo
> que possuímos no íntimo.

Como seria utópico procurar um príncipe sem que eu tivesse o estofo de uma princesa! O dito popular "Só se atraem pássaros da mesma plumagem" me parece fundado numa grande sabedoria.

As relações de curto prazo ou menos envolventes valem muitas vezes o seu peso em ouro como forma de fazer que nos conheçamos profundamente em termos de aspectos que não foram explorados numa relação precedente. São eles espelhos que refletem para nós um número menor de facetas, mas que podem, mesmo assim, nos levar a tomadas de consciência necessárias antes de nos empenharmos num relacionamento sério.

Tive um parceiro eventual cujo lado "criança" era deveras desenvolvido: espontâneo, entusiasmado, ingênuo, sorridente e amante da vida. Que presente sob medida para a mulher demasiado séria que eu era! É claro que esse contraste com o meu comportamento me incomodava, e eu não parava de julgá-lo: "Como se pode evoluir lendo histórias em quadrinhos? Como alguém pode estragar a saúde comendo tão mal?" Enquanto meus critérios giravam em torno de ser melhor e de evoluir, os dele eram da ordem do prazer e da satisfação dos sentidos. Tínhamos sem dúvida necessidade desses contrastes para nos abrir a novas dimensões. Experimentei com ele os prazeres simples da vida. O contato com ele me induziu a reduzir a minha resistência a me deixar levar e a ser uma pessoa mais "de carne e osso". Fui abandonando gradualmente o hábito da mulher cumpridora de deveres, mas o meu lado infantil só bem mais tarde se manifestou de fato, porque eu ainda tinha o reflexo de fazer as vezes de genitora diante do comportamento do meu parceiro, que eu considerava pueril.

---

2. Gawain, 1986, exercício retirado de *Vivez dans la lumière*.

142 | Os Relacionamentos Vistos Pelo Espelho

Sempre me surpreendeu ver como a vida faz bem as coisas. Nenhum acontecimento nem encontro é inútil. Pelo contrário, estamos sempre com a pessoa certa, não nos termos da nossa compreensão intelectual, mas na linha das lições da alma. Se ao menos renunciássemos ao lado do ego, teríamos a oportunidade de nos tornar receptivos ao que podemos aprender com outra pessoa. E como a energia trabalha eqüitativamente por todos, verifica-se que todas as partes envolvidas, num relacionamento amoroso ou de outra natureza, estão nele para aprender lições, às vezes semelhantes e outras vezes bem diferentes.

Em busca da alma irmã

Repito: para mim, a vida é uma escola. Sejam as lições da vida profissional, familiar ou amorosa, eu imagino a alma como uma semente que, tendo sido enterrada, procura a luz. E ela só pára quando encontra essa luz, e mesmo então continua a evoluir.

Algumas pessoas assimilam inúmeras lições permanecendo no mesmo contexto, ao passo que outras precisam multiplicar os tipos de experiência para aprender.

É freqüente ver chegar à vida de uma pessoa que se separou alguém que, por suas atitudes semelhantes ou opostas às do primeiro cônjuge, permitirá que ela tome consciência de determinados padrões.

Diz-se ainda que os opostos se atraem. Como já mencionei:

> Pessoas opostas escondem muitas vezes
> naturezas profundas que se assemelham.

A observação leva-me a concluir que a maioria das pessoas é atraída, no que diz respeito ao primeiro ou aos primeiros relacionamentos, para a complementaridade. E como, com freqüência, é o mesmo aspecto que se torna causa de discórdia, procura-se no relacionamento seguinte o contrário daquilo que se viveu antes.

Ficamos atentos, ao menos de certo ângulo, e "não vamos ser apanhados outra vez"... Se uma nova pessoa se aproxima de nós, temos a tendência a fazê-la passar pelo crivo de nossos critérios revisados. Na maior parte do tempo, atemo-nos mais ao fato de que só queremos viver aquilo que desejamos experimentar. Mas as semelhanças e diferenças observadas no outro em geral são da ordem da personalidade, não incidindo sobre a natureza profunda. Quando é esse o caso, não é raro que a pessoa atraia, num segundo ou terceiro relacionamento, um outro tipo de espelho, isto é, alguém que, à primeira vista, pareça inteiramente diferente do parceiro anterior, mas com o qual se corre a longo prazo o risco de ter emoções semelhantes. Se um relacionamento começa pouco tempo depois de um rompimento, há grande probabilidade de se ter de completar as mesmas lições, porém apresentadas sob nova ótica. Quando houve a vivência de um amadurecimento entre dois relacionamentos, é comum que sejamos postos diante de um novo tipo de lições.

Mesmo assim, antes de se envolver, a maioria dos "gatos escaldados" querem examinar duas vezes o número de aspectos em comum que tem com uma nova pessoa, a menos que ela seja atingida por um raio! Porque não se pode perder de vista que, na realidade, são as almas que se atraem. Isso significa que podemos ser levados a fazer uma escolha bastante irracional devido ao fato de que a alma nos impele, a partir de dentro, para aquela criatura. Isso também pode explicar o fenômeno no âmbito do qual uma pessoa sensata e inteligente pode se ver numa situação aberrante.

Fui levada a considerar "alma irmã" toda pessoa para a qual me senti atraída e com a qual reconheci que tinha muitos pontos comuns. Adicionemos a isso certa impressão de familiaridade, de já conhecer a pessoa, que se manifesta nos primeiros encontros. No âmbito da teoria da reencarnação, explica-se que as almas que já fizeram juntas um bom trecho do caminho em outras encarnações se reconhecem e até já tiveram a oportunidade de planejar, entre encarnações, se reencontrar para dar continuidade à sua aprendizagem. Diz-se também que o ser humano, não tendo desenvolvido senão uma ínfima parcela de seu potencial de evolução, avançaria com grande lentidão se tivesse de recomeçar do zero. De minha parte, tenho tido há alguns anos a impressão de que só me acontece esse tipo de encontro, sejam eles amorosos, de amizade ou profissionais. Pergunto-me se não é só a minha consciência que desperta; talvez sempre tenha sido assim sem que eu percebesse... Dito isso, varia muito o tempo de que dois seres podem precisar para completar uma lição de vida. Isso depende, é claro, do grau de consciência, mas também do tipo de "contrato" escolhido pelas almas. O meio mais seguro de elas ficarem juntas a longo prazo é, por certo, o modelo pai-filho.

De acordo com certos escritos, há igualmente outro tipo de ligação de alma, muito específica, que recebe o nome de encontrar a "alma gêmea". Algumas fontes sugerem que cada alma constituiria a metade de um círculo, e a alma gêmea seria a outra metade.[3] Precisa-se que é pouco freqüente que duas almas gêmeas estejam encarnadas ao mesmo tempo e, além disso, em condições de formar um casal. As pessoas que vivem esse tipo de ligação lidam com uma espécie de duplo de si mesmas. Pode-se imaginar que inferno seria ter constantemente como espelho um duplo dos nossos próprios defeitos antes

---

3. Ramtha, 1991, *Sessions l'Âme soeur*.

144 | Os Relacionamentos Vistos Pelo Espelho

de estes terem sido reconhecidos e aceitos! É o que eu chamo de programa "só para adultos".

Quanto mais adequado for para nós o desafio que a vida nos apresenta, tanto mais ela o cerca de elementos que serão irremediavelmente atraentes para as pessoas envolvidas. Quem seria tolo a ponto de causar dificuldade para si mesmo em sã consciência? É necessário que a pílula tenha reflexos dourados, sem o que nos recusaríamos muitas vezes a nos *molhar*. Uma vez que estejamos na água, podemos ser levados a exclamar: "Se eu soubesse, eu não teria vindo", como o menino no filme *A Guerra dos Botões*. Mas é tarde: uma vez na água, é preciso nadar bastante para sair dela. O *banho* que me esperava no meu relacionamento amoroso seguinte iria me fazer *mergulhar* mais profundamente do que em qualquer outro momento anterior.

UM ESPELHO QUE ESTOURA A PANELA DE PRESSÃO

A primeira vez que vi Alfred, senti por ele uma forte atração. Como isso aconteceu no âmbito de um grupo de crescimento, voltamos a nos ver ao longo de várias semanas consecutivas. Tendo descoberto numa conversa que ele não estava disponível, limitei-me a ter com ele uma relação cordial. Eu acabara de fazer outro encontro e isso me confirmou que eu deveria seguir outro rumo. Eu tinha coisas a viver com aquele homem, de que já falei, no qual predominava o lado infantil. O acaso[4], responsável por tantas coisas, fizera que Alfred e eu déssemos continuidade ao nosso envolvimento com o centro de crescimento e, ocasionalmente, trabalhássemos juntos. Mais de um ano se passara desde que nos víramos pela primeira vez, e ocorreu de, no espaço de alguns dias, tudo sofrer uma alteração. A vida nos levou a uma situação em que fizemos confidências mútuas, seguidas imediatamente, tanto da minha parte como da dele, pelo rompimento dos respectivos relacionamentos, que se mantinham só por um fio. A semana que se seguiu foi intensa; estávamos num recanto afastado, juntos 24 horas por dia, num misto de encantamento e de desilusão que era um retrato sobremodo fiel do que estava à nossa espera. Eu me sentia muito apaixonada por ele, apesar do fato de ele desencadear em mim uma sucessão ininterrupta de emoções.

ESPELHO: "Minha cara amiga, agora você está bem forte para trabalhar diretamente com as suas emoções. Eis um homem sob medida para você, pois é tão fleumático e estóico que você vai ser obrigada a reagir por ele."

Alfred era charmoso, calmo, prestativo e sobretudo discreto. Porém, a sua maior qualidade, aos meus olhos, era a sua abertura para caminhar interior-

---

4. O dicionário diz: "Termo empregado quando não se encontra nenhuma explicação lógica..."

Os Amores, Meu Cavalo de Batalha | 145

mente e em termos espirituais, algo de que eu sentia bastante falta com Jean-Pierre. Percebi desde o começo que ele se referia muito raramente àquilo que vivia comigo; era no entanto bem mais prolixo quando se tratava de falar dos empreendimentos de crescimento a que se dedicava sozinho. Ainda que ele tivesse concordado em vivermos juntos alguns meses apenas depois de nosso relacionamento, eu achava que ele se envolvia pouco nele. No cotidiano, as coisas corriam muito bem, havendo um excelente casamento entre nossos gostos e modos de ser. A sopa derramava com freqüência no aspecto amoroso. Ele se fechava facilmente em si mesmo sempre que eu apresentava o mínimo questionamento. Devo dizer que eram muitas as minhas expectativas, porque muitos comportamentos, que para mim eram naturais, de modo algum estavam incorporados nele. Dir-se-ia que o simples fato de ter-me na sua vida era suficiente para ele, e que Alfred não sentia a necessidade de me dedicar a sua atenção e afeição. No mínimo, o que ele tinha para dar era ínfimo em comparação com as minhas necessidades. Com ele eu me sentia sempre alimentada a conta-gotas.

ESPELHO: "Ei-la em condições de sentir nas entranhas os efeitos da falta de atenção e de amor. Esse homem a trata, sem o saber, exatamente como você mesma se trata nas profundezas do seu ser. Não é horrível uma pessoa tratar-se assim?"

Eu sentia essa carência com tamanha intensidade, que me via às voltas com freqüentes crises emocionais. Eu mal reconhecia a mim mesma: eu, que sempre mantivera a serenidade e ostentava um ar de superioridade com relação aos problemas, via-me perder o controle e muitas vezes ficar fora de mim. Era impossível ter aquela boa e velha altercação em que um ganha e o outro perde. Alfred jamais retorquia. Quanto mais ele mergulhava no seu mutismo, tanto mais eu era invadida pelas emoções: frustração, cólera, raiva, decepção e tristeza. Ele, que tinha de mim a imagem da mulher forte, ficava boquiaberto vendo-me reagir com tanta intensidade e, por vezes, até violentamente.

ESPELHO: "Você está cercada por todos os lados: com ele é impossível racionalizar na discussão, algo que você faz tão bem. Você já não controla coisa alguma, e as suas emoções podem enfim expressar-se livremente. Mas o que você queria? Aquilo que foi mantido durante anos numa panela de pressão não pode sair dela de maneira doce e harmoniosa!"

Recusando-se a entrar em contato com as próprias emoções, Alfred me fazia sentir aquilo que Jean-Pierre vivera ao meu lado, mas a situação estava agora num contexto totalmente diverso. A semelhança estava no nível profundo: ele era incapaz de se abandonar, tal como eu o fora no passado. E isso se manifestava evidentemente na nossa vida sexual. Nessa época, era ele que dizia não e eu quem passava por maníaca sexual... Eu sentia de modo deveras palpável aquilo que fizera o meu ex-cônjuge sentir. E como o meu sentimento amoroso era muito forte, eu não dispunha do distanciamento que me teria permitido afastar-me. Eu estava em total dependência afetiva e sofria de modo extremo. Meu amado, por sua vez, não parecia sofrer coisa alguma, a não ser a necessidade de proteger a proa do navio no meio de um mar tão tempestuoso. Do alto de sua neutralidade, ele me criticava muito por eu dar livre curso às minhas emoções porque, de acordo com a sua compreensão, uma pessoa evoluída e espiritual devia estar acima de suas emoções. Ele era o retrato fiel do que eu fora dez anos atrás. De nada adiantava saber que eu finalmente estava em bom lugar ao conseguir enfim não mais bloquear as minhas emoções, pois me via às voltas com o efeito de recuo que aquilo tinha sobre ele, e acabava por me sentir perdedora. Apesar de toda a boa vontade, eram raros os momentos de verdadeira abertura.

De um lado, eu estava orgulhosa pelo que me acontecia, mesmo que não fosse fácil passar por aquilo, porque eu nunca me sentira tão viva. Eu estava consciente como nunca do meu corpo, os velhos padrões iam sendo desbloqueados e eu me sentia finalmente pronta a viver um relacionamento amoroso digno desse nome. Mas como chegar a isso tendo ao lado um parceiro tão inconsciente de si mesmo? Acontecia-me com freqüência sentir uma emoção que Alfred vivia, enquanto ele era totalmente inconsciente dela. E, boa terapeuta natural que sempre fora, eu tentava ajudá-lo a descobrir a si mesmo. Eu me dava conta do potencial do nosso relacionamento e queria fazer tudo para que ele se juntasse a mim; eu esperava que a integração dele acontecesse com mais rapidez do que a minha. Era comum que, quando eu me referia ao que sentia a propósito de nós dois, ele caísse das nuvens e negasse o seu envolvimento. A maneira que ele tinha de estar ali fisicamente, sem no entanto estar presente, me atingia como um soco em pleno coração. Comecei a dizer a mim mesma que era esforço perdido querer construir em companhia de uma pessoa tão desligada.

ESPELHO: "Você continua a dirigir os seus projetos para o parceiro! E você, em meio a tudo isso, acha que já aprendeu tudo neste relacionamento? Sim, é verdade que você avançou bem nele no domínio das emoções. Isso não deveria desenvolver a sua compaixão por ele, já que você está em condições de compreender em que cilada ele caiu. Mas você tem, mais uma vez, o espelho invertido: despende a sua energia em fazer que Alfred se olhe. Não se esqueça de que você só tem um espelho à sua disposição; por todo o tempo durante o qual você fica segurando o espelho diante dele para que ele se veja, você não dispõe dele para ver a SI MESMA. O seu desejo de ajudá-lo tem um aspecto louvável, porém é mal-usado, pois você o faz prejudicando a si mesma. O que você veria neste momento se olhasse o fundo do seu próprio ser? Ou, você — Você — precisa de ajuda?"

> Eis onde está a maior dificuldade do uso
> da teoria evolutiva do espelho.
> Temos diante dos olhos uma pessoa cujas ações e reações
> são a tal ponto intensas e exageradas de nosso
> ponto de vista que conseguem nos abalar.
> Caímos na armadilha de ser em reação àquilo que
> o outro é e àquilo que ele faz.
> Toda a nossa energia é despendida então para analisar esse
> outro, para criticá-lo e muitas vezes tentar salvá-lo, agindo
> nos próprios termos do provérbio da trave e do argueiro.

Depois de dez meses de um relacionamento caótico, que na verdade tivera alguma melhoria, Alfred, então desempregado, recebeu uma oferta interessante que requeria a sua ida para longe e que só nos víssemos a cada três meses. A reação espontânea e entusiasmada dele foi diretamente proporcional à minha frustração. Como podia ele optar por afastar-se agora, num momento em que os nossos esforços de harmonia começavam por fim a dar frutos? Ele acabou preferindo ficar, provavelmente por medo de me perder, o que teve como conseqüência, como mais tarde vim a constatar, o retrocesso na abertura que ele conseguira entabular. E eu, tomada como estava pela decepção de não ser mais importante para o seu coração, não vi até que ponto era grande a sua necessidade de liberdade. Deixando-se influenciar, ele não fizera uma opção e repetira a meu ver um padrão da infância, padrão que o fizera trocar a liberdade pelo amor da mãe. Se eu tivesse menos medo de perdê-lo, eu teria permanecido aberta e confiante. Ele sem dúvida teria partido e perceberia, passado um certo tempo, a que ponto estava envolvido com o nosso relacionamento. Quisera eu não o ter percebido tarde demais, porque foi alto o preço a pagar.

Mas não se pode aprender a lição do outro no seu lugar, sobretudo quando sequer dispomos do necessário distanciamento. Cada um de nós tinha um teste específico em que passar nessa circunstância: eu tinha de confiar no meu valor, o que me tornaria digna de ser amada e escolhida, ao passo que Alfred tinha de optar por si mesmo, confiando que continuaria a ser amado. Na verdade, só as aparências eram diferentes, porque, nos dois casos, o que estava em jogo era a auto-estima e a confiança de ser amado: sutil espelho que demandou muito tempo para ficar cristalino.

ROMPER PARA FUGIR AO SOFRIMENTO

Assim, ele resolve ficar e, quando completamos o nosso primeiro ano juntos, eu lhe disse que achava ter encontrado nele o companheiro de minha vida. Se me lembro bem, foi a partir desse momento que ele começou a voltar a se fechar, absorto no seu mundo, sem me dar a mínima atenção. Sua atitude se cristalizou um mês depois, quando estávamos em férias. Ele passou a semana inteira ao meu lado sem se aproximar de mim, e só me dirigia a palavra para tratar dos detalhes do cotidiano. Eu me sentia um dos móveis da casa. Meu sofrimento era grande demais, e eu rompi. Eu dizia para mim mesma que merecia mais do que aquilo.

ESPELHO: "Mais uma bela demonstração da pouca atenção que você dá a si mesma. Você vive em função dele, quer sempre fazer todas as coisas a dois e se priva de atender às suas próprias necessidades quando está com ele. Você ainda faz que a sua felicidade dependa do relacionamento amoroso. Você tem diante de si um homem muito sensível que, ainda que de modo inconsciente, sente a pressão que as suas expectativas lhe impõem; ele reage se afastando. Claro que ele também age em função de seus próprios temores, mas você não pode culpá-lo por não querer ser devorado!"

Dois meses depois do rompimento, começamos a nos ver de novo, mas sem morar juntos. Ele adoecera e eu fui visitá-lo e lhe propus um relacionamento no presente, sem compromisso nem projetos futuros. Acho que estávamos aliviados por ele poder ter então outra saída. Essa tentativa teve seus bons momentos, mas nos levou, uma vez mais, ao mesmo ponto.

Passados seis meses, minha energia diminuiu muito, a ponto de eu ter dificuldades para ser eficiente no trabalho. Comecei até a questionar este último, tal era a minha resistência a perceber a ligação entre essa falta de energia e o meu relacionamento. Um dia em que estava só, deixei que as emoções voltassem a aflorar e registrei por escrito tudo o que sentia. A atitude que Alfred tinha com relação a mim parecia fazer de mim a última coisa de sua vida; era possível que se passassem vários dias sem que ele quisesse saber de mim, o que sempre me causava o mesmo sofrimento insuportável, associado a ressentimento e frustração. Eu não me atrevia a lhe fazer exigências quando precisava de apoio, porque ele tinha a tendência a se retrair se a iniciativa não partisse dele. Eu me via morrendo aos poucos. Depois de ter escrito, tive uma sensação de desapego que eu nunca tinha sentido antes. Concebi o rompimento como a única maneira sensata de sair daquele impasse no qual eu estava destruindo a mim mesma.

Nos dias seguintes, fiquei muito triste, e meu amigo viu que as coisas não iam bem. Quando o fiz ler o que eu escrevera, ele não sentiu nenhuma emoção, a menos que fosse isso que pretendesse demonstrar. Eu, de minha parte, mantive o silêncio e fiquei afastada, e tomei consciência de que ele só se aproximava de mim nesses momentos. Tivemos então uma longa conversa franca acerca do que vínhamos vivendo há algumas semanas. Ele vivia apreensivo e se sentia culpado pelo meu sofrimento, o que também o levava a sofrer. Apesar do amor que sentíamos um pelo outro, não julgamos o relacionamento viável.

No dia em que ele partiu, estávamos com o coração bastante oprimido. Houve mais lágrimas que palavras. Antes de ir, ele me convidou a fazer com ele um gesto simbólico para cortar a energia que nos unia, e combinamos que não teríamos mais contato um com o outro. Nossos caminhos se separaram, apesar do amor sempre presente. Vendo-o afastar-se, de coração partido, pensei, para me consolar: nossas almas hão de se encontrar alhures...

A presença dele continuou a habitar os meus pensamentos, bem mais do que eu desejava, como se eu fosse incapaz de conceber o ficar sozinha comigo mesma. A natureza me ajudou muito a pôr os pés no chão e, uma vez recuperada a minha serenidade, eu só pensava em preparar o terreno para a chegada do próximo homem; eu pedia à vida que esse fosse o certo. Depois de alguns meses de solidão, eu me sentia pronta para um novo relacionamento.

ESPELHO: "Diga, em vez disso, que não consegue suportar ficar sozinha ou, mais precisamente, sem um homem, por muito tempo! Você tem tentado em vão ter uma vida gratificante e agradável, cercar-se de pessoas que a apreciem; sempre houve em você essa sensação de vazio, de não-realização. Você ainda acredita que ter um homem que a ame é uma prova do seu valor. Mas ninguém, exceto você mesma, pode confirmar seu valor."

Passados sete meses, com ajuda terapêutica, senti-me autônoma no plano afetivo. Escrevi a Alfred para levantar o véu de silêncio, dizendo-lhe que havia tornado minha vida mais leve e que esse silêncio me parecia inutilmente pesado. Disse-lhe que tinha vontade de aproveitar todas as coisas boas da vida e que ele podia eventualmente fazer parte disso se esse fosse o seu desejo. A resposta não se fez esperar.

Da prudente retomada de contato, passamos rapidamente, com o coração disparando, aos impulsos amorosos. Usufruí o prazer de refazer com ele todos os gestos simples que tanta falta me faziam: passear na floresta, conversar ao redor da mesa, sentar-se sobre os joelhos... Nosso afastamento proporcionara tomadas de consciência de parte a parte. Isso criou as condições para episódios de uma nova intensidade, nos quais eu ficava muito atenta para deixar de lado as minhas expectativas. Sua atitude e suas palavras me deixavam bem esperançosa, mas, ao mesmo tempo, eu temia sofrer outra vez. Eu via nele uma grande ambivalência: quando estava receptivo, falava de união, de casal, de sua antiga recusa do meu amor por julgar que não me merecia (mais um espelho); tudo isso me dava a impressão de que ele estava bastante consciente e avançara. Porém, na manhã seguinte, ele voltava atrás e dizia que não estava preparado para vivê-lo.

ESPELHO: "Você se perguntou por que voltou a se encontrar com um homem que não está pronto para um compromisso? Não haveria uma parte de você que precisava se ancorar de modo mais sólido para que você não se perca na energia do outro?"

Com o passar do tempo, Alfred começou a fugir desse relacionamento. Eu estava convencida de que, inconscientemente, ele se recusava a me dar o que quer que fosse. Eu sentia, depois de viver um bom momento, que eu não me respeitava ao me contentar com o que ele me dava. Eu tinha cada vez mais a impressão de que eu me negava a mim mesma e de que recebia em troca meras migalhas. As pessoas que me cercavam me devolviam o espelho: "Por que você ainda continua nesse relacionamento?" Eu fazia um trabalho energético para me livrar da influência que deixava ele ter sobre mim. Comecei a reconhecer o fato de as minhas necessidades merecerem ser atendidas. Eu o via agir com uma atitude de retração e comecei a me desapegar, dessa vez com muito mais dor.

Uma semana de iniciação ao trabalho energético levou-nos aos Estados Unidos com um pequeno grupo. Ainda que partilhássemos o quarto e a cama, sua excelência se fazia de inexistente, absorto que estava em sua "viagem" pessoal. Essa situação era uma cópia fiel da semana que provocara o nosso primeiro rompimento. Depois de uma breve conversa com o formador, que me deu um parecer neutro sobre o que percebia na minha energia e na de Alfred, a minha decisão tornou-se clara e irrevogável.

Quando a anunciei a Alfred, ele ficou muito surpreso e não compreendeu coisa alguma: era o retrato da inocência! Depois, ele confessou que sentira raiva e impotência.

O formador dissera: "Se você se libertar da inércia do outro, em seguida você deverá libertar-se de sua própria inércia." Francamente, o espelho sempre me persegue! Eu estava então envolvida num novo projeto de trabalho e de fato me via a evitar e mesmo a fugir algumas vezes de certas eventualidades. Um medo de agir que eu via muito grande em Alfred manifestava-se agora em mim, menos pronunciado, é verdade, mas isso não era uma desculpa para eu não me ocupar dele. Os ensinamentos do espelho sempre me levavam a mim mesma, e as minhas resistências só haviam causado sofrimentos.

Pouco antes de eu tomar a minha decisão, fiz um balanço do meu relacionamento. Escrevi então: "Feita a reflexão, é pela alma dele que sempre estive apaixonada. Será por isso que suporto uma atitude tão pouco acolhedora? Ele dá mostras de uma apatia que me leva ao desespero. Isso me dá a impressão de que ele está à margem da vida. Ele não reage a nada, e eu gostaria de poder ajudá-lo; é uma coisa tão frustrante! Ele nunca vem ao meu encontro, mesmo quando está na sua melhor condição. Para onde foi a cumplicidade? Quando fazemos amor, ele chega ao clímax cedo demais, o que me priva do meu clímax. Com ele, estou subnutrida: nunca há um reforço positivo. Como formar um casal com um homem ausente? Que balanço desanimador! É preciso ser masoquista para continuar num relacionamento desses."

ESPELHO: "Contudo, se a sua alma o escolheu, não teve ela as suas razões? Você não podia mais suportar a inércia dele. Refira-se antes à inércia da parte masculina do seu próprio ser, que a ignora, que não a alimenta, que não dá apoio a você e se recusa a agir. Por que ela está tão cerceada? O que a impede de servir à mulher que existe em você? Não há uma parte do seu ser que se recusa a ter necessidade de um homem? Porque, pelo que você acredita, ter necessidade supõe ficar apegado a alguém, tornar-se vulnerável, situação em que é grande o risco de sofrer, não é mesmo?"

Esse reflexo estava longe de ser evidente no momento da minha decisão, que fora motivada principalmente pela minha necessidade de fazer cessar o sofrimento.

Eu fizera uma lista de motivos pelos quais resolvera deixar Alfred: dezessete entre vinte eram queixas formuladas contra ele e só três referiam-se diretamente a mim. Revendo essa lista anos depois, surpreendi-me ao constatar o imenso grau de dificuldade que eu tinha de me voltar para mim mesma no domínio da minha vida amorosa. Eu que sempre acreditara ser uma pessoa consciente! Ainda que todas as minhas observações e queixas da época tivessem fundamento, eu então, na minha busca da verdade, refiz o exercício. Acrescentei a cada um dos dezessete pontos que efeito ou emoção a atitude de Alfred me causara; o sentimento de falta ressurgia na maioria das vezes. Vinham depois: a impotência, a frustração, a negação e a asfixia. O que eu via na época no espelho era uma descoberta às avessas de uma dependência afetiva que eu me obstinava em não admitir.

UM PRESENTE DE GREGO

Minha alma sabia que não é fugindo do sofrimento que podemos nos livrar dele. O meu desejo inconsciente e urgente de evoluir atraiu um recém-chegado que *desembarcou* na minha vida alguns dias apenas depois de eu deixar o precedente. Naquele momento, eu me sentia livre, mas ao mesmo tempo sem fôlego e escaldada.

ESPELHO: "Ah, sim! Acontece o que é preciso acontecer; você ainda tem necessidade de uma outra oportunidade, dado que sempre se recusa a sentir as suas mágoas mais profundas. Desta vez você vai precisar de coragem para realizar uma tarefa que foi se avolumando em função de suas recusas anteriores. Você deve aprender a curar você mesma feridas que não vão ser nada mais do que a repetição de sofrimentos anteriores."

O primeiro contato aconteceu pelo telefone no ambiente de trabalho. Cavalheiro, seguro de si, ele se divertia em me descrever; foi espantoso. Ele só se enganou com relação à idade. Fiquei ao mesmo tempo encantada e encabulada. Fiquei sabendo mais tarde que ele imaginava há alguns anos a sua mulher ideal; ele fizera um pedido muito sério ao Universo, e só de ouvir a minha voz se deu conta de que eu era ela.

Por ocasião do primeiro encontro de negócios, ele estava com um sorriso estonteante; meu "detector do homem ideal" considerou seu crânio mais do que desinteressante e seu corpo filiforme, classificando-o na categoria de relação de trabalho. Porque, da masculinidade que eu procurava num corpo de homem, não havia nenhum vestígio.

Concentrei-me então, na explicação do trabalho que esperava que ele realizasse. Ele não apenas compreendeu as minhas necessidades de um só golpe, como desenvolveu a minha idéia; eu disse de mim para mim: "Isso me agrada; adoro pessoas que captam logo as coisas." Foi portanto assim que se desenvolveu o meu primeiro contato com o ser que veio a se mostrar o espelho mais difícil de integrar de toda a minha vida, aquele que apelidei de meu presente mal embalado.

No decorrer de nossos encontros de negócios, ele me cortejou discretamente. Estava muito claro que eu lhe agradava. Pensei: "Por que não me deixar cortejar um pouco? É bom para o moral (para não dizer para o ego) sentir que se agrada a um homem." Considerando que o seu aspecto físico não tinha para mim nenhum atrativo, eu não queria me deixar apanhar pelo jogo. Eu já estava farta da armadilha clássica do gato e do rato: quando estão loucos por mim, deixam-me indiferente; quando me apaixono, eles fogem de mim ou me querem como amiga. Mas devo confessar que decidi brincar um pouco de seduzi-lo.

ESPELHO: "Seu pequeno lado masculino que seduz sutilmente mantendo-se a distância! Você não vê até que ponto você se parece com ele?"

Passadas algumas semanas, ele me convidou para jantar. Ele iria me apanhar no escritório, e fiquei impaciente diante de seu substancial atraso. Reclamei: "Como pode um homem se atrasar no seu primeiro encontro? Essa não é a melhor maneira de ganhar a confiança de uma mulher!" Ao chegar, ele se mostrou confuso: entendera que eu ligaria quando estivesse pronta... Belo começo! Nossa primeira vivência comum fora um mal-entendido. Se pudéssemos ter previsto os outros que estavam à nossa espera, cada um de nós teria partido em disparada. Esse episódio foi para mim uma segunda confirmação: "Ele não é de fato o meu tipo de homem; ele me irrita antes mesmo de a coisa começar!" Mas era tarde para voltar atrás, pois eu sabia que ele fizera uma reserva num excelente restaurante. O cavalheiro não poupou gastos e fiquei encantada, pouco acostumada que estava a ser tratada assim. Devo dizer que essa foi uma época em que meu sentido da igualdade entre os sexos me levou a insistir em pagar a minha parte. Dessa vez, tratava-se de um homem para o qual parecia muito natural me mimar.

ESPELHO: "Como pôde um homem mimar você? Você é tão autônoma e independente! Você se empenha muito em mostrar aos homens, pela sua atitude, que não tem necessidade deles. Onde está em você o espaço para aquilo que eles têm a oferecer?

Quando voltei para casa, suspirei: "Por que é preciso que isso aconteça com um homem que não me atrai?" Fiquei com raiva: "Quando terei direito ao tipo de homem com o qual sempre sonhei? Não cheguei sequer ao ponto de adquirir algumas das qualidades que desejo encontrar no outro? Sou uma bela mulher. Por que a vida só me manda homens que me agradam mais ou menos em termos físicos? No cômputo geral, isso é injusto!"

ESPELHO: "Como você pode acreditar que vai atrair um homem ao seu gosto? Você não pára de se criticar. Sobretudo os seios, que sempre considerou muito pequenos. Os homens da sua vida tentaram inutilmente apreciá-los... Você se lembra daquele que disse: 'Há o suficiente para a mão de um homem.' Mas não, você não acreditou; você não se acha muito bonita com esses seios. Com essa atitude de falta, você escolhe um homem ao qual também falta alguma coisa. Nessa circunstância, você se sente entre iguais. Cada um tem a sua deficiência!"

A segunda vez que saímos confirmou a minha irritação. Ele seguia o oposto dos meus critérios. Não obstante, foi muitíssimo atencioso comigo, e talvez fosse esse o motivo de eu não poder me impedir de dizer "sim" aos seus convites.

Larry era do tipo insistente; ele ia em frente, apesar da minha falta de entusiasmo. Eu o sentia nervoso e febril, como se estivesse prestes a cortejar a mais bela das princesas. Ele tinha de tal modo o ar de tudo querer fazer por mim, de me dar tudo, que eu senti necessidade de esclarecer as coisas com toda a honestidade: "Você não tem nada do homem dos meus sonhos, e eu de modo algum me sinto apaixonada. Mal acabo de sair de um relacionamento com um homem que, do meu ponto de vista, nada me dava. Sinto que devo me abrir para receber um novo homem. Você apareceu, não creio que por acaso, e por isso não fecho a porta. Mas não pense num relacionamento longo."

Minha reflexão diante do recém-chegado me remetia ao passado. Escrevi no meu diário: "Tomo consciência da resistência que existe em mim. Com Alfred, que tanto resistia, eu não me dava conta da minha própria resistência. Com Larry, ela se destaca vigorosamente. Estou cheia de imagens da minha juventude; todos aqueles garotos que ficavam fascinados comigo! Eu não me permiti gostar disso, deixar que me admirassem, que me amassem; isso vem de Mamãe, que me ensinou a desconfiar dos homens. Eu não acreditava merecê-lo; isso vinha da sensação de rejeição com respeito a Papai. Lembro-me de André, que foi uma passagem difícil da minha vida porque eu estava apaixonada e ele só sentia amizade por mim. Agora tenho medo de fazer Larry sofrer, pois no fundo eu sei que não sou 'a sua mulher ideal', ao contrário do que ele acredita. Mas eu não posso ser responsável pelos outros; eu o respeito ao lhe revelar honestamente os meus sentimentos. Está na hora de eu me abrir para receber um homem que me admire, a fim de poder eu mesma me admirar. Não me interessa um relacionamento estável; isso denotaria que não creio merecer aquilo que de fato desejo, ou seja, uma admiração e um amor recíprocos."

Um dia, ele me disse: "O que me atrai em você é que você é Luz." Eu respondi simplesmente: "Sim, é verdade." Enfim, comecei a reconhecer a minha beleza interior e exterior. Obrigada. A minha vida ficava cada vez mais simples e bela. Confiança e paciência.

Os contatos amorosos dos primeiros meses foram doces. Ele era amável e pródigo em cumprimentos; com ele, eu me sentia uma pérola rara. Minha sexualidade era bem mais satisfatória; ele tinha um jeito "másculo" de acolher uma mulher que me agradava. Essa sua atitude tão masculina contrastava com seu corpo filiforme. Tentei da melhor manei-

ra passar por cima desse "detalhe". Mas o meu prazer não atingia a maior intensidade; eu me dizia que era à imagem do nosso relacionamento...

Havia, por outro lado, muitos ajustes a fazer com relação a ele. Ele fumava, tinha um cão que o seguia a toda parte, não comia muito bem, sua casa era desorganizada, ele costumava se atrasar, acumulava contas e multas não-pagas — tudo isso eram coisas que me diziam que ele não tinha muito respeito por si mesmo.

Quando o gato sai do saco

Três meses depois do primeiro encontro, fiz um balanço. Anotei no meu diário: "Percebo que tudo o que é difícil com Larry, seu modo de vida, as suas prioridades, os seus valores, era fácil com Alfred. Tudo acontecia com muita naturalidade, e é disso que sinto saudade. O que Larry me traz é também muito importante: a alegria de viver, o entusiasmo, a criatividade, a expressão de seu amor. Tenho nesses dois homens reunidos coisas primordiais para mim. Um dia terei tudo isso na mesma pessoa."

ESPELHO: "Sim, mas não antes de você conseguir respeitar a si mesma integralmente e fazer opções em função da sua verdade profunda."

Por meio das diferenças de Larry, pratiquei cada vez mais o respeito por aquilo que eu era e aprendi a expressar as minhas limitações. Com ele, eu tinha a impressão de aprender uma língua estrangeira, tal era a distância entre o seu modo de vida e o meu.

A primeira desilusão importante se apresentou pouco tempo depois do meu balanço, no dia em que encontrei a família dele pela primeira vez. Ele chegou atrasado, com o rosto vermelho e falando arrastado: tinha bebido. Essa era a primeira vez que uma pessoa próxima tinha ficado bêbada: entrei em estado de choque. No restaurante, Larry continuou a beber e fez grandes declarações de afeto a todos, exceto a mim, porque sentia a minha desaprovação. Eu estava bastante incomodada e tinha vergonha de ser apresentada como a sua nova amiga. Fiquei espantada ao ver que todos, exceto uma de suas irmãs, tratavam com ele como se nada estivesse acontecendo. Compaixão ou hipocrisia? A menos que esse fosse o hábito. Fiquei perplexa e abalada; eu não conhecia aquele homem, e desejei não estar lá. Mas não tive coragem de ir embora. De um lado, eu me julgava intolerante e, do outro, temia o julgamento dos outros, pois tinha a impressão de ser uma pessoa de outro planeta no meio daquelas pessoas que pareciam acostumadas com o álcool. Naquela noite, dormi mal, e pela manhã apressei-me a esclarecer as coisas com ele. Ele se mostrou evasivo e retraído; talvez não estivesse muito orgulhoso de si. Aquela conversa pesada me deixou esgotada e eu ansiava por chegar em casa para voltar ao normal.

Nesse relacionamento, era comum que eu muitas vezes tivesse vontade de ficar só, de me voltar para mim mesma sem nada fazer, de andar pela floresta, de meditar. Todas as concessões que tinha a fazer, no tocante à minha qualidade de vida, quando estava com ele, me desgastavam muito as energias. De modo geral, depois de dois dias com ele, eu não suportava mais, e meu corpo me indicava que era hora de me afastar.

ESPELHO: "Pode-se por certo dizer que você está envolvida num relacionamento bem mais longo do que previra. Que preço você está disposta a pagar para ter um homem que a ama? Não me diga que depende dele para acreditar no seu próprio valor! Você faria muito bem se procurasse descobrir por que atrai um homem às voltas com uma dependência."

Depois de alguns meses de calmaria e de relativa harmonia, Larry e eu fomos passar juntos duas semanas de férias. A primeira foi muito agradável e sem problemas. A segunda foi justamente o oposto. Visitamos pessoas de sua família. Num começo de noite, resolvemos marcar um encontro no bar da cidade. Afetada por uma inchação nos olhos causada por uma picada de inseto, resolvi ficar em nosso trailer, *no estacionamento do bar. Como o ambiente era muito ruidoso, eu não conseguia dormir. Não me atrevi a ir procurá-lo, pois ele me dissera que voltaria logo. Às quatro horas da manhã, quando apareceu, ele estava visivelmente embriagado. Isso não tinha se repetido desde a reunião com a família dele. Ele estava bem agressivo, e toda vez que eu abria a boca para emitir o mínimo protesto, dizia que eu o provocava e continuava a falar irritadamente, impedindo-me de reagir.*

Essa era uma característica notória dele: quando sentia que estava errado, ficava agressivo e me tratava como se eu é que devesse ser a culpada. Cada vez que isso acontecia, eu ficava tão espantada que não sabia o que fazer. Isso me perturbava e eu ficava sem condições de reagir. Para não dizer que esse estratagema interrompia a comunicação e nos colocava um contra o outro.

ESPELHO: "Você não tem um comportamento que a faça conseguir respeito. Você faz concessões demais. Ele a põe em situações que deixam você acuada e inferiorizada com relação a ele. Você está prestes a se deixar invadir sutilmente. Você já se esqueceu da lição vivida com a sua filha Catherine?" [5]

Dessa vez, a harmonia demorou a voltar. De um lado, eu me sentia magoada e traída pelas suas atitudes e, do outro, ele tinha uma forte reação de afastamento quando eu tentava me aproximar. Ele dizia que também estava bastante magoado, mas creio que isso fazia parte de seu sistema de defesa. Esses períodos eram sempre difíceis para mim. Nas relações sexuais que tínhamos depois disso, eu sentia que só o meu corpo estava presente, e era isso que me dava vontade de comer depois do ato, como se quisesse compensar. Depois do problema das férias, eu não tinha nenhuma satisfação em nossas relações amorosas; eu não me deixava mais levar. Eu sentia a minha alma protestando contra a prostituição!

---

5. Veja o Capítulo 3: *Nossos Filhos, Que Bons Mestres!*

ESPELHO: "Vem bem a propósito: o que você está disposta a sofrer para ter um pouco de amor?"

De volta das férias, uma gota d'água se fez presente. Descobri "por acaso" que ele pusera uma de suas contas domésticas no meu nome sem me consultar; e, para completar, a conta não havia sido paga! Como não me contentei com a sua resposta evasiva ao meu pedido de explicação, ele se irritou e começou a usar a sua tática de transformar a vítima em carrasco. Dessa vez não me deixei impressionar e gritei tanto quanto ele, reclamando o meu direito ao respeito e à minha reputação.

Eu chegara a um ponto de não-retorno. Estava claro que a sua reação escondia o seu medo de ser rejeitado assim como a pobre imagem que ele fazia de si mesmo. Eu havia perdido a vontade de suportar aquilo. Fazendo o espelho com relação à falta de respeito, vi que permanecer com ele era me faltar ao respeito. A "sincronicidade" da descoberta daquela conta não-paga me perturbava, pois eu poderia tê-lo feito bem antes. Ela vinha coroar um mal-estar que eu vinha sentindo há semanas. Por que Larry agia de modo a ser rejeitado? Eu percebia o grande medo que ele tinha. Via ainda a minha insegurança diante da idéia de deixá-lo. Ele era apesar de tudo muito atraente e não era fácil fazer isso.

ESPELHO: "Claro que não, pois sua dependência afetiva não é menor do que o seu medo de ser rejeitada. Se acreditasse mais em si e no que merece, você jamais teria consentido em ser tratada assim. Mas a história precisa continuar, porque o julgamento que você faz dele a impede de ver que, no seu próprio ser, bem lá no fundo, você é igual a ele."

Brincar de iô-iô custa caro

Nosso encontro seguinte foi comovente. Depois de uma dolorosa aproximação em que cada qual estava firme em suas posições, nossos corações se abriram. Larry me contou o que vivia no fundo do seu ser, e isso alterou a minha atitude com relação a ele. Foram abundantes as lágrimas e efusões. Eu percebi que nenhum de nós tinha tentado se modificar. Nossos valores diferiam enormemente, e não víamos o nosso futuro como um casal. Essa constatação me permitiu sentir amor simplesmente pelo que ele era. Era assim mais fácil para mim decidir-me a uma reaproximação. Os encontros seguintes foram vividos no presente e sem expectativas da minha parte nem da dele. A magia e a cumplicidade voltaram. Uma única sombra ainda se projetava: essa volta se fez acompanhar de uma desagradável irritação vaginal.

ESPELHO: "O seu corpo faz o que pode para deixar você em guarda com relação a essa volta à intimidade. Você se comporta como o alcoólico que pretende ficar sóbrio mas não larga a garrafa."

Depois de alguns dias de desconforto, consegui dizer não às solicitações sexuais de Larry, que então se mostrou frustrado e percebeu que eu estava voltada para mim mesma. Eu lhe disse que o fato de pedir algo não obriga o outro a conceder. Isso me lembrou da época em que aprendi a fazer exigências e em que eu estava às voltas com as minhas frustrações.

Pouco tempo depois, fiz uma viagem iniciática muito intensa ao Peru. Ao voltar, senti-me confusa e tive a impressão de que a minha vida não ia a parte alguma. No trabalho, resolvi acabar a sociedade. Revi Larry apesar da minha decisão de romper. Senti-me ambivalente: embora tivesse momentos muito bons com ele, nosso relacionamento estava frágil e complicado. O meu corpo estava eloqüente: eu dormia muitas vezes mal quando estava com ele, e meus problemas vaginais voltaram com força total. Escrevi na época: "Vejo-me ir: tomo decisões bem ponderadas e depois volto atrás. Tenho dificuldades para manter as minhas decisões. Peço para ver as coisas com clareza e para me aceitar tal como sou."

As respostas aos meus pedidos interiores muitas vezes me são dadas pelo corpo. E dessa vez foi uma mensagem inequívoca: meu problema vaginal só piorava, e resolvi seguir esse sinal para recuperar a minha harmonia: eu não agüentava mais. Às vezes, a sabedoria se expressa com vigor. Eu não queria saber se estava no caminho certo, mas tinha confiança de que o Céu nos reuniria se eu estivesse enganada. Eu não compreendia bem por que devia me privar daquele relacionamento e talvez fosse isso o que mais me perturbava. Havia muita ternura nos nossos últimos momentos, e eu tinha aquele vazio diante de mim. Escrevi: "Tive um vislumbre na semana passada. Vi-me à beira de um precipício, e uma voz me dizia: Eu tentava! Tento me imaginar saltando no vazio e fazê-lo me dizia antes 'sim' do que 'não'. Se é preciso criar um vazio para atrair a plenitude, atrevo-me a esperar que disso resulte algum benefício!"

FACE A FACE COM A SOMBRA

Quando concordei em me desapegar da minha última âncora, o mergulho aconteceu por si só. Aprendi a conviver com a minha nova solidão e resisti à vontade de telefonar ou de sair. Eu não queria preencher de qualquer maneira um vazio, mas me acostumar com aquele espaço em mim. Esses meses de solidão me puseram na presença das minhas nuvens escuras, dos meus aspectos inconfessados. Eu fazia um trabalho energético, e o meu corpo me dava manifestações de purificação, enquanto as minhas emoções se expressavam em abundância.

Eu vivia um período crucial em que o ser enfrenta a si mesmo, sem referências externas nas quais se apoiar. Ou percebia com clareza que a minha viagem iniciática preparara aquela transformação profunda pela qual eu agora passava. Eu me sentia cada vez mais caseira e apreciava, mais do que nunca, a minha volta à natureza. Aceitei finalmente mergulhar no poço sem fundo das sombras que eu pressentia em mim, e me tornei receptiva ao recebimento de uma dádiva inestimável: um contato cada vez mais concreto com a minha Essência e uma aceitação de meus aspectos menos luminosos. Fiquei particularmente orgulhosa por ser menos dominada pelo meu medo de ser julgada e criticada. Esse encontro face a face com o meu ego também fez que eu me libertasse de uma parte de minhas inseguranças e do meu medo do vazio interior.

Naquele momento, a minha carreira estava em ponto morto e as reservas financeiras baixavam a olhos vistos. Aprendi a confiar ainda que não tivesse nada à minha frente. Eu repetia constantemente a mim mesma: "Sou um filho mimado do Universo" — enquanto respirava fundo. Nesse período, eu fazia todos os dias um exercício de desapego da energia de Larry, dado que sentia uma presença. Eu precisava me proteger de sua grande energia que desejava apegar-se a mim.

ESPELHO: "Vou lhe dizer o verdadeiro motivo de você precisar de proteção: o seu medo da solidão cria em você uma fenda no plano emocional que permite que a energia de outra pessoa entre em seu campo energético. O outro a atinge nos pontos em que entra em ressonância com as suas feridas não-curadas. É claro que ele é insistente e invasor, mas ele não teria nenhum poder sobre você se a sua porta não estivesse aberta! Você se engana ao achar que tem necessidade de proteção seja lá do que for; você constrói barricadas sem perceber que o 'inimigo' é o seu medo e que ele já está dentro de você..."

Aos poucos, eu fui fazendo importantes tomadas de consciência acerca da minha própria força e dos medos que me impediam de expressá-la. Graças à vida! Depois de três meses de reclusão, eu me sentia mais forte e serena, pronta a me abrir de novo ao mundo exterior. Alguns encontros masculinos fortuitos me anunciaram que a energia estava voltando a se movimentar.

Um dia em que estava no centro da cidade, tive o impulso de ir dar um "alô" a Larry. Muito surpreso, ele me tomou nos braços e não me poupou carícias. Deixei-o ir em frente; eu estava precisando muito disso. Essa vontade de vê-lo tinha sido bem repentina e, sobretudo, surpreendi-me com o fato de eu me deixar levar por ela. A novidade é que ele não se mostrou ávido, mas se fez todo doçura. Eu repetia que não tinha idéia de por que havia feito aquilo, dado que eu não tinha nada mais além daquela ternura para lhe oferecer. Saí da casa dele um pouco "afetada". Um arrepio me percorreu a espinha quando me perguntei se eu tinha ido vê-lo para sentir o poder que podia ter sobre ele. Fiquei atenta: "Será esse um dos meus aspectos sombrios se manifestando?"

Alguns dias depois, uma ligação dele me perturbou. Ele parecia ter bebido: parecia derrotado e ia do elogio ao insulto. Fiquei na defensiva, mas não me atrevi a desligar. Eu me sentia um pouco responsável por ter provocado aquilo; percebi que a minha visita fora tomada por ele como um gesto de egoísmo, eu não me detivera para pensar nas conseqüências. Lamentei sinceramente, pois aquilo tinha sido muito difícil para ele, que se esforçava muito para me esquecer. Uma dúvida se instalou em mim: seria ele o homem da minha vida? Recuperei o controle e fiz o meu exercício de desapego com relação a ele e a todos os homens da minha vida. Eu queria me desligar de uma vez por todas. Mas a dúvida persistia, e apesar de tudo eu pensava constantemente em Larry: "Terei fugido e tenho de voltar?" Anotei no meu diário: "Eu quero viver esse aprendizado de me abrir com um homem a quem eu ame. Eu faço esse pedido ao Universo. Mas ele tem de me atrair fisicamente e eu tenho de sentir uma ligação."

Passaram-se algumas semanas, chegaram as festas de final de ano e eu marcara uma ceia com Larry. Fui com toda a receptividade, porque queria parar de me retrair diante dele. A noite foi cheia de ternura e de cumplicidade; eu estava muito emotiva e invadida por uma aura agradável vinda de mim mesma. Senti até que ponto estava me privando. Ele me confessou que havia feito uma espécie de enterro simbólico meu. Depois dessa noite, escrevi: "É como se tivéssemos nos tornado duas pessoas diferentes. A relação se alterou por completo. Que surpresa! Não quero pensar no que vai acontecer. Vivo intensamente e só depois vejo isso. Sinto uma grande paz instalar-se em mim."

ESPELHO: "Os últimos meses a deixaram mais forte. Agora você está pronta a cumprir a tarefa que a sua alma atribuiu a si mesma: assumir as suas necessidades afetivas sem ficar dependendo delas."

Naquela noite, deitada ao lado dele, tive um sonho no qual me preparava para me casar outra vez com um homem bastante carinhoso. Tratar-se-ia do meu lado terno e vulnerável com o qual eu me preparava para voltar a ter contato?[6] Se era isso, tratava-se de uma boa notícia!

Com Larry, voltou rapidamente o padrão cotidiano. Faltava-me muitas vezes espaço e eu achava difícil imaginar que pudesse viver com ele. Eu costumava ter o desejo de ficar sozinha; o que seria isso: fuga ou sobrevivência? Eu não sabia se vivia com ele um começo ou um fim. Havia, apesar de tudo, uma boa abertura entre nós; eu me sentia mais sincera, confessava os meus defeitos e ele admitia os seus. Aprendi a agir guiando-se pelo coração e pela intuição, sem tentar compreender por que estávamos ligados um ao outro como por um elástico. Eu sentia que uma parte de mim tinha medo de constatar que poderia ser "ele". Eu me sentia uma perdedora, porque o que faltava naquele relacionamento era muito importante para mim. Eu estava em busca de uma bela harmonia espontânea.

ESPELHO: "É ele porque você assim o decidiu. A pessoa certa é sempre aquela que o seu inconsciente escolheu para levar você ao ponto a que a sua alma quer chegar. A sua personalidade tem critérios com os quais o seu íntimo não se preocupa nem um pouco."

Depois que resolvi deixar a minha vulnerabilidade à vista, a minha criança interior passou a fazer das suas: ela procurava se retrair diante do mínimo obstáculo, sentia-se

---

6. A interpretação de sonhos é tratada num capítulo à frente.

160 | Os Relacionamentos Vistos Pelo Espelho

mal-amada e temia sofrer outra vez. Mas à simples lembrança das decisões que eu me impusera no passado, eu refazia a minha opção, contava os meus medos a Larry e a paz voltava. Em contrapartida, quanto mais eu me abria, tanto mais o meu amado se retraía. Ele, que tanto me quisera, agora era quem resistia: achava que não mereceria tanto amor ou ainda era capaz de acreditar naquela relação?

Foi difícil viver esse período: ele não contava com a minha abertura nem eu com a sua retração. A minha menininha interior sentiu-se traída, ela que tantos esforços fizera para suplantar o medo de se entregar. Senti ódio e muita decepção: de que adiantara ter caminhado tanto para chegar a isso? Mas o desejo das almas era o mais forte, e conseguimos, bem ou mal, nos abrir, se bem que, infelizmente, nem sempre ao mesmo tempo. Eram comuns os momentos de esfriamento entre nós. Deus sabe que esse relacionamento era difícil! Estávamos sempre em vias de nos ajustar um ao outro, e o aspecto sexual não era exceção.

ESPELHO: "Isso em nada surpreende, pois a intimidade é ameaçadora e traz consigo jogos de poder que constituem tentativas de controle muitas vezes inconscientes. E como o controle impede a entrega, a vida na horizontal se ressente."

Apesar de toda a nossa boa vontade, um peso de instalou. Larry costumava ter atitudes que tendiam a sabotar a relação. Tinha reações de vítima, e eu me recusava a fazer o papel de carrasco. Eu tinha dores de cabeça freqüentes que me diziam que eu ainda fazia concessões demais. Eu o informava acerca de minhas limitações: "Não consigo me adaptar ao seu modo de ser." Ele também tinha dificuldade para se adaptar, pois me via instável (o que não era de estranhar!). Cada vez que confessávamos as nossas fraquezas, caíamos um nos braços do outro e recomeçávamos. Porém, as minhas dores de cabeça me obrigavam a me conceder períodos de afastamento, o que deixava Larry no auge da insegurança. Chegamos à conclusão de que um rompimento era necessário, ainda que fosse difícil. A atração que tínhamos um pelo outro era de fato misteriosa!

ESPELHO: "Esse é o preço da dependência afetiva. Você ainda tem uma parte do caminho a percorrer para tomar consciência de sua dependência e acolher a si mesma tal como você é."

Uma interessante coincidência: na véspera do rompimento, eu participara de uma sessão de câmara do suor ameríndia (que é um intenso ritual de purificação). Eu pedira para ser libertada de todos os liames com o meu pai que ainda persistissem, e o meu coração estremecera sob o calor sufocante, o que me dizia que esse órgão nunca poderia ser frio. Essa abertura foi uma dádiva que me fez viver o meu rompimento com serenidade. Larry quis voltar atrás, mas eu já não acreditava que valesse a pena. Ele me disse: "Você vai partir apenas por uns meses. Boas férias!"

Outra coincidência digna de menção: passei depois alguns dias na casa de uma amiga que vivera peripécias amorosas semelhantes às minhas. Para ela, foi o início de muita felicidade o momento em que disse, enfim, um verdadeiro SIM. A satisfação dela me fez pensar na minha situação e fiquei abalada. Vi no cotidiano todo o esforço de desapego que ela fizera e tomei isso como exemplo a seguir. Eu não me encontrava na casa dela por acaso. Pouco tempo depois, acordei certa manhã com uma terrível enxaqueca e com a impressão de resistir a uma decisão tomada ao longo da noite, ainda que eu não soubesse qual ela tinha sido.

A DESCIDA AOS INFERNOS

Alguns dias depois, Larry me telefonou para "tratar de negócios". Ele aludia ao fim de semana, como se já tivéssemos falado nisso. Eu disse a mim mesma: "Que audácia a dele; é inacreditável!" Porém, o que aconteceu depois foi bem mais inacreditável: eu me vi dizendo a ele que, nas três primeiras tentativas, jamais tínhamos dito SIM ao mesmo tempo e que eu estava pronta a nos conceder outra oportunidade para uma quarta tentativa. Se ele ficou surpreso, eu fiquei mais ainda! Escrevi no meu diário: "Quando ele chegou, eu parecia a noiva à espera do príncipe encantado, toda animada e de olhos brilhantes. Passamos a noite inteira praticando para dizer a simples palavra SIM, olhando-nos nos olhos, dançando, cantando. Respirávamos com dificuldade e suspirávamos vezes sem conta, e acabamos por dizer SIM chorando. Esse SIM alterou absolutamente tudo; parecíamos flutuar. Não compreendo nenhum aspecto do que sucedeu. Não vi coisa alguma chegar, não decidi nada; tudo se passou às minhas costas ou no meu coração, não sei bem, mas, por certo, não foi na cabeça."

Vi-me tomada por uma grande calma. Alguma coisa pôde enfim começar. Mas a vulnerabilidade dos dias seguintes me mostrou que aquele SIM era o começo, não o desfecho. Restava tudo por fazer, mas havia entre nós uma proximidade até então desconhecida. Essa nova harmonia nos inebriava de felicidade. Vivíamos por fim, na "vida real", uma verdadeira comunhão. O único ambiente no qual antes havíamos sentido isso era quando dançávamos.

Decidimos então morar juntos e começamos a procurar uma casa. As "sincronicidades" se multiplicavam, facilitando assim vários passos a dar e confirmando a pertinência de nossas opções. Os obstáculos iam se afastando um depois do outro; estávamos confiantes. Observei que havia vários meses não existiam vestígios do problema de Larry com o álcool.

Os acontecimentos subseqüentes não poderiam ter sido imaginados. Assim que começamos a morar juntos, o inferno começou. Vi-me diante de um homem que eu não conhecia: suscetível, raivoso, mentiroso, cheio de segredos, violento e alcoólico. O tipo perfeito do carrasco. Eu não conseguia acreditar no que via. Como uma mulher inteligente e evoluída como eu poderia se encontrar em semelhante situação? Contudo, eu nada tinha de vítima, ao contrário das mulheres características de um alcoólico! Por que aquela alteração tão súbita? Não se podia dizer uma única frase sem que ele se opusesse

162 | Os Relacionamentos Vistos Pelo Espelho

e contrariasse. Batalha do ego, pesadelo. Eu que sempre me entendera bem com todos estava em choque, comecei a ter alergias e emagrecia a olhos vistos. Alguns amigos me foram de grande ajuda para que eu visse as coisas com clareza.

ESPELHO: "A vítima que existe em você é sobremodo sutil. A atitude de Larry desencadeia em você uma sensação de falta. Você não vai poder esperar muito para enfrentar essa questão."

E dizer que no começo eu o deixara entrar na minha vida porque ele desejava me dar tudo! O que eu adorava fazer no cotidiano com um homem não funcionava com Larry. Ele boicotava sistematicamente toda e qualquer coisa. Estaria ele reagindo a alguma coisa que emanava de mim ou ele era incapaz de receber a dádiva que a vida finalmente lhe concedera? Eu tinha de ser vigilante e dizer a mim mesma: "Ele faz isso, mas não ME faz isso." Desenvolvi de modo gradual outras atitudes, porque aquela desarmonia estava me matando aos poucos. Para sobreviver, aprendi a guardar silêncio, a não ter nenhuma expectativa. Larry costumava chegar bêbado às primeiras horas da manhã. Isso para mim era muito doloroso. Eu procurava compreendê-lo e ajudá-lo, mas ele se recusava sistematicamente, e eu nada podia dizer a seu respeito sem que ele se encolerizasse. Tentei todas as atitudes possíveis para me adaptar a essa situação.

Eu me recusava a ir embora sem ter compreendido por que me metera naquele inferno. Eu estava profundamente abalada e não cumpria bem as minhas funções profissionais. Consciente de que a minha vontade de fugir tinha ligação direta com a prova pela qual eu tinha de passar, consultei uma amiga médium. Os anjos que falaram por intermédio dela me revelaram que a minha alma escolhera aquele homem porque tinha o desejo de evoluir com rapidez e se libertar da dualidade que me habitava. Com efeito, a minha personalidade ansiava pela harmonia a todo custo, anseio que entrava em conflito com a necessidade de libertação de minha alma. Sem ser muito precisos acerca da maneira de eu me comportar naquela situação, os anjos disseram que, se eu não conseguisse me adaptar, a coisa seria ainda mais dolorosa e que, se eu desistisse antes de ter compreendido, aconteceria alguma coisa ainda pior. Ouvir isso foi um choque para mim e, ao mesmo tempo, me tranqüilizou, pois conferia um sentido ao que eu vivia.

Tomei assim a decisão de assumir plenamente a escolha de minha alma e de ajudar a mim mesma em termos espirituais. Passei a rezar, a meditar e a fazer trabalho energético comigo mesma e com Larry quando ele dormia, dirigindo-me diretamente à sua alma. Não fazíamos juntos coisa alguma, e ele raramente estava em casa na hora das refeições. Eu tinha de me acostumar a viver como se estivesse sozinha, mas tinha de suportá-lo. Escrevi: "Mas o que eu desperto nele? Ele é desagradável comigo, me diz o que fazer, se irrita com tudo o que proponho, não demonstra nenhuma ternura por mim. Ninguém jamais me tratou tão mal."

ESPELHO: "A sua capacidade de ajudar os outros sempre a valorizou, e ela é real; você, no entanto, às vezes se serve dela para não olhar o que acontece em você mesma. Você está diante de um homem que recusa todas as formas de ajuda da sua parte. Tudo o que você vê nele, ainda que seja justo, ele devolve a você para que você dirija o 'foco', em primeiro lugar, para o seu próprio ser. Trata-se de um grande desafio feito ao seu ego. Fazer você se ver acusada de 'controladora' por alguém que o é ainda mais do que você é algo que a leva a remeter o espelho a ele. Chegou a hora de você desenvolver a humildade e, simplesmente, aceitar quando a carapuça lhe cabe. Se ele se recusa a ver a si mesmo, o problema é dele. Pare de querer salvá-lo e preste mais atenção a si mesma. Você tem consciência de que se encontra diante de um mestre do espelho ao contrário; por isso, não aja por favor como ele. Não se esqueça de que você assinou para si o contrato de sair da sua própria dualidade; pode ser que, no caso dele, as coisas sejam diferentes. Todos os seus esforços neste momento devem se concentrar em se ajustar a ele. O que você faz com as emoções que tudo isso lhe causa?"

A minha insegurança material estava bem servida. Descobri que Larry era perseguido por pessoas e organizações a quem ele devia dinheiro, e que elas o tinham ameaçado de tomar medidas contra ele. Toda semana, havia novas revelações que para mim eram verdadeiras catástrofes; minha insegurança decorria em larga medida, do fato de ele esconder de mim todas as coisas. Eu me horrorizava ao ver como ele cuidava de suas próprias coisas. Grande parte de sua criatividade era dedicada a livrá-lo de dificuldades que ele próprio criara. Eu entrava em pânico só de imaginar entrar em negócios com ele, como era o seu desejo.

Aprendi pouco a pouco a não me deixar abalar tanto com seus múltiplos ataques de raiva e acusações. Descobri que ele se sentia acusado diante da mínima observação minha, o que desencadeava seus acessos. Tentei escolher melhor os momentos em que lhe comunicava coisas importantes. Quando eu conseguia permanecer no meu coração, ele me ouvia e eu sentia que ele era tocado; tratava-se todavia de momentos frágeis e privilegiados, porque toda e qualquer insignificância nos lançava na incompreensão, seguida, na maioria das vezes, por um atrito. De tanto servir de depositária de suas frustrações, acabei por reagir e por me afirmar mais; fiquei mais atenta às minhas limitações e mais firme nas minhas decisões.

Tomei consciência de que aquilo que o meu companheiro precisava liquidar do plano material eu tinha de quitar no plano interior: bloqueios, restrições, crenças. Percebi que, quanto mais eu me ocupava de minhas questões, tanto mais ele percebia as suas.

Depois de dois meses de calmaria, novas provações estavam à nossa espera. Num fim de tarde, Larry teve um ataque de cólera violento e gratuito sob o efeito do álcool. O estado de choque em que isso me deixou me despertou num só golpe. Todo o tempo em que me dedicara a me adaptar a ele, eu não empregara para cuidar de mim mesma. Eu estava agora em estado de sobrevivência e colocada contra a parede. Chegara o momento de eu recuperar o meu poder e dizer "basta!" Senti-me aliviada. Finalmente eu optara por dar

164 | Os Relacionamentos Vistos Pelo Espelho

a mim mesma toda a compaixão que tentara desenvolver com relação a ele. Lembrando-me de que a harmonia não era o objetivo profundo daquele relacionamento, fui por fim capaz de acabar com aquele inferno que durara seis meses. Fiz a opção de salvar a minha pele e de dar a mim mesma a atenção e a ternura de que tanto carecia.

A VOLTA ÀS FONTES

A partir desse momento, todas as portas se abriram à minha frente. Encontrei um belo imóvel para alugar no campo, algo de que eu precisava muito para me refazer. Os três meses passados ali foram mágicos: fui muito bem acolhida pelas pessoas que me cercavam, conheci muitas pessoas novas e estimulantes, e os meus desejos se realizavam sem que eu tivesse de fazer qualquer coisa especial. Eu oferecera a mim mesma a dádiva de optar por mim mesma, e a vida me retribuía em cêntuplo. Que felicidade!

ESPELHO: "Finalmente, você reconhece a sua própria beleza interior! Você se deu conta de que Larry devolvia a você o reflexo dos aspectos do seu próprio ser pelos quais você julga a si mesma? Era necessário que você se visse diante de atitudes fortes como as montanhas para você tocar as sombras sutis do seu ser, que agora devem ser acolhidas graças à Luz que você traz em si mesma. Você finalmente compreendeu que só você pode suprir as suas próprias falhas. Resta agora integrar tudo isso."

Durante esse período, as negociações com Larry destinadas a desfazer o que tínhamos em comum foram marcadas pela tensão, mas acabaram por se suavizar. Ele não bebia desde que eu partira, e eu estava feliz por ele.

Numa noite em que deveríamos nos encontrar para acertar umas coisas, falamos também de nossas tomadas de consciência. Num dado momento, ele assumiu bruscamente um tom colérico. Senti a bolha de emoção e, dessa vez, deixei que o pânico viesse à superfície. Eu me sentia como uma menininha ameaçada e tinha medo, sem saber bem de quê. E ela chorava sem parar com grandes soluços. Larry me tomou nos braços e me consolou com carinho. Percebi de repente que aquela fora a minha VERDADEIRA reação diante de suas atitudes agressivas. Todas as aparências que eu tentara assumir com o objetivo de fazê-lo interromper os seus ataques tinham servido para manter longe de mim esse pânico que eu não sabia como gerar. Obrigada! Que belo presente!

Passados três meses, deixei com arrependimento o meu éden para voltar à nossa casa nos termos do nosso acordo. Larry, que deveria ter saído, não arrumara nada e, para completar, quebrara o braço direito no mesmo dia em que me mudei. Vi-me pois forçada a conviver com as coisas dele até que ele se restabelecesse. Isso foi um teste para mim. Revíamo-nos de vez em quando, pois sentíamos a necessidade de abordar o que vivêramos a fim de tornar mais brandas as coisas entre nós. Mas os conflitos voltaram a ocorrer, e compreendi que era preciso tempo para eu integrar o que era meu, porque na presença dele eu ainda me sentia deveras incomodada. Aquele homem tinha o poder de me desequilibrar. E como havia em mim algo que se deixava atingir, pedi-lhe que não entrasse mais em contato comigo depois de se mudar. O simples fato de eu mesma ter tido de empacotar as coisas dele me mostrou a que ponto eu me deixava invadir por ele. Eu tinha a nítida impressão de que ele possuía ganchos energéticos que se prendiam a mim.

ESPELHO: "Como você tem competência para ver as sombras que estão à sua volta! Mas saiba que não existe nenhum gancho capaz de se prender a você se os medos desse homem não estivessem em ressonância com os seus."

Nessa mesma semana, vários pequenos incidentes, todos com homens (inclusive com ele), trouxeram à superfície o meu sentimento de ser traída pelos homens. Aproveitei-me disso para liquidar conscientemente essa programação, bem como para reabilitar todos os seres masculinos no meu coração (ufa!).[7]

O ano seguinte, foi marcado por uma evolução espiritual sobremodo intensa. Meu verão me deu muitas certezas e eu agora desenvolvia o meu poder feminino. Deixei de lado uma boa parcela de racionalidade, e dei um lugar preferencial aos meus sentimentos e às minhas intuições. Um fato interessante: eu estava cercada por várias mulheres. Minha vida estava enriquecida sob todos os pontos de vista, exceto, é claro, no plano amoroso. Para minha grande decepção, Larry sempre me vinha à cabeça, o que me irritava. Eu tinha dificuldades para aceitar esse aspecto do meu ser. Isso implicava mais um mergulho profundo destinado a dissolver as dualidades restantes. Ao contrário do que ocorrera no passado, quase tudo transcorreu docemente no trabalho terapêutico de libertação que fiz com a ajuda de uma amiga. Eu já havia sido suficientemente atingida pelo sofrimento para ter compreendido que podia aprender e me libertar em meio à alegria, a sabedoria e a descontração.

Três palavras-chave me ajudaram a partir de então a tomar as minhas decisões: simples, fácil e alegre. Hoje, se esses elementos não estiverem presentes em alguma coisa, tomo isso como sinal de que devo deixar de lado uma dada escolha. Eu digo a quem quiser ouvir que essa é a minha nova religião e que ela mudou a minha vida. Obrigada à querida prima que me orientou para o caminho da alegria com essas três palavras mágicas.

A SAGA É RETOMADA COM MAIS SABEDORIA

Nessa época, eu me sentia bem mais firme, apesar de os meus pensamentos ainda se dirigirem de vez em quando para Larry, sobretudo quando ele me deixava uma mensa-

---

7. Contei essa anedota no Capítulo 1: *Os Acontecimentos Dão Indicações.*

gem na caixa postal. Resolvi acabar com a incerteza que vivia dentro de mim: ele ainda tinha efeito sobre mim? Mas hesitei, pois temia perturbá-lo como acontecera antes. Contudo, eu disse a mim mesma que a decisão de aceitar ou de recusar encontrar-se comigo era dele. O encontro foi cordial, e os assuntos não foram aprofundados, sem dúvida por prudência. Ele parecia bastante apaixonado por mim, apesar da presença de outra mulher em sua vida. Quando fui embora, eu estava apenas meio tranqüila.

ESPELHO: "Que bela arapuca você armou para apanhar a si mesma! Você vai se testar até se sentir afetivamente livre. Seja como for, se não fosse com ele você atrairia para si algum outro. Desde que vá até o fim naquilo que começou, não é?"

Os sonhos dos dias seguintes me falavam da minha dependência. Anotei: "Já não tenho necessidade dessa mulher dependente que há em mim. Não quero mais suportá-la. Tenho todo o necessário para assumir a responsabilidade por mim mesma, e disponho de toda a ajuda de que preciso."

Como eu pressentia, ele tentou a sorte de novo e foi à minha casa, sem me avisar, levando flores. Na verdade, eu julgava compreensível a sua necessidade de esclarecer as coisas comigo. Lembrando-me de meus encontros com o meu marido depois da separação, mantive-me receptiva, sabendo que os dois tínhamos ganho. Ainda mais que eu já não tinha o medo anterior de ser invadida por ele; e já tinha resolvido a questão do sentimento de ser traída.

Entrementes, ele deixara a outra mulher, e passamos a nos ver com freqüência cada vez maior. Permaneci à escuta de mim mesma. Quando os contatos se complicavam demais, eu me recusava a continuar. Quando me sentia incomodada, eu ia embora. Eu tomara a decisão de só aceitar o melhor do que podíamos nos proporcionar. Felizmente para mim, dessa vez eu tinha uma boa memória e três palavras mágicas para me guiar. Dei-me conta, por outro lado, de que Larry também avançava e que a energia entre nós se modificara. A despeito disso, nossa relação permanecia frágil e complicada; tínhamos dificuldades para nos compreender, pois cada um de nós sempre via os aspectos opostos de toda a situação. É preciso dizer que os nossos signos do zodíaco são opostos!

A relação era desigual: momentos de felicidade mesclavam-se com incompreensões e com momentos de frieza. O que nos levava a continuar a procurar, dado que víamos com clareza que éramos capazes de ficar em harmonia. Às vezes Larry tinha dificuldades para aceitar a minha nova autonomia. Ele tinha reações de vítima que eu identificava com toda a clareza, sobretudo depois que eu saíra da minha condição de vítima... Ele experimentava a meu ver o outro lado de sua medalha de carrasco. Mas eu aprendera a não fazer as vezes de terapeuta com ele, o que ele apreciava. Eu o deixava debater-se, porque toda vez que ele fazia alguma alusão, eu constatava que ele se recusava a entrar em contato com a parte envolvida do seu ser. A sua maneira de dramatizar a mínima coisa, tentando ao mesmo tempo jogar nas minhas costas, fazia que eu testasse os meus limites de tolerância. A situação foi ficando penosa para mim, e resolvi mais uma vez me afastar.

Dessa vez, despedimo-nos com doçura e ternura, confessando de novo que as nossas personalidades eram difíceis de reconciliar. Chorei muito, pois sofria ao ter de abandonar tudo o que houve de maravilhoso entre nós naqueles últimos meses.

Mal se passara um mês e voltamos a nos encontrar por acaso. Nossa conversa foi toda cheia de ternura. Voltando para casa, fiquei com a cabeça entre as mãos, dizendo a mim mesma que a coisa toda iria recomeçar mais uma vez. Tentei contar o número de vezes e desisti. Depois de uma noite que me trouxe conselhos, olhei-me bem dentro dos olhos e disse: "Veja todas as lições que você aprende com esse relacionamento conturbado. Pare, portanto, de se julgar por 'cair' e encare a questão de outro ângulo. Você poderia ter aprendido todas essas coisas com homens diferentes, mas a sua alma preferiu prosseguir com o mesmo homem. Que importa se você tiver de se deixar levar mais dez vezes? Cada vez que você retoma o relacionamento, você o faz com uma nova base; por isso, mergulhe e vá até o fundo. Liberte-se de toda forma de retenção que ainda possa ter e jogue nesse relacionamento todo o seu amor."

ESPELHO: "Bravo! Agora você fala como eu. Você está quase prescindindo da minha ajuda. Deixo a você a surpresa das próximas descobertas."

Esse vislumbre afastara de mim todos os vestígios de má consciência e todo o medo dos julgamentos (para não falar das zombarias). Eu estava, mais uma vez, pronta para me abrir com humor ao enésimo episódio da nossa, a partir de agora, lendária saga. Eu sentia que o sofrimento já não se apegava à minha pele ou, melhor dizendo, ao meu coração. Comprometi-me então comigo mesma a fazer todas as minhas opções em primeiro lugar por mim, e não me sentia pressionada a instalá-lo na minha vida em tempo integral. Eu sentia de ambas as partes o desejo de resolver cada um dos conflitos que se apresentassem. No início, tivemos muitas vezes de nos afastar por um ou dois dias, e depois conseguíamos identificar os medos, as expectativas e os mal-entendidos. Caminhávamos para o respeito mútuo. Eu, de vez em quando, ficava impaciente e com o nível de energia em baixa, porque eu adoraria que o processo avançasse de maneira mais rápida.

Voltava-me à lembrança o que eu lhe dizia quando vivíamos juntos: "Tenho de ensinar a você sobre o plano interior e você tem de me ensinar sobre o plano material." Eu podia aproveitar melhor a experiência dele e o seu senso natural das coisas depois de ter perdido a minha insegurança material e depois de ele ter passado a uma abordagem mais delicada. Eu também apreciava e admirava o jeito simples e caloroso de entrar em contato com as pessoas. Eu via agora nele os aspectos positivos do meu pai, e essa era uma sensação agradável e reconfortante. Em contrapartida, nem sempre havia um verdadeiro êxtase para mim nas nossas relações sexuais.

Minha prudência me dizia para não me envolver por inteiro antes que isso ficasse resolvido. Alguns assuntos continuaram a ser tabus entre nós. Além disso, devo dizer

168 | Os Relacionamentos Vistos Pelo Espelho

que Larry tinha fortes reações quando se tocava neles. Essas reações desproporcionadas me deixavam a um só tempo morrendo de raiva e curiosa. Mas não tinham nenhuma relação com as reações emocionais de antes. Trabalhando com o meu espelho..., comecei a considerar as reações de Larry um reflexo da minha energia masculina interior. Descobri que ele reagia em domínios nos quais eu confiava na minha intuição e na minha força feminina recuperada. Compreendi então que o meu homem interior, habituado a levar a vida a partir de seu lado racional, se dava conta de que não dispunha de todo o controle. Por meio de meu amigo, ele falava em altos brados de seu medo de se entregar ao meu poder criador, sem compreender tudo. Essa era a razão pela qual Larry questionava ou ridicularizava as coisas que eu dizia.

Essa descoberta criou em mim uma nova compaixão, que tinha por objeto, a um só tempo, Larry e a parte masculina de meu ser. Era a partir de agora impossível julgá-lo sem simultaneamente me condenar. Fiquei fascinada com essa reviravolta na minha visão do casal. Eu usava agora o outro como um espelho deveras fiel do meu aspecto masculino. Alguns elementos disso me agradavam enquanto outros desagradavam. Cada vez que eu não me sentia bem diante daquilo que ele manifestava ou expressava, eu me apressava a procurar em mim a ressonância.

O resultado foi inesperado. Adquiri uma visão muito clara de nossas modalidades inconscientes de defesa e, sobretudo, não me deixei mais influenciar pelas dele. Seus métodos de intimidação e suas tentativas de manipulação já não me atingiam. Sempre que ele não falava comigo a partir do coração, eu percebia isso e o via instalar o seu sutil sistema de dominação. Depois de ter observado com uma lupa o meu próprio mecanismo inconsciente de dominação, adquiri grande capacidade de percepção do mecanismo dos outros, bem como de não participar do seu jogo.

Paralelamente a isso, eu exibia reações para as quais não encontrava explicação. A ternura sempre me convinha, mas eu tinha cada vez menos atração pelas nossas relações sexuais. Eu tirava o caráter dramático disso apelando para o seguinte fenômeno: minha resistência à felicidade, porque isso acontecia num momento em que tudo ia bem entre nós.

No mês seguinte, apareceram vários sintomas físicos em mim (alguns deles semelhantes aos da menopausa)[8], a que se somaram algumas inquietantes reduções da minha energia. Uma parte inconsciente de mim sentia algo que a levava a assumir uma atitude neutra, atitude de dar tempo para que as coisas acontecessem? Algumas reações súbitas e desmesuradas de Larry diante da minha recusa a fazer o seu jogo, bem como diante das minhas palavras e decisões, me faziam suspeitar de uma bomba-relógio, como se algo estivesse prestes a explodir. Além disso, era preciso de fato admitir que, apesar dos progressos que fazíamos e do prazer que sentíamos por estar juntos, eu não me sentia satisfeita nem engrandecida nesse relacionamento para ter vontade de me envolver nele. Eu encarava tudo com uma atitude filosófica e deixava a tempestade amainar. Será que ele estava em crise por não ter mais condições de ter poder sobre mim? Isso por certo não era consciente da parte dele. Quando ele tentava me responsabilizar pelos seus infortúni-

---

8. Indícios plausíveis para mim, que já me aproximava dos 50 anos.

Os Amores, Meu Cavalo de Batalha | 169

os, eu permanecia calma e sem emoções, o que tinha o dom de deixá-lo ainda mais irado. A cada vez eu me distanciava por uns dias, dizendo a mim mesma que ele acabaria por se reequilibrar. Tive o apoio da presença de minha irmã, que me visitava por algumas semanas (que sincronismo!), o que impedia o meu lado "dependente afetiva" de me levar a contrariar as minhas próprias decisões interiores.

Na verdade, eu simplesmente decidira honrar a sabedoria do meu corpo e a não me impor racionalmente coisa alguma, motivo pelo qual distanciei-me por algum tempo. Como eu só vi Larry nessas últimas semanas apenas por curtos períodos, não tivemos nenhuma relação íntima e, curiosamente, todos os meus sintomas desapareceram de modo indubitável. Estourei de rir ao tomar consciência de que os meus esquentamentos noturnos e a redução do apetite sexual, atribuídos à menopausa, me forneciam uma razão "lógica" para manter Larry à distância. Pedi perdão ao meu corpo sábio por não lhe ter dado ouvidos mais cedo. Comprometi-me a não esperar compreender para agir. Depois de tanto tempo vivendo com este corpo, eu finalmente me dava conta de que é por ele que passa a expressão da sabedoria que há em mim. Obrigada. Eu rezava para não me esquecer dele. Quanto à menopausa, eu dizia a mim mesma que um dia desses ela iria me atingir. A pobre menopausa! Quanta coisa as mulheres não lhe jogam nas costas! Acho que ela muitas vezes serve de cortina de fumaça atrás da qual dissimular emoções e frustrações as mais diversas.

Depois de um mês dessa dieta, que para o meu amigo certamente era de pão e água, ao preparar uma conferência sobre o casal, meus olhos deram com uma passagem de livro muito interessante. O autor[9] falava das disputas que ocorrem "quando vai tudo bem", e mencionava que o aumento da confiança entre dois seres com freqüência favorece o afloramento de mágoas profundas que em outras circunstâncias permaneceriam ocultas. Pensando em Larry, que costumava sentir-se atacado, rejeitado, uma vítima (era eu quem lhe dizia isso), julguei que aquilo dava muito sentido às coisas que aconteciam conosco. Fui levar à casa dele fotocópias do livro acompanhadas de uma carta em que lhe dizia substancialmente: "Chegou a sua vez de curar as feridas; passei por isso e posso ajudar você, demore o tempo que demorar. Confio em você e o amo." Ele não estava e havia um carro que eu não conhecia estacionado na entrada. Achei que ele devia ter saído com alguma mulher.

Dias depois, Larry adoeceu e teve de ser hospitalizado. Quando falei com ele ao telefone, ele mencionou a minha carta. Aos seus olhos, eu o responsabilizava pelo que não dava certo entre o casal, mostrava desprezo com relação a ele e não parava de desvalorizá-lo. Coitado! Ele não entendera nada; não admira que estivesse doente! Eu lhe disse que pretendia fazer-lhe uma visita no hospital. À noite, ele fez chegar aos meus ouvidos, por meio de outra pessoa, que se recusava a me ver; e ao mesmo tempo me levou a saber que a sua nova amiga cuidava dele. Isso pouco me surpreendeu, e eu constatei que ele adiara mais uma vez o mergulho em suas feridas. Larry fizera a sua escolha, conscientemente ou não, e eu lhe desejava, do fundo do coração, o melhor.

---

9. Gray, 1994, *Les hommes viennent de Mars, les femmes viennent de Vénus*, último capítulo.

170 | Os Relacionamentos Vistos Pelo Espelho

Isso me levou a recordar o meu encontro com ele apenas depois de alguns dias de eu ter me separado de Alfred. É óbvio que a vida lança no nosso caminho exatamente aquilo de que precisamos para evoluir, com ou sem a concordância da parte mental do nosso ser. Quanto a mim, o fato de ter sido Larry quem rompera dessa vez me indicava ser esse o último capítulo e que chegara o momento de fechar o livro. Mas nunca se deve dizer nunca! Na realidade, eu não senti muito; era como se o luto tivesse sido vivido de antemão. Em contrapartida, se o amante não me fazia falta, a pessoa atraente que ele era fazia, e eu tinha por ele um sentimento deveras doce. Para minha felicidade, não senti no momento rancor nem amargura. Creio que a minha alma terminara o que tinha a fazer com relação a Larry. Mais um ser de quem eu devia me afastar.

Esse inacreditável novelão ocupara quatro anos da minha vida. Meu balanço final foi bastante positivo: "Tendo enfim conseguido me libertar dos meus medos e de minhas resistências, eu fizera aflorar a luz e o amor que me habitavam ao mesmo tempo que fazia uma opção prioritária por mim. A vida se encarregou do resto. A luz dissipa a sombra e desfaz os obstáculos. Finalmente, estou livre. Obrigada."

Quanto às minhas sombras, o meu espelho, agora consciente, fazia que eu me expressasse como o fazem os ex-alcoólicos: "Estou me curando da dependência afetiva. Se eu tiver o mínimo descuido, a 'doença' pode voltar a se manifestar enquanto a cura não for completa. É preciso manter a vigilância, e a vida mais uma vez vai se encarregar de me testar, assim como a história terá a incumbência de verificar se a lição foi de fato assimilada. Agora, o meu aprendizado apresenta um componente de alegria — que diferença!"

Depois que compreendi que as relações amorosas têm o objetivo de fazer que eu descubra e aceite quem eu sou, tenho para com todas as minhas experiências uma atitude de gratidão. Tenho um verdadeiro afeto por todos os homens que me acompanharam durante períodos de tempo variados. Sei que, no plano divino, a duração de uma aprendizagem não tem a mínima importância, porque o único fator relevante é a evolução do Ser. Sei também que, em cada um desses relacionamentos, as duas almas envolvidas tinham dado o seu pleno consentimento. E é isso que me permite afirmar hoje:

> **Nenhuma pessoa jamais foi, jamais é e jamais será vítima de quem quer que seja.**

Quando se compreende essa verdade implacável, começa-se a ver com outros olhos cada um dos relacionamentos presentes e passados. Naturalmente, esse princípio se aplica a todas as outras modalidades de relacionamento: familiares, de amizade, profissionais ou sociais.

Vocês conseguem perceber as fabulosas implicações dessa nova consciência?

Isso significa que podemos reabilitar todos os homens e todas as mulheres que tiveram um papel na nossa vida. Sendo consideradas por nós participantes (ativos ou passivos) da nossa evolução, essas pessoas se vêem livres de seus aspectos negativos. Elas voltam a ser o que de fato são: seres humanos em busca de amor e de liberdade.

> **Aceitar a responsabilidade pessoal que temos, num nível profundo, por todos os relacionamentos pelos quais passamos desencadeia automaticamente um perdão libertador, porque isso faz que desapareçam todos e quaisquer culpados.**

Simplesmente porque deixa de existir um juiz...

Aprendi tudo isso de modo especial por meio das minhas movimentadas experiências amorosas. Outras pessoas o fazem em domínios diferentes da vida, muitas vezes depois de se verem às voltas com circunstâncias dramáticas. Pouco importa por onde se comece: uma vez integrada a noção de responsabilidade, a aplicação é feita a todas as outras esferas da vida, e é a nossa visão de mundo que passa por uma integral transformação.

Imagine uma existência sem ressentimentos! Pais perfeitos, cônjuges perfeitos, filhos perfeitos, e assim por diante. A palavra perfeita faz você reagir? Se você acredita que uma situação não é perfeita, porque o fez sofrer ou ainda faz, desista de descobrir a que resistir.

Essa é a receita mais simples que já encontrei para eliminar o sofrimento da minha vida. E essa receita funciona!

O relacionamento amoroso que mantenho agora é um sentimento tão doce quanto profundo entre dois seres que se respeitam mutuamente, que admiram um ao outro e que partilham a sua completude. Obrigada, Vida!

5

O Mundo Animal

UM ESPELHO COM A IDADE DO MUNDO

A ASSOCIAÇÃO ENTRE O temperamento dos seres humanos e o dos animais não é recente. A astrologia mais que milenar, os hieróglifos egípcios e a sabedoria ameríndia, para ficar nesses exemplos, referem-se a ela amplamente. A mitologia também lhe atribui grande importância.[1] Se o simbolismo estudado pelos povos da Antigüidade chegou até nós, deve haver em tudo isso algum significado, uma mensagem a descobrir. Por infelicidade, nossa ligação com a natureza é bem menor do que a de nossos ancestrais longínquos. Mas por certo podemos nos inspirar em seu legado e desenvolver à nossa maneira uma compreensão de nosso vínculo com o mundo animal. Na companhia dos animais, temos mais uma bela oportunidade de deixar que sejam projetados na nossa consciência aspectos por vezes insuspeitados e muitas vezes reprimidos a ponto de estar fora do alcance de nós mesmos.

Lembro-me de caricaturas que ilustravam várias pessoas passeando com o cão preso à coleira. O desenhista divertia-se fazendo que o tipo de rosto de cada pessoa correspondesse ao do respectivo cão. O resultado era surpreendentemente verossímil. Depois, observando as pessoas ao redor, descobri que em alguns casos essa era uma perturbadora evidência! Perguntei a mim mesma se as pessoas se davam conta disso. É bem conhecido o fato de que vemos com clareza bem maior a realidade alheia. A diferença reside no distanciamento que é permitido por uma visão global e, sobretudo, mais neutra.

Os animais fazem parte do cotidiano dos seres humanos. São às vezes companheiros domésticos, como o gato e o cachorro. São também parte inte-

---

1. Pode-se consultar, no tocante a isso, um dicionário de símbolos.

grante da natureza, como os pássaros, as abelhas e os pernilongos. São ainda criados para servir de alimento. Alguns são usados por causa de sua força ou agilidade, ao passo que outros são confinados em zoológicos e se tornam objeto da curiosidade humana. Uns quantos inspiram medo, não só às crianças como também aos adultos.

É praticamente impossível negar a presença dos animais na nossa vida. Quer os tenhamos escolhido quer eles se tenham feito aceitar por nós, os animais suscitam em nosso ser, muitas vezes, reações emocionais. Que apaixonante objeto de observação para a pesquisadora da verdade que sou!

Devo contudo confessar que esse interesse só se manifestou em mim depois de certo período de integração com a teoria do espelho. É fácil compreender que as páginas a seguir possam conter idéias um tanto forçadas aos olhos de pessoas pouco familiarizadas com essa abordagem. Dito isso, desejo sinceramente partilhar as minhas descobertas por terem elas sido reveladoras para mim, podendo por isso o ser também para outras pessoas.

Tal como ocorre no domínio dos relacionamentos entre os seres humanos, estou longe de pretender esgotar a questão. O seu estudo poderia ser tão vasto quanto diversificado se se considerar a grande variedade de animais existentes, o que se alia às inúmeras interações possíveis entre os seres humanos e os animais.

Minha reflexão baseia-se principalmente na minha experiência pessoal, e o meu objetivo aqui é fornecer elementos exploratórios a quem deseje usá-los como instrumentos. Claro está que tudo é relativo e requer adaptação às condições de cada pessoa. Mais uma vez, recorro à intervenção direta do espelho em algumas ocasiões, a fim de ilustrar uma consciência das coisas que só se desenvolveu em mim depois de eu ter passado pela experiência.

Eu qualificaria o meu contato com os animais como cordial. Não julgo ter pelos animais uma atração ultra-especial, ao contrário do que pude observar em outras pessoas. Tendo criado a minha família no campo, tive, como todos os moradores, cães e gatos, companheiros mais comuns dos seres humanos. Minhas reações a esses dois quadrúpedes sempre foram muito diferenciadas, e constatei que o mesmo acontece com a maioria das pessoas. Preferimos um ou outro por motivos bem diferentes, seja ou não costumeiro nos aproximarmos deles. A partir dessa constatação, e baseando-me nessas preferências, julguei interessante observar a semelhança entre o comportamento desses

> Um animal, na sua qualidade de companheiro de todos os dias, pode refletir para nós comportamentos que temos, assim como provocar em nós diversas reações.
> Por essa razão, é muito instrutivo jogar com os animais o jogo do espelho.

174 | Os Relacionamentos Vistos pelo Espelho

dois animais e o nosso comportamento, seres humanos, que dizemos ser superiores.

O CÃO

O cão é um animal fiel e devotado, corajoso e leal, pronto a correr riscos para defender uma causa nobre (basta pensar na famosa Lassie da televisão). Ele pode inspirar medo quando não o conhecemos, quando na realidade é a maior parte do tempo sensível e afetuoso. Ele muitas vezes é ansioso e inquieto, porque em inúmeras ocasiões deve se encarregar de montar guarda com os seus olhos vigilantes e seu ouvido apurado, sem falar de seu lendário faro. Quando se mostra agressivo ou em atitude defensiva, o cão o faz menos por maldade do que por ter uma causa a defender.

Diz-se do cão que é o companheiro por excelência, porque ele não procura roubar a cena. Seu prazer vem mais do fato de ser útil, tendo ao mesmo tempo grande necessidade de que demonstremos a nossa apreciação por meio de atenção e de carinho. Ele também necessita de estímulo exterior para se manter ativo. Se não é bem tratado, logo fica com um ar lastimável que deu origem às expressões "cachorro mordido por cobra tem medo de lingüiça" ou "estar com o rabo entre as pernas".

De minha parte, sempre julguei os cães demasiado dependentes e cheios de solicitações; nunca senti muita afinidade com eles. Apesar de o meu contato se ter resumido aos cães de fazenda, que passam a maior parte do tempo fora da casa, há alguns anos eu me vi diante de um tipo totalmente diferente de experiência.

Quando comecei a ir à casa de Larry, ele tinha um cão que o seguia a todo lugar. Na casa de Larry, não se podia dar um passo sem ter esse animal nos calcanhares. Se nos sentássemos, ele se aproximava e pedia carinho. Ele se instalava para passar a noite. Pulava na cama. Se íamos sair de carro, ele era o primeiro a se aboletar. Sem falar nos passeios que fazia com o Cavalheiro preso à coleira. Senti-me ainda pior porque tudo isso parecia bem natural ao meu novo amigo. O cachorro me irritava, invadia o meu espaço com a sua onipresença e a sua constante necessidade de atenção. Não consegui deixar de vincular a atitude invasiva de Larry com relação ao cachorro e a deste com relação a ele. Enquanto Larry não parecia nem um pouco incomodado pelo comportamento do animal, eu tinha fortes reações com relação a Larry; eu fazia tudo para reconquistar meu espaço vital. Eu tinha igualmente de mostrar meus limites quanto à presença constante de seu companheiro quadrúpede.

Na época desses acontecimentos, eu tinha facilmente chegado a usar o espelho com respeito à realidade dos outros e começava a fazer perguntas relativas a mim mesma. Eu me perguntava o que aquele cão viera fazer na minha vida, mas não descobria resposta, ocupada como estava em reagir às diversas dependências de meu parceiro. Depois aprendi a me servir do espelho de maneira mais sadia e bem mais gratificante. Eis como procedo agora.

À luz das diferentes características citadas do cão, e de muitas outras que se podem acrescentar dependendo da raça do cão observado, é interessante estabelecer um paralelo entre ele e nós. Algumas perguntas úteis são:

1. O que eu mais gosto e o que eu mais detesto no comportamento dos cães?
2. Tenho atitudes positivas e negativas que se assemelham às do cão?
3. O que pensam disso as pessoas que me conhecem bem?
4. Sinto-me à vontade com a idéia de poder ter semelhanças com um cão?
5. Preciso cuidar de algum ser ou, ao contrário, de que algum ser cuide de mim?

É claro que esse tipo de questionamento só tem utilidade quando nos sentimos afetados pela presença ou pelo comportamento de um animal. Com o passar dos anos, observei como trabalha a nossa consciência superior; ela usa como instrumento de evolução todas as coisas que a vida cotidiana põe à nossa disposição.

Lembro-me de uma situação vivida por um casal bem simpático que era meu vizinho. Os dois membros do casal tinham uma carreira florescente, e sua vida conjugal parecia harmoniosa. Não tendo filhos, eram especialmente apegados a seus dois adoráveis cãezinhos. Não obstante, os animais tinham às vezes comportamentos bem incômodos, tanto para eles como para os vizinhos. Como estava afastada a possibilidade de se desfazer dos cães, eles eram forçados a pensar em soluções, bem como a se questionar sobre o motivo de haver esse problema em sua vida. O amor que eles tinham pelos animais servira de alavanca para impeli-los a ter uma consciência mais profunda do que de fato acontecia.

É bom terminar reconhecendo que tudo o que acontece conosco deve ter, de alguma maneira, relação conosco. Evoluímos a partir dos obstáculos que encontramos pelo caminho, pois procuramos, todos e todas, o máximo de harmonia em nossa vida. A alma sabe por instinto que o equilíbrio é o seu estado natural. Por menor que seja o nosso contato com a nossa realidade interior, ela nos torna criativos para nos ajudar a reencontrar a harmonia.

Diz-se muitas vezes que a felicidade aqui na terra não é perfeita e que sempre há um elemento destoante. Quero crer que tudo o que não é perfeito torna-se perfectível. Quanto mais se amplia a minha consciência, tanto mais compreendo até que ponto cada detalhe do meu cotidiano pode contribuir para a minha felicidade. Por isso aprendi a usar o menor obstáculo e a menos intensa emoção para me questionar sobre os meus limites e sobre as minhas inseguranças. Desse modo, construo o meu equilíbrio pedra por pedra.

> Quanto mais resolvemos no nosso íntimo aquilo que nos incomoda no exterior, tanto menos há coisas dotadas do poder de nos afetar.

O GATO

Prossigamos a nossa reflexão com outro encantador companheiro, o gato.

A principal característica do gato é, por certo, a independência. Sua capacidade de estar só contrasta com a necessidade de companhia do cão. Sua discrição e autonomia impedem que ele se torne em algum momento um peso. O apego afetivo não é a sua razão de ser; ele se interessa especialmente pela sua própria harmonia. Para ter paz, o gato é levado antes a contornar os obstáculos do que a enfrentar os problemas de frente. Ele adora o distanciamento. Vemos esse animal muitas vezes enrodilhado num lugar a partir do qual sabe tudo o que se passa ou a partir do qual poderá aproximar-se quando achar por bem. O gato se afasta decididamente quando alguém quer fazer carícias que ele não deseja receber; em contrapartida, quando se dispõe a ser acariciado, ele o deixa saber de maneira inequívoca. O gato não gosta nem um pouco da agitação ou da mudança por causa de sua natureza ultra-sensível. Pode mostrar-se suscetível, distante e cheio de segredos ainda que seja muito sociável e hospitaleiro.

As qualidades mediúnicas do gato são conhecidas desde a noite dos tempos. Ele foi usado como guardião energético nos templos e, num domínio menos lembrado, como companheiro das bruxas. Suas faculdades telepáticas elevadas lhe permitem sentir o que vivem as pessoas que o cercam. Diz-se que o gato é dotado da capacidade de captar os elementos negativos que advêm das emoções humanas e de transmutá-las durante o sono. A sua relação com o ser humano ocorre num nível deveras sutil quando se tem com ele uma boa relação: podemos chamá-lo em pensamento, e ele aparece.

Para aplicar o jogo do espelho, podem-se usar as mesmas perguntas do exemplo do cão, com algumas variações.

Tive uma experiência particular com dois gatos, experiência que tornou bastante receptiva e desenvolvida a minha sensibilidade quanto ao papel dos animais na nossa evolução.

Macho e fêmea de uma mesma ninhada e com menos de dois meses, os dois estavam agarrados um ao outro diante da minha porta. Como tinham ido parar lá? Várias centenas de metros separavam a casa da rua. De um lado, recusaram-se a nos deixar chegar perto e, do outro, não queriam ir-se embora. Terminando por considerá-los um presente da vida, comecei a alimentá-los. Nos dois primeiros meses, o único momento em que eu podia tocá-los era enquanto comiam. Eles se mostravam bem medrosos e até agressivos, o que me fez pensar que deviam ter sido maltratados.

Quando criança, tive por um período de tempo bem curto um gato pequenino no qual eu punha as roupas de minhas bonecas e que levava a passear num carrinho de rolimã. Sorrindo com essa doce lembrança, imaginei que estava longe o dia em que teria essas gratificações com os meus dois novos pensionistas. O que tinha eu a aprender ao acolhê-los? Cedo compreendi que eles podiam representar aspectos de mim que precisavam ser acolhidos: uma fêmea para o meu lado feminino e um macho para o meu lado masculino.

Comecei a me divertir com observá-los. A atitude tímida deles me remeteu às minhas vulnerabilidades, as partes de mim que haviam sido atingidas por mágoas. A fêmea mostrava-se dócil e frágil. Com o passar do tempo, tornou-se mais afetuosa, embora às vezes se queixasse. A aproximação do macho foi mais lenta e exigiu de mim grande perseverança. Ele continuou arisco, obstinado e bem mais autônomo do que a fêmea. Quando um ou outro miava sem parar, sem saber bem o que queria, eu entrava em mim mesma e perguntava à parte correlativa de meu eu o que não estava correndo bem. Eu sempre encontrava alguma coisa, sem chegar a dizer que as descobertas que fazia me alegravam... A quem agrada deter-se nesses aspectos desequilibrados? Mas esse foi o trabalho consciente que eu decidira fazer por intermédio deles. Cuidar dos meus gatos com essa consciência equivalia a cuidar de mim mesma. Aprendi a atribuir a mim mesma mais doçura e a aceitar as minhas próprias vulnerabilidades. Comecei a melhor compreender e aceitar as minhas necessidades de distância e de acolhimento, que tinha dificuldades de avaliar, dada a minha natureza sociável.

Os meus dois amigos também me deram vários presentes. Vi-os tomar para si sintomas físicos meus, um dia uma febre, noutro dia uma infecção, o que tornava os meus sofrimentos bem mais benignos e suportáveis. Aprendi aos poucos a descobri-los, aceitando muitas vezes ficar estupefata com o sutil papel que aqueles animais desempenhavam. Tomei consciência das muitas funções dos gatos junto aos seres humanos. Creio que tudo isso começou quando admiti que eles podiam me ensinar alguma coisa a respeito de mim mesma. Tornei-me receptiva à idéia de que eles eram guiados por um instinto criado e orquestrado pelas Leis Divinas.

Muitas vezes, nos meus seminários de grupo, eles me assistiram no meu trabalho de cura. Seu instinto os guiava a se postar num determinado lugar ou nas proximidades de alguma pessoa específica; eles absorviam as vibrações desarmoniosas. Deveras sensíveis a presenças invisíveis, eles me ajudaram mais de uma vez a purificar a energia de uma casa. Formavam uma real equipe de limpeza num nível sutil.

Dois instintos opostos

Distanciando-me, compreendo que o cão e o gato têm papéis utilíssimos, ainda que distintos, na vida dos seres humanos. Desenvolvi por eles um grande respeito, pois reconheço que, estando próximos de seus respectivos instintos, podem me ensinar a seguir o meu. A sua natureza profunda me remete a dois aspectos opostos de meu ser, como por certo ocorre com relação à maioria das pessoas.

No passado, levei muitas vezes em conta as preferências das pessoas com relação a esses dois animais, com o objetivo de determinar com que tipo de pessoas estava lidando.

Pelas minhas observações, as pessoas que preferem os cães gostam de ter companhia, costumam ficar mais ou menos tranqüilas diante da solidão e podem sofrer de algum tipo de dependência afetiva. Elas adoram dar e receber afeto de maneira incansável. Além disso, precisam sentir-se senhoras da situação e de que as coisas funcionem à sua maneira. Nos melhores casos, o ser humano e o animal tornam-se amigos inseparáveis num relacionamento em que não há dominador nem dominado.

Essas pessoas dizem às vezes dos gatos que são fingidos, achando a sua companhia frustrante porque eles só se deixam acariciar quando têm vontade. Elas tendem a considerá-los preguiçosos, dado que os felinos passam longos períodos deitados.

As pessoas que preferem os gatos demonstram, pelo contrário, uma natureza independente. Não gostam que lhes digam o que fazer e dão preferência a agir com os seus próprios recursos, dado que valorizam a autonomia. Têm horror de que alguém dependa deles e necessitam de muito espaço vital. Dizem por vezes dos cães que eles seguem as pessoas sem parar e lhes pedem incessantemente atenção, além de não serem capazes de ficar sozinhos.

Não é interessante constatar que somos atraídos pelos seres e pelas situações que correspondem àquilo que somos? Isso é o espelho.

Reconheço que essas descrições nada têm de exaustivas, não podendo servir para catalogar as pessoas, mesmo que contenham elementos verdadeiros, desde que consideradas no seu nível de generalidade.

Uma desafiadora descoberta

Nesses julgamentos pessoais que me diverti em apresentar, identifico-me com os amantes dos gatos, ao mesmo tempo que digo a mim mesma que prefiro a companhia de pessoas autônomas à de pessoas dependentes. Até o dia em que um encontro muito específico me fez... latir!

Ocorre que, como a vida gosta de ironias, o meu signo no horóscopo chinês é o cão. Tendo herdado um livro de astrologia chinesa, percorri com muito pouca curiosidade as páginas que se referiam a mim. Na minha opinião, no máximo um terço da descrição se aplicava à minha natureza.

> Quando estamos na frente do espelho, só vemos aquilo que nos apraz contemplar.

O verdadeiro confronto ocorreu quando eu preparava com uma amiga um seminário de crescimento pessoal. Essa amiga, muito inspirada, teve a idéia de usar um animal para nos ajudar a descobrir os aspectos sombrios e negados da nossa natureza, a besta interior, como a chamam muitas pessoas. Embora achasse a idéia genial, resisti a fazer o exercício com ela naquele momento, tendo começado a sentir uma tensão ameaçadora. Mais tarde, as perguntas do exercício me voltavam à lembrança sem cessar, e a "besta" tomou forma. O orgulho do felino que sou viu o canino entrar em cena com um ar altivo e desdenhoso. Enquanto o triste "vira-lata" (meu aspecto animal negado) só queria ter reconhecidas as suas tão legítimas necessidades de afeto, a outra parte de mim, o cão de guarda autônomo, lançava um severo julgamento dessas necessidades como algo degradante: ter de implorar carinho, que coisa horrorosa! Deus me livre disso!

Espelho: "Pois é! Seu poço de orgulho! Mantenha o nariz empinado, fazendo de conta que não precisa de ninguém!"

Não tenho nenhuma dificuldade para admitir que eu sou um ser sociável e que sempre fiz parte de grupos, apesar da minha necessidade de me equilibrar na solidão. Sei que também tenho, do cão, o apego e a fidelidade às pessoas que amo.

Espelho: "Mas o aspecto que você sempre se recusou a encarar de frente é a sua dependência amorosa. Você não fica sentindo falta de alguma coisa quando não há um homem na sua vida?"

Você acertou na mosca! Eis o aspecto de minha vida no qual me sinto mais vulnerável.

Espelho: "Grande descoberta! Você combate a sua própria natureza profunda. Quando vai reconhecer a necessidade de ser mimada por um homem? Você bem sabe que essa necessidade existe, mas a julga inadmissível! Pare de ver somente o cão espancado e acolha a dignidade desse aspecto de seu ser. Veja que é na verdade ele que forma a base de sua fidelidade e confiabilidade. Não é nenhuma vergonha reconhecer as próprias fraquezás. Eu bem sei o que lhe faz medo! Você tem medo de que, se se tornar receptiva a receber bastante amor, venha a ser magoada e traída como no seu passado remoto! Sua linguagem verbal diante dos homens, no estilo 'é favor não chegar muito perto', é uma proteção contra o sofrimento que faz você sofrer de qualquer maneira, dado que a afasta de sua real precisão de proximidade e de calor humano."

Uma parte de mim já sabia de tudo isso, mas eu ainda não aceitara acolher essa realidade com amor e compaixão por mim mesma. Comecei a lançar aos cães e às pessoas que gostam deles um olhar mais doce. Nas primeiras ocasiões em que fiz a experiência de me associar à descrição do começo, o meu ego estremeceu: "Eu, dependente? De modo algum!" E, pouco a pouco, fui relativizando a palavra "depender", porque ela só é uma vilã se a julgarmos como tal. Em outras circunstâncias, ela simplesmente faz parte da condição humana. Seja como for, a felina que há em mim permanece muito presente.

Assim, da minha batalha interior entre cão e gato, passei gradualmente ao companheirismo cordial...

Durante os seminários, observei que todos e todas tinham de início uma reação de certa recusa, e mesmo de negação, diante dos aspectos sombrios da besta; um desgosto de ver que há no seu ser alguma coisa considerada vil ou monstruosa. Resistimos a examinar o outro lado da nossa "moeda". Contudo, de acordo com a sabedoria popular: temos os defeitos de nossas qualidades. Resistimos ainda a admitir publicamente esses defeitos; isso nos imuniza da vergonha ou da justificação que adviriam da ação alheia de nos lançá-los ao rosto.

> Divertir-se com os próprios defeitos é o método mais agradável que encontrei para evitar dramatizá-los.

Mas não vá pensar que sempre consigo fazer isso! O ego tem o poder de nos fazer brincar de esconde-esconde com os nossos defeitos. Para a infelicidade dele e a nossa felicidade, sempre aparece uma alma "caridosa" para nos pôr o espelho diante do rosto e dizer "olhe então para si mesmo" ou, alternativamente, "eu vi!". Pouco importa se o outro usa o espelho com boas ou más intenções; cabe sempre a nós a escolha de dar uso às informações recebidas de modo construtivo.

> Quando consideramos todo comentário sobre nós mesmos como uma oportunidade de nos aproximar da nossa própria verdade, começamos a acolher as críticas como dádivas.

O *Mundo Animal* | 181

Eis um presentinho destinado a pessoas que estejam prestes a olhar de frente no seu espelho "bestial".

EXERCÍCIO COM UM ANIMAL

A escolha do animal pode ter como parâmetro a astrologia chinesa, de acordo com o ano de nascimento. Pode-se também escolher ao acaso uma carta no jogo de cartas de inspiração ameríndia conhecido como Cartes Médecine.[2]
É preferível fazer esse exercício por escrito.

1. Antes de tudo, descreva detalhadamente como é e como vive esse animal.
2. Imagine em seguida que ele observa a sua vida e faz comentários sobre as diferenças e semelhanças que observa entre você e ele.

Observação: É necessário completar esta parte antes de prosseguir.
Veja a segunda parte do exercício no final do capítulo e responda à pergunta 3.

OS ANIMAIS QUE INSPIRAM MEDO

Poucas pessoas podem se vangloriar de não ter medo nem aversão quando se vêem diante de certos animais ou pequenas feras. Contudo, o medo que eles nos inspiram raramente decorre de um perigo real; esse medo pode advir, em certos casos, de um trauma vinculado com uma experiência negativa. Pode ainda ter sido transmitido por um ente querido ou decorrer de uma imaginação que amplifica as imagens de filmes ou de leituras. Em todos os casos, contudo, ninguém está condenado a suportar essas limitações por toda a vida, por menos que nos disponhamos a considerar as ressonâncias que despertam em nós.

Quem não conhece alguém que tem medo de cachorros? Quem não observou que as vítimas de mordidas de cães são quase sempre pessoas que têm medo deles?

Sabe-se que o animal sente o medo do ser humano. E não só capta as vibrações como reage instintivamente por meio da agressão. Por quê? Porque o medo é uma energia, uma forma de pensamento que procura manifestar-se. Quando tem força suficiente, o medo atrai circunstâncias que lhe permitam

---

2. *Les cartes Médecine — Découvrir son animal TOTEM*, Jamie Sams e David Carson.

materializar-se. Ainda que o agressor nada saiba disso tudo, nem por isso ele deixa de responder magneticamente às ondas enviadas pelo medo.

Logo, de nada adianta, quando se tem medo dos cães, ir para o outro lado da rua na esperança de não se ser percebido por eles. São raríssimas as pessoas conscientes de que o medo emana delas mesmas e é causado por elas.

> Evitar em vez de enfrentar nunca produz resultados satisfatórios quando se alimenta um dado medo.
> Na falta de um perigo real, o objeto que causa medo (um cão, por exemplo) não passa de um reflexo do sentimento de impotência que se oculta sob o medo.

O que fazer diante de uma constatação de impotência? Recuperar o poder, é claro! Se se conseguir ficar livre do sentimento de que o outro tem poder sobre nós, ganha-se a parada. Tornar-se dono ou amigo de um cão é uma fórmula sobremodo eficaz. Enfrentar um perigo requer a familiarização com ele. Não é preciso dizer que quanto menor ou mais novo o cão, tanto mais simples o exercício.

Pode ocorrer de um certo medo permanecer, mesmo depois de louváveis esforços de familiarização.

Um bom amigo meu que fora mordido por um cão quando adolescente resolvera acabar com o seu medo dos cães. Ele conseguiu um cãozinho e aprendeu a domesticá-lo. Seu problema se resolveu no tocante a cães que ele conhecia, mas o meu amigo continuou a se sentir pouco à vontade diante de outros cães.

> Enfrentar o medo é a primeira etapa.
> Costuma ser necessário ir mais longe, buscar descobrir as causas profundas do medo que sentimos.

O meu método para enfrentar esse medo consiste, antes de tudo, em identificar a atitude ou aspecto do animal que me faz reagir. Tal como no exercício anterior, pode-se descobrir, agindo assim, um aspecto de si mesma que a pessoa se recusa a admitir, ou então uma atitude alheia que recebe de nós um julgamento negativo.

Uma senhora me confiou que tinha horror a minhocas. Fazendo o exercício, ela descobriu que tinha asco tanto do aspecto nu da minhoca como de sua maneira de rastejar.

Depois de refletir, a nudez a fez lembrar-se de seu próprio mal-estar em se despir e até de sua resistência a fazê-lo. Essa senhora percebeu que tinha dificuldades para acei-

tar a sua própria vulnerabilidade e que podia freqüentemente endossar o dito: "Sinto-me nua como uma minhoca."

Quanto à ação de rastejar, ela admitiu que censurava pessoas que tinham uma atitude de grande submissão. Ela via que esse tipo de pessoas não tinha a capacidade de enfrentar certas dificuldades. Mais tarde, ela se lembrou de cenas de sua infância nas quais reprovara interiormente a mãe por não reagir ao excesso de severidade do pai.

Essa pessoa teve muito a aprender com essas suas tomadas de consciência. É incrível o que uma simples minhoca pode nos fazer descobrir!

Seja qual for, a mensagem nos convida a nos livrar das críticas e julgamentos, sejam elas dirigidas a nós mesmos ou a outras pessoas. Para tal, é preciso abrir o coração e examinar o que motivou o ato de julgamento. Na maioria das vezes descobrimos um medo, uma falta de autoconfiança ou uma defesa — e a compaixão vai nascer, dado que o coração não dispõe da faculdade de julgar.

Pode-se ainda proceder por meio da associação: em que a atitude do animal me faz pensar? O que evocam em mim os seus gestos?

Uma participante de um dos meus cursos viu-se às voltas com o medo de aranhas, algo que não era comum em sua vida. Tendo ela identificado o período no qual o medo surgira, fiz-lhe as duas perguntas do exercício acima. A resposta foi surpreendente; ela declarou: "As suas patas aveludadas evocam tentáculos que avançam na minha direção para me prejudicar." Depois eu lhe perguntei se ela se lembrava de um acontecimento marcante que tivesse ocorrido antes de esse medo se instalar. Nada lhe veio ao espírito. Sugeri-lhe então que fechasse os olhos; e repeti lentamente a descrição que ela fizera da aranha, enfatizando a palavra "tentáculos". Ela soltou um grito abafado, visivelmente abalada pela imagem que lhe viera à memória. Ela se recordou de que o seu chefe certa feita lhe oferecera uma carona quando ela estava sem o carro. Passando por uma rua secundária na qual não havia casas, o chefe parara o carro no acostamento e lhe dissera que ela o atraía muito, tendo-se aproximado dela e estendido os braços peludos que estavam à vista por ele estar com uma camisa de mangas curtas. Vendo-se longe de qualquer socorro, a moça entrou em pânico. Como o homem insistisse, ela começou a resistir a ele chorando. Não querendo forçá-la, o homem deu a partida e a deixou em casa.

O fato de ela nunca ter mencionado esse incidente a pessoa alguma criara nela um trauma, ainda que nada tivesse acontecido. Diz-se que tudo aquilo que não se exprime se imprime. Uma emoção reprimida busca sempre uma porta de saída e, no caso em questão, a psique fizera uma amplificação a partir da ligação entre os braços peludos e as patas aveludadas. A aranha tornara-se o espelho do homem, permitindo assim que o medo se expressasse sem represálias. Ela tinha guardado segredo, de um lado, por temer as reações do patrão e, do outro, por medo de que os outros não acreditassem nela. O fato de ela ter trazido à clara consciência essa sua emoção a libertou de medo de aranhas.

Um animal também pode simbolizar um arquétipo. Por exemplo, a serpente ou cobra, que assusta um grande número de mulheres. Na filosofia

184 | Os Relacionamentos Vistos pelo Espelho

oriental, a serpente enrodilhada representa a *kundalini* adormecida, isto é, a criatividade e a força em potencial. Por outro lado, na mitologia, a serpente domesticada simboliza o órgão masculino ereto. Deduzo disso que uma pessoa pode ter medo de realizar o seu potencial por motivos bem diversos. Uma mulher pode temer o contato com os homens, ou mesmo com o seu aspecto masculino interior, o que reforça a hipótese do medo da realização do potencial, porque o homem em nós, mulheres, é a parte de nosso ser que nos impele a agir.

Quando criança, eu tinha muito medo de cobras. Via-me afetada por pesadelos assustadores nos quais o assoalho do meu quarto ficava cheio de répteis em movimento, e acordava berrando. Quando comecei a estudar os meus sonhos, pude associar esse medo à decisão inconsciente que tomara na época de me afastar da minha verdadeira natureza para sobreviver. Eu me sentia muito ameaçada pela realização da minha criatividade.

Há alguns anos, morei num lugar que as cobras adoravam freqüentar; isso foi uma oportunidade de ouro para eu me libertar. Pedi a um amigo corajoso que pegasse uma delas para que, primeiro, eu a pudesse ver mais de perto. "Veja que cores magníficas!" — disse-me ele. "Pois é... Ela de fato tem certa beleza" — disse eu, pouco convencida. "Vamos, agora toque nela." E ele a acariciou, enquanto eu engolia saliva. Estendendo a mão, pensei: "Que o céu me recompense pela coragem que isso exige de mim!" Estremeci ao sentir a frieza do seu corpo. O meu amigo, embora respeitando o meu medo, não podia esconder certo ar de quem se divertia. Agradeci-lhe, pois estava convencida de que esse gesto simbólico que ele facilitara para mim iria produzir frutos.

Com efeito, o terror tornou-se um movimento instintivo de afastamento quando me vejo na presença de uma cobra. É o fato de ela rastejar que me perturba ou a idéia do contato frio? Esse mistério ainda não foi completamente elucidado.

Os insetos picadores

Muitas são as pessoas que desenvolveram reflexos de defesa diante de insetos que picam: ou se afastam do caminho deles ou os afastam do caminho delas. Quer os evitemos ou os persigamos, o incômodo existe. O medo inspirado por vespas, abelhas e moscas varejeiras é reforçado pelos relatos de pessoas que foram vítimas de suas picadas. Esses pequenos seres, que têm a reputação de trabalhadores laboriosos, parecem reagir quando perturbados no exercício de suas funções. Deixando-se de lado as experiências infelizes como a de pôr o pé acidentalmente na casa deles e ser em seguida atacado, o nosso contato com esses pequeninos bichos exemplares de modo algum precisa ser doloroso.

As abelhas em especial foram consideradas bem evoluídas por pessoas que as observaram. Sabe-se lá por quê! Pode ser que elas transmitam mais do que o pólen. Seu modo de vida apresenta aspectos que levam os seres pretensamente evoluídos a REFLETIR.

Já vivi uma cumplicidade muito boa com uma família de abelhas. Eduquei os meus filhos no campo, e um amigo apicultor colocou algumas colméias no nosso terreno para aproveitar as culturas dos campos circundantes. Adquirimos, assim, o hábito de vê-las voejando ao nosso redor; de certo modo, elas faziam parte da família. Um dia, uma rainha, por alguma razão desconhecida, aninhou-se num oco de um tronco de árvore que ficava bem perto da casa. Naturalmente, a rainha foi seguida por todos os seus fiéis súditos, e de repente o tronco estava coberto de abelhas. Foi algo de fato impressionante. Chamado em nosso socorro, o amigo, que era tão alto que mal passava pela porta, estendeu a mão com delicadeza e, esticando o dedo na direção da rainha, disse-lhe, em voz terna e cheia de calor humano: "Venha, amorzinho, venha para o dedo do papai!" E a rainha fez isso, diante de nossos olhos incrédulos. Depois, ele caminhou na direção da colméia, evitando todo e qualquer gesto brusco, e toda a colônia o acompanhou.

Eu já havia lido coisas interessantes sobre o modo de vida das abelhas, mas essa demonstração de contato com os seres humanos me ampliou os horizontes. De um certo medo que me fora transmitido na infância, passei a uma relação cordial com elas. Vejo-me agora fascinada com essas produtoras do néctar dos deuses.

Um mesmo bicho pequeno pode representar coisas bem diferentes para diferentes pessoas. Há alguns anos, uma minha amiga que se hospedara em nossa casa por algum tempo estava sentada comigo do lado de fora da casa. Uma abelha voejou ao meu redor e pousou no meu braço. Ocupada que estava em observá-la instalada ali e em falar com ela, não me dei conta de que a minha amiga se levantara precipitadamente para se refugiar na casa. Eu não sabia que ela tinha tamanho medo de abelhas! Esclareço que essa minha amiga trabalha como eu no campo do crescimento pessoal. Ela tinha plena consciência que a primeira ação a tomar diante de um medo é enfrentá-lo. Assim, desenhei uma enorme abelha numa folha de papel, que pendurei na parede, e disse à minha amiga: "Você sabe que a abelha representa uma parte do seu ser, e por isso é preciso enfrentá-la, cedo ou tarde." Desejosa de resolver seu problema, a minha amiga entrou no jogo. Sua cabeça tentara inutilmente saber que a abelha não era real, mas no íntimo ela tinha muito medo. Ela procurara sem sucesso dominar o medo, mas nada havia funcionado.
Nas semanas seguintes, eu vi a minha amiga se privar de sair da casa e se debater com aquela imagem de si que ela mesma considerava ridícula. Não dispondo de recursos, ela entregara seu problema "a Deus", como dizia. Um dia em que estava sozinha, ela se viu às voltas com uma grande (como se a vida aumentasse o seu problema) mosca varejeira que invadira a casa. A batalha que travou com o "monstro" produziu uma tomada de consciência muito esclarecedora. Aquele pequeno inseto que ela considerava tão ameaçador a remetia a um aspecto do seu próprio ser. De fato, muitas pessoas que cercavam essa minha amiga sentiam-se ameaçadas pelo seu talento, pela sua força, pela sua capa-

cidade. Não aceitando esses seus aspectos, porque eles também a assustavam, a minha amiga transferira o medo para um objeto exterior. Ela agora se entende muito melhor com as abelhas...

> O medo não é objeto de reflexão; trata-se de algo vivido no ventre e no plexo solar.
> A cabeça se empenha em explicar que não há perigo, e o ventre acha que ela está falando grego.
> O medo exige ser reconhecido e acolhido, para só então ser vencido.

Quando deixamos de combater ou de dissimular o medo, a energia se transmuta: é como a raposa de *O Pequeno Príncipe*, que deseja ser conquistada. Acolher o medo que se tem equivale a acolher a si mesmo. Trata-se do gesto primordial de amor, que constitui a primeira condição de toda transformação profunda. Acontece algo mágico quando paramos de combater uma parte do nosso próprio ser: a mudança acontece sem a nossa intervenção. Parar de combater a presença do medo ajuda-nos a acolhê-lo; o fato de o fazermos nos devolve ao equilíbrio e nos confere o poder de enfrentar aquilo que tememos. Retomar o contato com o próprio poder de que somos dotados faz, muitas vezes a curto prazo, que o objeto do medo se desfaça. Não se configura o mundo animal um interessante terreno de experimentação para testarmos os nossos temores?

Como já mencionei, a minha consciência do papel deveras sutil do mundo animal na minha vida se desenvolveu ao longo de experiências concretas. Foi por meio da modificação do meu modo de ver as coisas que passei a respeitar mais todos os seres vivos. Nem sempre compreendo a utilidade de certas criaturas animais, mas acabei por supor que a inteligência do Universo ultrapassa de longe a minha. Quanto mais receptiva me mostrei, tanto mais cativantes passaram a ser as experiências.

Morei anos atrás numa bela casa cercada por um bosque. Certo dia em que me preparava para me instalar ao sol para ler um pouco, percebi que estava cercada por vespas negras. Quando entrava na casa, três ou quatro vespas me seguiam; se eu comia lá fora, elas "atacavam" o meu prato. Passados dois dias, ficou evidente que elas estavam se abrigando no beiral bem em cima da minha porta. Sem o querer, elas haviam invadido o meu espaço vital, e eu não conseguia me decidir a destruí-las. No dia seguinte, despertei com uma idéia bastante extravagante para a minha mente; mas, como no cômputo geral eu nada tinha a perder, levei-a adiante. Lembrando-me do meu amigo apicultor, sentei-me calmamente na passagem. Respirando fundo, enviei às vespas uma mensagem telepática: "Se for do agrado de vocês, mandem-me uma representante. Tenho algo a lhes dizer." Passados alguns segundos, uma vespa pousou na mesa diante de mim. Pisquei algumas vezes... Aquilo estava mesmo acontecendo? Minha mente exclamou: "Convenhamos; trata-se de uma coincidência!" "Coincidência ou não, ela está ali e não se vai!" Pensei: "Será a rainha ou uma delegada? Mas que importância tem isso?" Sempre por telepatia, eu disse: "Obrigada por me responder. Eu gostaria muito que você transmitisse a minha mensagem às suas amigas. Vocês se instalaram num lugar em que invadem o meu território, e isso é perigoso para vocês, porque tenho de proteger a minha comida e não posso deixar que vocês fiquem voando na minha casa. Eu, na verdade, não quero de modo algum fazer-lhes mal. Por isso, peço que se instalem em outro lugar." E acrescentei, como se fosse necessário: "Há muitos lugares agradáveis por aqui." É incrível mas verdadeiro: na manhã seguinte, elas tinham partido e nunca mais voltaram. E o que liga a minha alma a essas adoráveis e vorazes primas das abelhas? Não encontrei uma resposta imediata, mas a partir de então cheguei à conclusão de que éramos amigas.

Essa foi para mim, ao mesmo tempo, uma vitória e uma dádiva. Vi nisso o sinal de que eu havia adquirido certa harmonia comigo mesma, o que melhorava a minha harmonia com as pessoas com as quais eu convivia. Quanto mais eu me respeitava e respeitava os outros, tanto mais os meus espelhos exteriores me devolviam respeito.

OS PERNILONGOS QUE NOS ASSEDIAM

Vivo numa parte do país na qual os pernilongos são legião, o que é motivo suficiente para tê-los como amigos. Com efeito, nada há de simpático em levar os outros a nos perseguir. No entanto, eu estava persuadida de que o espelho poderia me servir em todo tipo de situação. Num dia em que tivera uma experiência particularmente exasperante com os pernilongos, resolvi fazer um esforço para ver o assunto com maior clareza. De lápis na mão, deixei que o espelho se expressasse. Ele teve de vencer inúmeras dificuldades, mas, como sempre, tinha razão, e suas revelações me deixaram de bom humor.

Eis pois um relato de um incidente curioso, tal como tem narrado no meu "diário de bordo".

A natureza é a minha melhor fonte de inspiração. Nada como um passeio no bosque para que eu me sinta cheia de vida, livre e satisfeita. O canto dos passarinhos me fascina; eu associo isso à leveza do meu ser. Mas, dessa vez, eu mal dera cem passos e eis que três enormes moscardos passaram a girar sem parar ao meu redor. Acompanhavam-nos inúmeros tenazes mosquitos americanos que se associavam a eles para testar o meu bom humor e a minha resistência. Por infelicidade, nenhum mosquiteiro é capaz de me proteger dos sons emitidos por esses insetos. Ao final de uma hora, aquilo se tornara um suplício e uma tortura mental.

188 | Os Relacionamentos Vistos pelo Espelho

Mas o que queriam eles de mim? Por que se obstinavam daquela maneira? É verdade que eu estava no território deles. Comecei então a emitir pensamentos benevolentes com relação a eles. Afinal, aquela podia ser a sua maneira de me dar as boas-vindas. Apesar disso, logo a situação ficou ainda mais difícil e as minhas mãos fizeram gestos bruscos para persegui-los e mostrar-lhes que estavam exagerando. Corri um pouco para me livrar deles, mas foi em vão. Fiquei impaciente, pois já não controlava nem um pouco a situação; eu já não ouvia o canto dos passarinhos e deixara de apreciar as belezas naturais.

Mas, tomando consciência, eu me recompus: "Convenhamos, você não vai permitir que esse incidente estrague o seu passeio!" Respirei fundo. Veio-me então a idéia de emitir sons na mesma tonalidade de sua cantilena com o fito de ficar no mesmo diapasão. A coisa se complicou quando as três moscas produziram um som diferente. Eis que eu produzo ruídos enquanto ando: fazer mais barulho que elas é uma solução interessante! Isso serviu para me acalmar, mas nem um pouco para convencê-las de girar de modo incessante ao redor da minha cabeça.

Espelho: "Como se não houvesse muitas vezes uma cantilena na sua cabeça! Para onde a levam os pensamentos que voejam como moscas enlouquecidas?"

Apressei o passo para chegar mais depressa à casa e me oferecer um bom banho para me acalmar. Disse a mim mesma que, na água, eu teria paz. Ledo engano! Um outro esquadrão da mesma laia assume o seu turno; se tento esconder a cabeça sob a água, elas me esperam levantá-la! Essa perseguição vai acabar me levando à loucura!

Espelho: "Essas moscas nem são tão grandes, mas ainda assim a impedem de viver! O mesmo acontece com os aspectos sombrios da sua natureza. Eles estão aí, presentes; mesmo quando você mergulha na sua natureza profunda, eles não vão embora. Esses aspectos do seu ser têm sobretudo necessidade de serem reconhecidos e acolhidos, pois fazem parte de você. Claro que o seu primeiro reflexo é o de persegui-los, porque perturbam a sua harmonia, são antiperfeição. No fundo, você se assemelha à floresta. Alguns aspectos de seu ser são magníficos, grandiosos, cheios de beleza. Outros são incômodos, sem graça, e a fazem perder a serenidade. Mas você bem sabe que os dois tipos têm a sua utilidade. Assim como todos os insetos têm a sua função na natureza, assim também os lados sombrios de seu ser, quer você os chame de defeitos, fraquezas, medos ou limitações, têm um papel a desempenhar na sua evolução. Você está na terra para aprender o amor, e é próprio do amor não julgar e acolher aquilo que EXISTE com magnanimidade. Tudo o que existe: o belo e o feio, o fácil e o difícil, o dia e a noite, o calor e o frio. Você não percebe que vive num mundo de opostos e de contrastes? Fazendo parte do seu próprio mundo, você mesma traz em si um sem-número de aspectos opostos entre si que são a causa das suas batalhas interiores. Pare portanto de se debater e acolha com amor as suas próprias imperfeições. No final, essas moscas trazem a você uma boa notícia: as partes de seu ser que você recusa não são maiores do que mosquitos. Faça as pazes com elas, e os seus passeios no bosque serão muito agradáveis."

Obrigada, meu caro espelho, as moscas ficaram um tantinho mais simpáticas e, sobretudo, menos insistentes, depois desse incidente. Constato mais uma vez que os episódios perturbadores só se apresentam a mim como ocasiões para despertar a minha consciência. Quanto mais resisto a ver a sua mensagem, tanto mais persistentes eles se tornam.

Na primeira vez em que fiz o exercício de levar o meu espelho a falar, o meu objetivo foi me livrar de uma frustração. Quanto mais eu dava livre curso a essa frustração, tanto mais uma outra voz mais profunda se manifestava por meio de minha caneta. Eu mesma me surpreendi com o que escrevera e, quando reli, tomei consciência de que aquelas linhas não tinham sido ditadas pela minha personalidade (pela parte frustrada de meu ser). Essa consciência elevada também fazia parte de mim, e suas respostas eram sensíveis e tranqüilizadoras para o meu coração e para a minha mente perturbada. Trata-se de uma forma de escrita automática que merece ser examinada por quem deseja se dar a esse trabalho.

> Quando queremos realmente nos libertar, a criatividade faz que encontremos portas de saída.

A maioria das pessoas desenvolveu, talvez por mimetismo, o reflexo de matar o mínimo inseto que se aproxima. Eliminamos sem refletir uma vida que não só tem a sua razão de ser na ordem ecológica como também pode ser portadora de uma mensagem dirigida a nós (sem que isso aconteça de modo sistemático). Meu objetivo aqui é simplesmente suscitar uma sã curiosidade que dê vontade de experimentar novas atitudes. Se a minha abordagem foi se alterando ao longo dos anos, isso decorreu, em parte, do contato com pessoas conscientes e que estão em harmonia com a natureza. Comecei, por exemplo, antes de eliminar uma aranha em minha casa, a me perguntar: "Há aqui um lugar para ela?" Se a resposta for negativa, proporciono-lhe um veículo de papel e a levo para fora. Se ela se aloja, digamos, no respiradouro da adega, deixo-a fazer o seu trabalho, e lhe agradeço por me livrar de certos mosquitos. Percebi que essa atitude segue de mãos dadas com o aumento da minha capacidade de acolher os aspectos de mim mesma que se causam perturbações.

De modo geral, hoje, eu julgo os insetos picadores uma espécie de mal necessário, e optei por usá-los para aprender a me descobrir mais. Tenho cer-

190 | Os Relacionamentos Vistos pelo Espelho

teza de que eles captam de maneira vibratória a hostilidade que um ser humano pode apresentar, o que sem dúvida faz parte dos motivos que os levam, tal como ocorre com os animais, a passar ao ataque.

Os invasores

Eles nunca vêm desacompanhados. Na verdade, eles se deslocam em colônias ou mesmo em hordas. Ainda que com freqüência minúsculos, eles por certo conseguem perturbar a nossa paz, e eu chegaria a dizer que às vezes logram fazer-nos sair do nosso torpor para nos forçar a reagir.

O primeiro reflexo que temos diante de tudo aquilo que nos *enfurece*, seja um inseto, uma situação, uma doença ou mesmo uma pessoa, é, naturalmente, o de nos desembaraçar deles o mais rápido possível. Trata-se de uma programação difícil de desarraigar, considerando-se que está presente há gerações.

Deixando de lado os fenômenos naturais como as moscas nas proximidades de propriedades dedicadas à pecuária, os ratinhos em casas de campo, as moscas que infestam plantas coníferas, podemos nos perguntar, usando a teoria do espelho, por que esse flagelo se abateria sobre nós. Quando eu era jovem, minha mãe costumava dizer "Que mal eu fiz a Deus?" quando lhe acontecia alguma coisa desagradável. Isso se passava na época em que o sentimento de culpa estava "na moda". Para a nossa felicidade, a moda evolui. Pessoalmente, prefiro envergar as novas fibras, mais leves, que pesam menos nos ombros, como a da responsabilização. Isso permite que eu identifique a parte de mim que atrai os fenômenos indesejáveis, conferindo-me todo o poder de transformar a situação uma vez compreendida a mensagem. Vejamos como é possível aplicar isso à vida cotidiana.

Um casal distinto viu-se às voltas com um sério problema de infestação por baratas dentro de casa, tendo-lhes sido necessário recorrer a um exterminador de pragas e deixar a casa por alguns dias. Nesses casos, diz-se que um tal infortúnio pode acontecer com qualquer pessoa e que, dessa vez, se abateu sobre nós. Dispomo-nos a uma boa reviravolta, pagamos a fatura e a vida continua. Que pensar então da seqüência? Meses depois, o mesmo casal vai ao campo e, ao abrir o chalé de verão, vê que tudo fora roído, estragado ou coberto de excrementos pelos ratinhos. A vida os persegue ou simplesmente bate outra vez à porta para levar à sua consciência um problema que deve ser examinado mais demoradamente?

Por onde começar o exame para descobrir a mensagem? Comecemos pelo aspecto das conseqüências. Nesse caso, os dois acontecimentos requerem uma grande limpeza. "Limpeza" poderia se revelar como palavra-chave se a tomarmos em seu sentido figurado. A segunda pista poderia ser explorada privilegiando o aspecto da invasão, da usurpação de um território. Esses dois caminhos apresentam amplos elementos para alimentar a reflexão.

Cada um tem a liberdade de tratar as mensagens como quiser... Nada acontece por acaso.

Quanto a mim, já tive de resolver um problema que envolvia formigas. Não que elas de fato tenham invadido o meu território: eu encontrava uma dezena delas em casa todos os dias. Procurei a mensagem. As formigas têm a reputação de seres laboriosos; por isso, comecei o exame pelo meu trabalho. Disso resultaram ajustes nas minhas atitudes, sem que por isso as formigas desaparecessem. Animada com a minha experiência positiva com as vespas, procurei examinar então a questão da ocupação do território. É provável que a presença delas estivesse começando a me incomodar, e eu lhes fiz ver que seriam destruídas caso não partissem. Em vão! Isso durou alguns meses, sem que o problema se agravasse, mas eu não consegui decodificar a mensagem. Mais tarde, mudei-me por outros motivos e o problema se resolveu por si mesmo. Repensando-o hoje, vejo que a vida me falava, uma vez mais, das minhas pequenas maldades, das quais eu me afastava, pois que não as queria ver.

Além disso, o simples fato de eu procurar me responsabilizar fez com que eu evoluísse, mesmo quando as reações correspondentes não eram imediatas. Há muito a minha divisa é: **paciência e confiança**. E ela se aplica a todos os domínios da minha vida. Tive muitas vezes a prova de que a vida sempre está pronta a nos dar novas oportunidades de examinar o nosso próprio ser, por menor que seja a nossa receptividade. Na minha visão das coisas:

> O fracasso não existe, tendo em vista que cada experiência vivida numa atitude receptiva nos impele para a frente.

Não seria fracasso um termo inventado pelo ego em sua ânsia de controlar tudo, ego para o qual o sucesso está vinculado com o perfeccionismo da ação?

OS PÁSSAROS, MENSAGEIROS DA ALMA

Há inúmeras variedades de pássaros. Costumamos associar esses seres à alma por causa da grande liberdade que lhes é proporcionada pela capacidade de voar. Seguindo-os com o olhar, a nossa alma se recorda saudosa da época na qual não era prisioneira de um corpo sujeito à gravidade.

Na realidade concreta, os pombos-correio transportaram em todas as épocas, por centenas de quilômetros, as missivas que lhes eram confiadas. Mas os pássaros são igualmente portadores de outras mensagens dotadas de mais sutileza. Uma crendice popular afirma que a morte de uma pessoa é anunciada por um pássaro que vem morrer perto de nós ou que apenas pousa bem perto de nós e fica imóvel por alguns instantes.

De minha parte, os pássaros proporcionam à minha vida uma presença muito reconfortante. Dei-me conta, há vários anos, do canto da rolinha triste que me acompanha. No meu dia-a-dia, ela costuma dar-me sinais da sua presença. Se, por exemplo, estou prestes a meditar ou a refletir, ela se põe a cantar e, o que é um detalhe divertido, posso sempre perceber a sua presença onde quer que me encontre, bastando para isso erguer os olhos; acontece o mesmo se estou ao telefone e a conversa me faz tomar consciência de alguma realidade importante. Seu canto tem sobre mim o efeito de um piscar de olhos que me devolve a mim mesma. Ainda que tenha consciência de que não se trata em todos os casos do mesmo espécime, tenho a nítida impressão de que todas as rolinhas de que me apercebo desempenham para mim o mesmo papel.

Numa noite de inverno, eu me preparava para partir em visita à minha irmã, que mora na Flórida, EUA. Uma amiga que fora se despedir de mim observou algo na neve ao olhar pela janela. Um pássaro avantajado movia-se na neve dando pulinhos repetidos, traçando uma forma na neve; e, tendo feito isso, foi pousar adiante. Minha amiga me disse: "Veja, parece a letra S." "Que coincidência, o nome de minha irmã é Suzanne" — respondi. Curiosa, abri a porta para ver o pássaro, tendo constatado que ele tinha todas as características de uma rolinha, ainda que seja raro darmos com esse pássaro no inverno. A ave, voltando a cabeça lentamente, lançou-me um olhar fixo. Imitei o seu arrulho; ela demorou um pouco, mas me respondeu, como se quisesse me confirmar que era com certeza uma rolinha. Em seguida, alçou vôo na posição vertical, como um helicóptero, com uma velocidade inesperada, quase irreal. Se a minha amiga não estivesse ali, creio que eu teria duvidado do que vira. Na manhã seguinte, tendo eu chegado à casa de minha irmã, estávamos as duas no terraço para tomar sol quando, para minha surpresa, ouvi o canto da rolinha, coisa que jamais havia percebido antes na casa de minha irmã. A ave me dizia que nos acompanhava, à minha irmã e a mim, no trabalho vinculado com a alma que nós duas executamos toda vez que estamos juntas.

Ainda que convencida de que os pássaros são o espelho do meu eu profundo, nem sempre compreendo a sua mensagem.

Isso se aplica ao melro que vinha bater na porta do pátio durante vários minutos ao nascer do dia. Isso se repetiu durante cerca de duas semanas. Quando eu ia vê-lo, ele parava de fazê-lo, mas costumava voltar no decorrer do dia, girando em torno do corrimão da varanda ou pousando nele. Não é preciso dizer que isso me deixou sobremodo intrigada. Certa manhã, abri a porta de par em par, ao mesmo tempo que o convidava mentalmente a entrar. Ele não apenas não entrou como não voltou jamais. Acho que esse melro me ajudou a me tornar receptiva a alguma coisa, se bem que eu nunca tenha tido consciência do que fosse.

Os pássaros, embora mensageiros da alma, nem sempre trazem recados agradáveis, ao menos aos olhos do nosso espírito consciente. A alma, em sua busca de evolução, não se preocupa nem um pouco com aquilo que possamos considerar negativo. A consciência superior usa portanto, sem discriminação, toda forma de símbolo suscetível de elevar a consciência.

Tive um certo verão uma experiência difícil com algumas gralhas, cuja mensagem estava longe de ser alvissareira. Eu estava passando algum tempo num lugar remoto, no qual a natureza emanava uma grande paz. Dir-se-ia que a colônia de gralhas escolhia os momentos em que eu estava do lado de fora para ler ou para caminhar ao redor do lago para começar uma sessão de insistentes piados, o que tinha como efeito me agredir sobejamente. Esclareço que nunca achei as gralhas muito simpáticas. No começo, eu me dizia que essas aves vilãs certamente representavam Satanás ou o mal que existe no mundo. Porém, repondo o espelho no lugar, acabei por admitir que as gralhas me falavam de pontos negativos interiores que eu por certo resistia a olhar de frente, já que tinham de gritar tanto para me despertar! Essa constatação permitiu que eu ligasse isso ao fato de, ao me instalar na casa, eu me vira forçada a fazer uma grande faxina para retirar a fuligem que se acumulara quando o forno se quebrara. Para dizer a verdade, eu estava muito bem servida de coisas negativas! Eu saíra havia pouco de uma dolorosa relação amorosa em que me vira mergulhada nos problemas não-resolvidos do meu parceiro. Eu com certeza estava naquele lugar para resolver os meus.

Mais tarde, comprendi que as gralhas não são por si mesmas maléficas, sendo de preferência portadoras de nossas vibrações menos puras, aquelas de que precisamos tomar consciência e que precisam ser transformadas. Quem fala em transformação fala também em mudança. A presença de corvos e gralhas é com freqüência percebida como um sinal de grandes mudanças.

E que dizer da garça-real, que durante alguns meses freqüentou o riacho que bordejava a minha propriedade? Ela costumava dar magníficas demonstrações de como planar, com as grandes asas abertas, antes de pousar majestosamente na água. Às vezes ela ia comer bem perto da casa, o que me permitia observar a dignidade e a realeza de seus movimentos. Foi-me necessário algum tempo para que eu percebesse que a garça refletia a minha própria dignidade, bem como a majestade interior que ainda tenho dificuldade para assumir, como se admiti-la fosse me tomar por outra pessoa! Estimulo a mim mesma dizendo que, no final, devo ter me assumido um mínimo que fosse, dado que ela não voltou no ano seguinte.

QUESTÃO DE CONSCIÊNCIA

Tenho conhecido um número cada vez maior de pessoas que têm algum tipo de comunicação com os pássaros e com os animais em geral. São igualmente

194 | Os Relacionamentos Vistos pelo Espelho

inúmeros os filmes que recorrem a uma ligação particular entre uma criança e um animal, o que não causa surpresa, dado que a criança ainda não perdeu o contato com a sua verdadeira natureza. Esses fenômenos vão se tornar cada vez mais comuns à medida que formos estabelecendo um contato estreito com a alma.

Parece-me claro que, quanto mais ampliar a própria consciência, tanto mais o ser humano será levado a respeitar mais a vida, seja qual for a forma que esta assuma, e, do respeito à vida, será impelido a querer protegê-la. É mais do que hora de desenvolvermos uma harmonia com tudo o que vive no nosso planeta, dado que todas as coisas se acham vinculadas entre si e que a intolerância acaba por levar à destruição. No tocante a isso, cada ser humano que desperta torna-se um farol para o nosso grupo. Se cada de um de nós desempenhar o papel que lhe cabe, a expansão da consciência na terra poderá quem sabe, evitar o pior.

Espelho: "Devemos tomar consciência de que a destruição gradual do nosso planeta não passa de um triste reflexo da nossa própria autodestruição."

Exercício com um animal — segunda parte

Em conexão com a pergunta 1:
A resposta corresponde à postura que você teria se não se ocupasse somente de si mesmo ou, em outras palavras, se você deixasse o ego — a besta — ocupar todo o espaço. O animal representa os aspectos profundos e muitas vezes ocultos da personalidade.

Em conexão com a pergunta 2:
A resposta corresponde àquilo que o ego tem para lhe dizer sobre a maneira como você se percebe a si mesmo e pela qual se trata.

Continue o exercício com a pergunta 3:
O que mais o incomoda nas tomadas de consciência que você acaba de fazer? A única coisa a fazer é recuperar a paz com essa parte do seu ser...
O exercício do espelho também é deveras interessante de fazer com os animais que julgamos belos, que admiramos. Seu eventual fascínio pela força do urso, pelo poder da águia, pela graça do gamo revela simplesmente o fato de que você traz em si essas qualidades. E por que deveríamos nos privar de reconhecer aquilo que há de mais bonito em nós?

TERCEIRA PARTE

INSTRUMENTOS UNIVERSAIS

6

O Sonho, Espelho Sutil
da Realidade

Um instrumento de atualização

M EU FASCÍNIO pelos sonhos remonta à minha infância. Eu sempre soube intuitivamente que eles comportavam mensagens importantes para mim. Eu registrava por escrito as que mais me causavam espécie, sem saber a grande utilidade que mais tarde viriam a ter. No âmbito da minha formação de professora de yoga, freqüentei um primeiro seminário sobre o assunto. Ele serviu (quase que apesar de mim) de ponto de partida a uma pesquisa profunda, pesquisa que me levou, depois, a fazer palestras, bem como a dirigir seminários a esse respeito. A maneira pela qual personalizei ao longo dos anos os métodos de análise aprendidos levou-me diretamente ao meu espelho. Ao que parece, o espelho sabe me capturar por onde quer que eu passe e o que quer que eu faça...

É por isso que eu não poderia deixar de mencionar esse importante percurso do caminho que venho trilhando. O estudo dos sonhos permanece sendo para mim um instrumento privilegiado que me deixa atualizada no que se refere à tomada de consciência da minha própria verdade profunda. Sem pretender oferecer um guia completo de análise, eu gostaria de partilhar aqui o fruto da minha experiência em suas ligações com o tema desta obra.

De modo geral, uma grande porcentagem de nossos sonhos se refere à nossa vida emocional e relacional. Dado o fato de sermos em larga medida inconscientes dos dramas que se desenrolam nas profundezas de nosso ser, os sonhos têm como uma de suas funções liberar o excesso de tensão emocional para manter nosso equilíbrio psíquico. O processo onírico funciona quer tenhamos ou não consciência de sonhar. Pesquisas têm demonstrado que o sono é regido por ciclos de noventa minutos, comportando cada um deles um sonho, que costuma acontecer perto do final do respectivo ciclo.

Podemos deduzir disso que todo ser humano, seja qual for a sua idade, sonha durante o sono. Freud afirmou que o esquecimento dos sonhos é um bloqueio provocado pela consciência. Pode-se assim computar o número de sonhos que se têm todos os dias com base no número de horas de sono de cada noite. O estudo dos sonhos permite remontar às profundezas do inconsciente. Aprendendo a decodificar a linguagem simbólica dos sonhos, temos acesso a uma multiplicidade de informações acerca de nossas forças e de nossas fraquezas, de nossas mágoas, de nossos temores, de nossas emoções e de nossas subpersonalidades — para nos limitar ao aspecto psicológico de nossa natureza. Iniciemos a descoberta desse percurso. Para fazê-lo, vamos nos voltar para a linguagem oculta de nossas histórias noturnas.

No trabalho de análise, o método da associação desenvolvido pela psicanálise e na teoria da *gestalt* muito me serviram. Esse trabalho consiste em ver, por meio das personagens dos sonhos, diversos aspectos da personalidade da pessoa que tem esses sonhos. Eu gostaria, antes de tudo, de fazer alguns esclarecimentos acerca do termo "análise". Isso nos remete às nossas faculdades pensantes, ao cérebro racional. Ainda que os primeiros momentos da pesquisa possam recorrer à lógica, verifiquei inúmeras vezes que raramente aprofundamos o trabalho sem usar a intuição. Por isso, para extrair o máximo das revelações, é preciso estabelecer uma colaboração interior entre o racional e o não-racional, entre o que se compreende e o que se sente. O plano mental serve de pista de decolagem para que nos elevemos e planemos acima da realidade terrestre, que comporta um tão grande número de ilusões.

Com certo grau de distanciamento da nossa parte, a linguagem simbólica dos sonhos nos oferece os seus segredos. O sonho nos fala de certo modo à maneira da parábola. Sob a capa de uma história, num primeiro nível de compreensão, o sonho esconde uma mensagem num segundo nível e até num terceiro. Mas, dirá você, por que a linguagem onírica é tão complexa e inacessível? Não seria mais fácil lidar com mensagens inequívocas? Acontece com os sonhos o mesmo que com os objetos preciosos que possuímos: não apenas nós não os deixamos ao alcance de todos, como também os guardamos em lugar seguro para ter acesso a eles em caso de necessidade. Todo objeto valioso é acessível para quem conhece o segredo do cofre.

> O esforço de introspecção que é exigido de nós na decodificação de nossos próprios símbolos nos dá acesso às tão preciosas chaves que abrem as portas do universo do inconsciente.

Há dicionários de símbolos que, embora sobremodo interessantes, padecem ainda assim de limitações nos termos da abordagem que proponho. Se são úteis como guias gerais, nem por isso deixam de nos remeter ao nosso próprio ser por meio de suas múltiplas possibilidades de explicação. Por exemplo, quando busquei desvendar a significação das serpentes que habitavam os meus pesadelos infantis, os dados sobre esse assunto se estendiam por duas páginas inteiras. De modo algum se poderia alcançar a resposta sem recorrer ao sentimento e à intuição, que são elementos altamente pessoais e originais da nossa natureza. De minha parte, é muito raro que eu use um dicionário, pois busco intencionalmente desenvolver as minhas faculdades intuitivas. Creio que a linguagem onírica é uma das mais belas demonstrações desta sábia frase: **Todas as respostas estão dentro de nós.**

Ouço com freqüência as pessoas dizerem: "Tive um sonho estranho, idiota ou sem pé nem cabeça!" Não é preciso dizer que é o aspecto mental que se expressa dessa maneira. Ele busca uma coerência na narrativa de acordo com o seu sistema lógico. Como descobrir o sentido de um quadro no qual uma personagem de casaco de pele está sentada num bidê em meio a um grande campo pelo qual passa um trem sem trilhos? Socorro, tragam o decodificador!

OS ATORES NOTURNOS DA NOSSA VIDA

Para ver as coisas com mais clareza, detenhamo-nos nas personagens e nas situações de nossas aventuras noturnas. Segundo a tese da associação, as diversas facetas de nosso ser tomam de empréstimo o rosto de personagens conhecidas ou, às vezes, desconhecidas que evoluem em situações que refletem de modo imaginário os nossos cenários interiores.

A perturbadora semelhança de certas imagens com a realidade cotidiana pode, em algumas ocasiões, nos levar com demasiada rapidez a uma conclusão simplista. Vejamos, com a ajuda de um exemplo advindo de um seminário, como usar esse tipo de sonho para chegar à realidade interior da pessoa que sonha.

Uma mulher conta que passa um fim de noite inquieta com o filho, que ainda não chegara. O adolescente acaba telefonando para dizer onde está e a que horas vai voltar. A mãe dorme aliviada e sonha que o filho lhe telefona para lhe dizer que tudo vai bem, tal como sucedera na realidade. Ao despertar, essa mulher se pergunta que benefício lhe poderá ter trazido esse sonho, visto que a inquietação se dissipara antes de ela adormecer.

A resposta está escondida na identificação da personagem.

200 | INSTRUMENTOS UNIVERSAIS

> Para descobrir nos sonhos a que parte de nosso ser se refere
> uma personagem, basta fazer a seguinte pergunta:
> "Que característica (positiva ou negativa) dessa pessoa me
> vem ao espírito quando penso nela NESTE MOMENTO?"

A resposta instintiva costuma ser de cunho afetivo, como a daquela mãe: "Eu o amo muito. Ele é importante na minha vida." Mas o que se deve fazer é, antes, descrever a própria personagem. A primeira idéia é a boa, dado que representa a voz da intuição; a segunda, que em geral segue a primeira bem de perto, tem boas chances de ser racional. Logo, a senhora do nosso exemplo responde: "Ele é ativo e temerário." Observemos que a resposta poderá diferir se ela estudasse um outro sonho em que se verificasse a presença do filho.

Quanto mais querida para nós for a pessoa, tanto maiores as suas probabilidades de refletir múltiplos aspectos do nosso ser.

Devolvamos agora ao seu contexto a ação do sonho, por meio da substituição do filho da pessoa que teve o sonho por uma parte desta que é ativa e temerária. Essa parte lhe diz que pare de se preocupar, que a situação está sob controle e que ela pode confiar no filho. O filho é, aqui, o reflexo da própria capacidade de ação da mãe, e a convida a rejeitar os seus medos. Como se trata de uma mensagem que incita a estabelecer contato com uma parte positiva da pessoa que teve o sonho, a Sabedoria interior desta a apresenta por meio dos traços do filho, com o qual ela tem um relacionamento bastante positivo. Além disso, como o episódio pelo qual ela acabara de passar na vida real estava vívido em sua memória emocional, há grandes chances de que a sua consciência venha a ser atingida por esse sonho e de que o sonho suscite a sua curiosidade. Por outro lado, acontece-lhe por certo entrar em conflito com o filho na vida real, porque a capacidade natural de passar à ação que o filho exibe entra em confronto com a mãe. Com efeito, esta última costuma impor limites às próprias capacidades de que dispõe. Como a capacidade de agir é parte da energia masculina que existe em nós, o portador da mensagem é, aqui, uma pessoa do sexo masculino. Mas isso não é uma característica constante. Lembro-me de que o meu primeiro cônjuge aparecia muitas vezes nos meus sonhos para personificar a minha parte emocional, que é feminina. Mais uma vez, as regras gerais servem como parâmetros, devendo por isso ser relativizadas.

AS ENERGIAS MASCULINA E FEMININA EM AÇÃO

De acordo com a tese do espelho, preferi levar ao máximo o jogo da associação e da personificação na interpretação dos meus sonhos. Tal como o faço na minha vida de vigília, os animais se tornam os aspectos instintivos da minha natureza. Os objetos assumem igualmente uma significação simbólica particular, de acordo com o aspecto, masculino ou feminino, que a sua forma lembra, apresentando assim elementos acerca da parte interior implicada. A título de exemplo:

> Tudo o que é vertical, ereto ou ascendente lembra o falo, símbolo da virilidade, como é o caso das colunas, das árvores de tronco desnudo, das armas de fogo, das facas, do número 1. Por oposição, tudo o que é horizontal, esparramado ou descendente faz pensar na feminilidade, como as planícies, os cursos de água, os declives suaves. Nesse mesmo sentido, tudo o que pode conter — casas, malas, armários, cavernas — lembra o ventre materno, enquanto o que evoca autoridade — quépis, uniformes, soldados, vozes severas — se refere ao mundo masculino.[1]

Quando um sonho se repete e, além disso, assume o ar de um pesadelo, verifica-se que o inconsciente já tentou, por outros meios e de várias formas, transmitir essa mesma mensagem. No tocante a isso, os sonhos seguem a mesma lei da vida desperta: como já mencionei, quando não é captada, a mensagem assume proporções cada vez maiores. Recorramos de novo a um exemplo.

> *Uma mulher tem de várias maneiras um mesmo sonho num período de alguns meses. O começo é sempre diferente, mas ela sempre se vê numa situação na qual é perseguida por um desconhecido armado de faca. Em todos os casos, ela desperta exatamente antes de um desfecho catastrófico, vendo-se num estado de angústia cada vez mais pronunciado.*

Essa pessoa não se sente familiarizada com a sua energia masculina, dado que o homem do sonho é um desconhecido. Ademais, ela sente uma ameaça que emana dessa parcela do seu ser. O fato de ela se salvar constitui evidência suficiente de que suas características masculinas a amedrontam. Adicione-se a isso que a sua consciência se recusa a saber o que aconteceria se ela deixasse que o seu homem interior se aproximasse. A sonhadora exibe esse tipo de imagens num momento de sua vida em que tem de tomar uma posição e agir de acordo com opções pessoais. Quanto mais ela se deixa dominar por sua inação, tanto mais ela prejudica a si mesma.

Esses "sonhos-choque" têm como meta fazer que ela enfrente os seus medos. Uma boa maneira de fazê-lo seria condicionar-se a enfrentar o agressor

---

1. O psicanalista Pierre Daco desenvolve esse tema, com inúmeros exemplos de apoio, em *L'interprétation des rêves*, 1979.

da próxima vez que o mesmo tipo de sonho se apresentar. Ela poderia então conceder um espaço à sua imaginação e visualizar cenários nos quais sempre vence. Poderia, por exemplo, ter uma arma escondida, recorrer à ajuda de amigos ou se transformar num gigante; em suma, basta usar toda imagem que lhe confira uma sensação de segurança e de força.

Em muitos casos de sonhos de perseguição, vi surpreendentes resultados obtidos por meio do uso desse método. É comum que o simples fato de a pessoa tomar consciência do desafio seja suficiente para que o sonho nunca volte a se repetir.

> A aceitação do confronto, seja ele imaginário ou vivido no sonho, tem como efeito liberar a energia do poder pessoal, que é mantida prisioneira pelo medo.
> Disso resulta uma mudança de atitude diante dos obstáculos da vida cotidiana.

Quando nos vemos às voltas com um sonho desse tipo, costumamos ser levados a parar numa explicação exterior. A pessoa poderia concluir, a partir dessa série de sonhos, que se sente muito importunada pela agressividade dos homens, o que por certo não seria inverídico. Não obstante, essa interpretação contribuiria para que ela mantivesse o seu sentimento de impotência caso continuasse a perceber o problema como sendo exclusivamente exterior a ela. Supondo que a sua própria agressividade, tanto positiva quanto negativa, a assuste, ela se reapropria do poder de transformar a sua situação. É isso que descrevo como levar o jogo do espelho ao extremo.

O conteúdo dos sonhos é fornecido pela consciência superior por meio de, se se pode dizê-lo, um filme captado pelo inconsciente. A missão última do sonho permanece sempre a mesma, isto é, informar a consciência da realidade inconsciente. A verdade daquilo que trazemos em nós é, em algumas ocasiões, perturbadora para os olhos do espírito racional. É por esse motivo que se faz necessária uma boa dose de introspecção para que se revele o sentido oculto de uma história onírica.

> O ser humano é levado, necessariamente, a opor uma grande resistência, na maioria dos casos em razão do medo, aos aspectos mais fortes da sua natureza.

Um dos maiores desafios consiste em equilibrar os componentes femininos e masculinos dentro de uma única personalidade. Logo, não surpreende que grande número de sonhos incite seus autores a gerir esses dois aspectos de sua vida cotidiana.

Há gerações que uma educação um tanto estereotipada tem levado as mulheres a temer as qualidades masculinas, da mesma maneira como se tem ensinado os homens a minimizar suas características femininas. Assim como o exemplo anterior demonstra o medo que sentem muitas mulheres, assim também o sonho a seguir ilustra um medo comum a muitos homens.

Um homem que hesita diante das investidas sexuais de uma colega de trabalho, cuja beleza o paralisa, teve o seguinte sonho:

Ele caminha cautelosamente num caminho cercado por densos bosques de onde vêm vozes doces e convidativas. A escuridão o impede de ver de onde estão vindo as vozes, e ele se sente invadido, tendo a impressão de que vêm de toda parte. Ele procura sair do caminho e, ao fazê-lo, cai na areia movediça.

O sonhador desperta sobressaltado, tomado pela sensação de estar se asfixiando.

Aqui, os bosques densos [*touffus*] lembram o "tufo feminino". Ainda que o convite para que o sonhador se aproxime seja feito com doçura, o pânico está presente, principalmente por causa da escuridão, símbolo das profundezas do mundo feminino. O medo faz com que o sonhador escolha um outro caminho, e este se mostra ainda mais devorador do que o primeiro. A areia movediça representa o medo de ser engolido pela sua energia feminina. Esse homem tem consciência de seu medo de sair com uma bela mulher, e o seu sonho revela que ele teme ser devorado caso se deixe levar por suas pulsões.

Na análise, ele toma consciência de seu medo de ser invadido pelo seu próprio desejo sexual. A beleza da mulher que ele deseja lhe dá a impressão de que ele não poderá mais parar e de que todos os seus outros interesses vão ser desprezados. Dar-se conta de que teme a si mesmo e não ao outro já é uma bela descoberta. Mas pode-se ir mais longe. Na realidade, são poucas as chances de que o medo do sonhador se materialize caso ele se deixe levar pelos seus impulsos. O que mais causa medo é a zona sombria de seu ser que o impele ao irracional. Estando ele habituado às decisões refletidas, o convite de seu mundo feminino (as vozes) para que ele penetre no desconhecido o deixa literalmente em pânico. O sonho sugere a idéia de que a recusa em ver essa parte de seu ser pode levá-lo de um modo ainda mais drástico ao espaço feminino de seu ser que ele percebe como devorador. Os motivos dessa obsessão podem remontar à sua primeira infância, em sua percepção da mãe, que talvez tenha sido sentida como invasiva.

Como já mencionei no capítulo sobre os pais, todas as coisas nos remetem aos nossos dois relacionamentos básicos, e continuam a fazê-lo até que tenhamos reconhecido e curado as feridas ligadas a eles. A partir de reações estereotipadas, podemos igualmente viver situações nas quais nos seja difícil integrar as qualidades associadas ao nosso próprio sexo. Assim, um homem pode se ver às voltas com uma dificuldade de afirmação, assim como uma mulher pode ter todas as dificuldades do mundo para expressar sua sensibilidade. Em conexão com a vivência da infância, foram feitas opções inconscientes, motivadas, na maioria das vezes, por uma necessidade de sobrevivência no plano emocional. As subpersonalidades desenvolvidas a partir daí tornam-se obstáculos à expressão do verdadeiro potencial.

Os sonhos e a sexualidade

Quando se faz referência ao potencial reprimido, fala-se com freqüência de um problema na expressão de si mesmo e nas relações com os outros. Isso pode chegar ao ponto de influenciar a qualidade dos intercâmbios sexuais. Minhas experiências me convenceram de que o tipo de sexualidade vivida pelo ser humano está diretamente vinculado com a maneira de esse ser humano administrar aquilo que ele é. Isso me leva a achar que todo esforço no sentido de melhorar uma atitude sexual só poderá ter efeitos passageiros caso não se faça acompanhar de uma reflexão mais profunda. Ainda que os problemas sexuais costumem ter origem numa dificuldade de expressão de uma faceta masculina ou feminina da personalidade, observei que eles raramente se manifestam nos sonhos por meio de gestos de caráter sexual. Esses problemas são de preferência simbolizados por objetos que representam um medo, como foi o caso dos exemplos precedentes. Destaquemos que as serpentes e répteis e assemelhados, assim como as torres que desmoronam, as armas que não funcionam ou são ameaçadoras costumam estar presentes como representação da angústia do poder masculino; ao passo que a angústia da feminidade pode ser traduzida por precipícios sombrios, águas revoltas, florestas, ambientes em que a pessoa tem a sensação de estar sendo engolida.

É interessante notar que um sonho com mensagem sexual raramente comporta cenas eróticas, e que estas últimas representam em sonhos, na maioria das vezes, dois aspectos da pessoa que sonha que buscam se harmonizar. Como os atos de se abraçar e de se unir sexualmente se revestem de muita importância para os seres humanos, eles vêm a ser símbolos ideais para atrair a atenção consciente para a necessidade de "abraçar" uma situação ou de reunir características em conflito no interior do ser.

Na evolução da alma humana, a sexualidade bem vivida pode ser considerada um modelo de união que todo ser é convidado a realizar por meio da junção de seus próprios opostos interiores. Fazer que os contrários se comuniquem entre si leva à felicidade.

> Não seriam os poucos instantes de profundo bem-estar que o orgasmo proporciona uma amostra da grande paz interior que será nossa quando finalmente alcançarmos a unificação?

E de modo algum precisamos esperar a perfeição para sentir essa felicidade; basta apenas (o que é tão simples que procuramos alhures) eliminar os conflitos que habitam em nós. Os sonhos tornam-se muitas vezes a cena da expressão de conflitos não-resolvidos ou ainda não-admitidos, para não falar em conflitos inconscientes por completo. Eis por que os qualifico como espelhos fiéis e valiosos para todo aquele que deseje se aproximar de sua própria verdade.

MÚLTIPLAS PERSONAGENS, REFLEXOS MÚLTIPLOS

Os sonhos que trazem inúmeras personagens implicadas são objetos de estudo particularmente interessantes relacionados com os conflitos interiores. Eles abrangem um quadro das múltiplas relações entre os diversos aspectos da personalidade. Eles revelam, de modo muitas vezes bastante eloqüente, os nossos *patterns* de comportamento, as nossas fraquezas, bem como, graças a Deus, os nossos recursos e as nossas forças. Tendo-se feito um trabalho preliminar de identificação de cada "ator" como representação do próprio ser de quem sonha, o sentido da mensagem se desvela quase que por si mesmo.

Ilustro aqui esse exercício com a ajuda de um sonho que eu mesma tive:

Sonho que caminho com meu ex-marido na direção da casa em que morávamos. Estamos os dois bem juntos e sinto-me bem. Digo a mim mesma que as pessoas que nos vêem vão pensar que ainda estamos juntos. Ele me faz entrar a fim de me mostrar os trabalhos de reforma que ele mandou fazer por três ou quatro pedreiros que conhecemos e que já estão trabalhando. Meu ex-marido mandou instalar meia parede móvel entre a cozinha e a sala de estar. Percebo com clareza que não fui consultada e passo alguns segundos fazendo uma crítica a isso no meu íntimo. Contudo, quanto mais olho a meia parede, tanto mais a considero bem acabada e genial como idéia. Admiro o resultado, porque a obra foi realizada com cuidado e criatividade.

A primeira etapa consiste em determinar o que representa para mim cada uma das personagens da história. Costuma ser mais fácil fazê-lo recorrendo a um quadro.

Personagens do sonho	Aspectos do sonhador
Meu ex-marido	Minha intuição, minha sensibilidade
Eu enquanto sonhadora	Minha parte racional
Os pedreiros	Aspectos masculinos do meu ser que passam à ação
As pessoas que vêem a mim e ao meu ex-marido	Partes que fazem julgamentos

Em segundo lugar, leio novamente a narrativa do sonho, substituindo o nome de personagens pelas partes correspondentes do meu ser. Também substituo os termos específicos por termos mais gerais para me afastar do contexto do sonho e me aproximar do meu contexto real.

Eis em que esses procedimentos podem resultar:

O meu lado racional avança (caminha) com *a minha intuição* na direção do nosso interior (casa). Sinto-me assim bem próxima da *minha sensibilidade*. Constato que *aspectos do meu ser fazem um julgamento* dessa aproximação. *Minha intuição* deseja mostrar ao *meu lado racional* o resultado de mudanças interiores decorrentes da sua criatividade. Essas transformações são levadas a efeito pelas *minhas capacidades de ação*, que já conheço. O resultado é a um só tempo belo e funcional (alia o masculino e o feminino). O *aspecto mental* reage um pouco por não ter exercido seu papel de controlador, mas termina reconhecendo o valor das soluções dadas pela *minha intuição*.

Dou a esse exercício a designação de contar o sonho de outra maneira. Com um pouco de prática, ele se torna cada vez mais fácil e pode ser usado com rapidez.

Em muitos casos, o exercício faz a mensagem se destacar de tal maneira que ocupa o lugar da interpretação. No exemplo acima, o fato de se tratar de um homem que reencontro depois de uma separação torna ainda mais eloqüente a aproximação entre duas partes do meu ser que já conviveram em harmonia. A casa, símbolo freqüente nos sonhos, representa o nosso mundo interior. Tal como ocorre na realidade, ela é um espelho do nosso estado de espírito e da nossa evolução. Aqui, a reforma da casa mal tem sentido simbólico, dada a grande possibilidade de a tomarmos ao pé da letra. As imagens oníricas jogam muitas vezes com as palavras. No meu sonho, os trabalhos de reforma se referem ao trabalho interior; basta transferir o termo para o seu sentido figurado. A meia parede móvel sugere uma flexibilidade entre os momentos de trabalho (cozinha) e de descanso (sala de estar), ao mesmo tempo que mantém uma separação entre eles. Pode-se tratar tanto de um trabalho concreto como de um trabalho interior. Só o exame do contexto da vida desperta pode dar um sentido preciso aos detalhes de um sonho.

Um sonho sempre é muito personalizado, dado que espelha uma realidade ímpar. Os símbolos escolhidos pela consciência superior como veículos da mensagem estão necessariamente ligados às experiências de vida da pessoa que sonha. Por exemplo, uma enfermeira sonha com instrumentos cirúrgicos, mas quem se dedica à lavoura terá imagens bem diferentes, pois cada um encontra a sua relação afetiva com a sua realidade cotidiana.

Cresci numa casa em que o meu quarto estava num nível superior e em que o teto de pinho apresentava algumas junções visíveis. Toda a minha história onírica é marcada por escadas que levam a lugares insuspeitados e a andares mais altos. Tudo se passa como se, a partir do momento em que reconheço a clareza de um símbolo para mim, o inconsciente o inclui nos meus sonhos cada vez que deseja chamar a minha atenção para uma realidade da mesma ordem. Cada pessoa pode identificar símbolos e personagens que se repetem com freqüência em seus sonhos, o que facilita em larga medida o trabalho de interpretação.

> Dado o caráter íntimo do sonho e a sua estreita ligação com a vida da pessoa que sonha, ninguém pode ter a pretensão de interpretar o sonho de outra pessoa.

Cada vez que ajudo alguém a ver com mais clareza os seus próprios sonhos, partilho a minha experiência e a minha intuição dizendo "Se fosse um sonho meu..." antes de dizer que impressão tenho. Essa fórmula serve para me recordar que aquilo que posso ver e sentir com respeito ao sonho de outra pessoa não passa de reflexo de um aspecto de mim mesma. Nos meus grupos de trabalho, dez pessoas captam de dez maneiras diferentes uma mesma narrativa de sonho. Na etapa em que cada qual relê a sua interpretação do sonho do outro, cada um percebe que a interpretação que fez do sonho alheio cai-lhe como uma luva.

Projeção de um futuro possível

Uma das funções do sonho mais relevantes é nos preparar para o que vamos viver no futuro próximo e nos tornar receptivos a isso. Quando trabalhamos conscientemente para vencer as nossas próprias limitações, o sonho pode tornar-se a cena de situações com as quais se faz uma experiência. Como os nossos temores estão, em sua maioria, arraigados há muito tempo, é-nos ne-

208 | INSTRUMENTOS UNIVERSAIS

cessário verificar como as coisas se passariam caso nos atrevêssemos a nos comportar de outro modo.

Quando eu era criança, eu costumava sonhar que queria gritar para pedir ajuda, porém o som não saía. Isso me angustiava a tal ponto que eu acordava bruscamente. Hoje, a minha consciência adulta sabe muito bem que um bloqueio na garganta é sinal de uma dificuldade de expressão de si mesmo. Numa fase de minha vida na qual tinha um real desejo de vencer os meus medos nesse domínio, passei a ter outra vez sonhos em que o som era abafado na garganta.

Lembro-me de uma cena em que as minhas duas filhas (a minha parte controladora e a minha criança ingênua) me seguram com firmeza para me fazer passar por alguma coisa com boa intenção, mas eu me recuso. Meus protestos ficam bloqueados na garganta e é tal a minha frustração que começo a fazer exercícios de voz, concentrando-me antes naquilo que desejo conseguir do que naquilo por que estou passando. O som gutural de minha voz me desperta, e sinto em mim a firme intenção de não permitir mais que qualquer pessoa (exterior a mim ou do meu próprio íntimo) entrave a expressão daquilo que eu sou.

Esse tipo de sonho tem o papel de refletir para nós o nosso potencial num domínio no qual nos subestimamos. Ele age como um trampolim para atitudes mais confiantes de nossa parte. Diz-se que a sua carga energética tem tanta força, que o sonho terá efeito mesmo que o sonhador não tenha dele nenhuma recordação consciente. Não é preciso mencionar que um trabalho consciente pode multiplicar de forma substancial o efeito positivo das imagens oníricas.

> Quanto mais o sonhador fica atento para estudar os seus sonhos e vigilante para seguir suas mensagens, tanto mais límpidas se tornam as lições, o que simplifica em larga medida a sua interpretação.

Pouco tempo depois de ter tido esse sonho, tive de me afirmar diante de uma pessoa a quem muito amava; consegui vencer o meu medo de deixar o outro triste, de um lado, e de ser rejeitada, do outro. O meu sonho me havia preparado para fazê-lo ao me colocar numa situação incômoda com relação a entes queridos, situação na qual eu me obrigara a fazer uma opção a fim de parar de sofrer.

Aprender a respeitar as minhas necessidades e a me afirmar no contexto de uma relação afetiva foi para mim um grande desafio. Esse processo foi levado a efeito em várias etapas; as minhas resistências tinham tal intensidade, que tive necessidade de inúmeras experiências do mesmo tipo a fim de realizar a integração.

Em todos os recomeços da minha relação com Larry, tomei consciência de que eu tinha de afirmar a minha diferença e fazer respeitar o meu espaço vital. Creio que aceitei esse relacionamento para aprender a receber de um homem, e me senti tomada de surpresa por esses desafios imprevistos. Contudo, eu tinha a intenção objetiva de não deixar que ele atingisse os domínios nos quais eu obtivera, a duras penas, a liberdade. Eu sabia que tinha de ser firme para ter sucesso e, embora já tivesse praticado isso com a minha filha no passado, eu não me sentia tão segura de mim em situações amorosas. Tive em seqüência, numa mesma noite, dois sonhos que muito contribuíram para eliminar o meu falso pudor e o meu medo de virar o outro pelo avesso.

♦ *Chego de carro à entrada de um hotel. Dois homens me abordam com um bloco de multas na mão e começam a me tratar com arrogância. Três ou quatro pessoas vêm sentar-se no capô, fingindo-se de testemunhas, para me afrontar. Avalio num instante a situação, acelero bruscamente para desalojá-los e "dou o fora", considerando que eles exageraram no seu abuso de poder. Não sei se eles tiveram tempo de anotar a placa do meu carro e digo a mim mesma que isso pouco importa, enquanto sigo em frente, contente com o meu gesto.*

♦ *Chego à casa; parece-me que estive ausente por muito tempo. Penso no meu cão, para o qual não deixei comida, dado que não previra essa tão longa ausência. Quando ele pula para me receber, percebo que não é ele, mas um enorme gato. Olhando ao redor, vejo dois outros gatos e me dou conta de que tudo mudou na casa. Reconheço uma mulher com quem já trabalhei; ela usa roupas de Bécassine.[2] Lembro-me então de que ela ficara encarregada de cuidar da casa, mas constato que ela tratara o ambiente como se lhe pertencesse, mudando a posição dos móveis, pintando as paredes de outra cor e escolhendo outras cortinas. Além disso, ela sumira com a minha cama e pusera a sua no meu quarto. Sinto-me invadida por uma violenta cólera. Digo que ela pode achar tudo aquilo muito bonito, mas que eu não gosto, além do que ela não tinha o direito de mudar as coisas sem me consultar. Ela se mostra toda delicada comigo, mas eu pouco me importo se ela me trata ou não com gentileza; sinto aquilo como uma invasão e estou louca de raiva. A mulher está no meu território e tem de ir embora imediatamente! (textual no meu diário).*

Creio que essas imagens são eloqüentes e dispensam comentários interpretativos. Esses dois sonhos são um exemplo palpável do apoio dado pelo meu íntimo à minha necessidade de adotar novos comportamentos para

---

2. Criada bretã de revistas em quadrinhos dos anos 1930 demasiado ocupada e que sempre acaba fazendo bobagens.

210 | INSTRUMENTOS UNIVERSAIS

salvaguardar a minha harmonia. Eles me proporcionaram o vigor necessário para expressar tanto as minhas necessidades e opções como os meus limites. Tenho necessidade desse impulso, porque o meu medo de ser incompreendida e rejeitada tem raízes profundas. O simples fato de contar esses sonhos faz que eu ainda sinta a carga de energia que eles contêm. Eles por certo erigiram em mim, graças ao seu caráter hiperbólico, a certeza de que a única solução era afirmar a mim mesma. Além disso, o sentimento de satisfação interior que tive neles ao exigir o meu direito de ser respeitada foi para mim uma indicação segura disso.

A EMOÇÃO, ESPELHO DA REALIDADE OCULTA

> Eu sempre acho extremamente importante
> o que eu sinto num sonho.
> O sentimento traz em si a verdade profunda que
> os símbolos procuram revelar.

Se, entre outras coisas, eu me tivesse sentido culpada por ter ficado encolerizada, a mensagem do mesmo sonho poderia ser sobremodo diferente. Tomemos o exemplo da pessoa que sonha que voa. Como determinar se se trata de fuga, de uma retração ou de uma nova liberdade? Só a emoção que acompanha a ação pode nos indicar a interpretação correta.

A fuga poderia ser gerada pelo medo de enfrentar as coisas, decorrente da dúvida com relação a si mesmo, comportando provavelmente um sentimento de remorso.

Um recuo benéfico seria sentido como um alívio ou como a descoberta de um novo ângulo de visão de uma dada situação.

Uma libertação se faria acompanhar por uma forte sensação de plenitude, de abertura e de confiança.

Esclareçamos que os símbolos presentes aos sonhos nunca são parte do plano racional. Eles têm, antes de tudo, um cunho emocional, isto é, remetem a pessoa que sonha à sua experiência de vida em suas relações com um determinado objeto ou com uma dada ação. E mesmo quando se trata de um arquétipo, por mais universal que seja (por exemplo, um guerreiro, uma fada, um astro), ele será matizado pelo sentimento que evoca no sonhador.

Assim como na vida desperta, a emoção e o sentimento são a meu ver instrumentos extremamente valiosos. Embora o componente mental procure quase sempre reprimi-los ou encobri-los, eles são uma característica inerente à nossa condição humana. Eles são essenciais à nossa evolução porque nos

> A emoção presente no sonho mostra que ele é um espelho
> fiel de nossas reações primordiais e inevitáveis.
> Ela é sentida com tanto mais intensidade quanto mais tiver
> sido reprimida pela parte consciente do nosso ser.

revelam as nossas mágoas, os nossos medos, as nossas fraquezas e os nossos bloqueios. Eu vejo a emoção como um fio condutor que leva aos sentimentos profundos e inconscientes. É quase impossível entrar em contato com esses sentimentos se a emoção não dispuser do espaço necessário à sua identificação e expressão. Os valores sociais e religiosos da nossa sociedade há muito contribuem para a repressão da vida emocional, e a maioria dos adultos de hoje ainda se vê às voltas com bloqueios de ordem emotiva. Isso explica o fato de as mensagens dos sonhos girarem em larga medida ao redor da ampliação da nossa consciência de nós mesmos nesse campo. Enquanto não tivermos aprendido a acolher as emoções que trazemos no nosso ser, em vez de julgá-las, elas continuarão a tomar vulto. Quer se manifestem na vida "vertical" ou na vida "horizontal", as emoções só pedem para ser reconhecidas e para que se libere a sua carga inerente de energia. Elas servem para nos informar do que temos dentro de nós, permitindo-nos transcender nossas limitações tão logo tenhamos aprendido a tratá-las com amor e respeito.

A RELAÇÃO DOS SONHOS COM O OBJETIVO DA ALMA

A missão dos sonhos é, no entanto, mais abrangente do que gerir o plano emocional. Esquecemo-nos com muita freqüência que somos antes de tudo, seres espirituais. Da mesma maneira, parece-me evidente que os sonhos, seja qual for o tipo de mensagem que apresentam, são primordialmente ditados pela consciência superior, visto que esta tem a seu cargo a nossa evolução.

> Os sonhos têm como origem a consciência superior, estando
> todos ligados, em maior ou em menor grau, ao objetivo
> buscado pela nossa alma em sua encarnação na terra.

Quer eles comportem mensagens vinculadas com a saúde, com os relacionamentos ou com as emoções, veiculem advertência ou façam revelações, os sonhos formam uma totalidade coerente na história da nossa evolução. A consciência superior serve-se do inconsciente para nos transmitir um conteúdo.

212 | Instrumentos Universais

Eu considero o inconsciente um utilíssimo veículo que pode ser usado como escadaria que leva à consciência. Quanto mais ele se amplia, tanto maior o teor espiritual das mensagens transmitidas pelos sonhos, servindo assim, de modo direto, de guias do caminho da alma. Essa ampliação cria igualmente uma forma de consciência no próprio interior do sonho, o que permite ao sonhador transformar situações, mudar imagens, a seu bel-prazer. Onde reinam a angústia e o pesadelo, espelhos da impotência, a consciência pode fazer que a realidade se incline para a responsabilidade e o domínio de si mesmo.

Num período em que eu me sentia impotente para me libertar de velhos condicionamentos, tive um sonho que me sugeriu um novo tipo de solução.

Estou de férias à beira-mar e estou nadando; percebo de súbito que a corrente me levou para o alto-mar. Faço um grande esforço para voltar à orla, e eis que sinto a presença de tubarões vindo na minha direção. Fica claro que, como estou nadando contra a corrente, não poderei nadar com a rapidez suficiente para evitá-los. Não há nada que me possa ajudar ao meu redor; porém, surpreendentemente, vejo que estou bem pouco assustada. Ocorre-me a idéia de invocar forças superiores invisíveis para que me venham socorrer. No instante seguinte, estou sã e salva na praia, mas sem saber como cheguei ali.

Esse sonho abriu as portas para que eu tivesse maior confiança, bem como para que me abandonasse à minha energia superior.

> **Não é preciso que o componente mental compreenda para que as soluções sejam eficazes.**

Desde então, tem-me sido mais fácil pôr em prática a máxima: "Deus ajuda a quem se ajuda." Percebo cada vez mais que a minha personalidade sofre de sérias limitações. Quando lhe entrego o leme da minha embarcação, é difícil que ele me leve a bom porto, e os desvios que faz levam-me a passar por tormentas que eu poderia evitar. São já inúmeros os meus sonhos em que sou instada à entrega à minha Sabedoria interior, dado que o meu espírito racional resiste a seguir um caminho que acha desconhecido ou injustificado.

Agora eu tenho uma compreensão melhor do fato de que o ego e a personalidade devem aprender a humildade abordada pelos Evangelhos. Trata-se da condição indispensável da manifestação da grandeza e do poder do nosso eu Divino. Na religião da minha juventude, fazer a Vontade de Deus tinha por referência uma autoridade exterior à qual deveríamos nos submeter. Essa compreensão reforçou a decisão, tomada por mim ainda bem menina, de me conformar com o que a minha mãe esperava de mim, em vez de obedecer à minha voz interior.

O Sonho, Espelho Sutil da Realidade | 213

Obedecer à minha própria "vozinha" foi um processo muito longo no meu caso. Cheguei a isso de modo gradual, lançando mão de tudo o que a vida me punha ao alcance da mão: acontecimentos, sonhos, sintomas físicos ou emoções fortes. Por mais simples e evidentes que se afigurem os avanços que hoje faço, a minha certeza baseia-se num impressionante número de tentativas e erros. É claro que foi por meio da transformação de meus "erros" em aprendizagens que alcancei bons resultados, algo que exigiu de mim uma grande dose de perseverança e de fé. Hoje, aplico-me ao seguimento do caminho indicado pela consciência superior, consciência cuja única vontade é a plena realização do Ser de luz que eu sou, para além das limitações da minha ínfima consciência egocêntrica.

Somente os sábios estão capacitados a assimilar as lições de imediato. A maioria das pessoas, tal como eu, precisa passar pela experiência de inúmeras situações antes de perceber que uma dada atitude causa sofrimento.

> Dedicar um tempo enorme à assimilação de uma lição é resgate a pagar a um componente mental recalcitrante.

Nossa Sabedoria interior, em sua perfeição, não julga de modo algum o nosso ritmo de aprendizado. De forma incansável, ela nos guia para as pessoas e as circunstâncias propícias ao nosso despertar. Como genitor amoroso, deixa-nos a liberdade de passar pelas nossas experiências; contudo, sabendo que costumamos rumar diretamente para o sofrimento, mostra-se sempre pronta a nos dar luz e apoio. Ela costuma recorrer aos sonhos com o fito de nos precaver contra os riscos que corremos.

Num momento em que retomei pela enésima vez o relacionamento com Larry, tive o seguinte sonho:

Passeio certo dia de bicicleta e procuro chegar a um dado lugar. Encontro um rapaz que fala inglês que me dá instruções em francês. O homem não tem pernas e faz todo tipo de acrobacias e de brincadeiras. Depois volto a me ver fazendo um passeio do mesmo tipo em que tenho de fazer um desvio para evitar uma descida demasiado abrupta; não sei que direção seguir. Encontro o mesmo homem, que me reconhece, enquanto eu não me lembro dele. Pergunto o seu nome e tenho de lhe pedir que diga duas vezes, porque ele fala rapidamente e em inglês, ao mesmo tempo que faz piruetas. Fico surpresa com o fato de não ter me lembrado dele, tratando-se de pessoa tão singular. Num tom jovial, ele me sugere um caminho a seguir.

Quando despertei, fiquei perturbada pelo fato de não ter me lembrado de uma experiência já vivida mas deveras peculiar. Naquele momento, eu não vi a ligação dele com Larry. Aquele rapaz engraçado me falava de Larry mediante três símbolos:

214 | INSTRUMENTOS UNIVERSAIS

- Era brincalhão como ele;
- Tinha uma deficiência, sem dúvida para indicar a minha dificuldade de avaliar o seu aspecto físico;
- Falava inglês, o que me fazia recordar da minha impressão de que (dada a grande diferença entre os nossos pontos de vista) eu e ele não falávamos a mesma língua.

No sonho, eu não me arriscava a escolher sozinha um caminho. Não tive confiança em mim mesma para descer de modo abrupto às profundezas do meu inconsciente. Percebi imediatamente que era necessário ser prudente e não me deixar levar pelas "piruetas"; e decidi ver Larry na época só como amigo. Isso não durou; esqueci-me da mensagem do meu sonho e reencetamos o relacionamento amoroso.

Numa análise mais profunda, o meu sonho-espelho não me dizia para desconfiar tanto de Larry quanto de alguns aspectos de mim mesma. Eu precisava levar em consideração o meu próprio lado deficiente, isto é, a minha dependência afetiva, que recorria a todo e qualquer meio para desviar a minha atenção. Essa parte de mim tentava me persuadir de que sabia o bom caminho, ao mesmo tempo que se mostrava atenciosa com a minha necessidade (a personagem me falava em minha língua). O fato de tê-la ouvido me levara a fazer alguns desvios a mais para chegar, vários meses depois, ao mesmo ponto. Porém nunca se perde coisa alguma, e esse episódio me permitiu reunir a coragem necessária para descer o declive pronunciado que leva ao meu inconsciente. Desse modo, percebi de maneira mais profunda a minha dependência afetiva e os desvios que ela me levava a fazer para chegar constantemente ao desrespeito às minhas necessidades profundas.

Na minha primeira interpretação desse sonho, caí na armadilha de associar uma personagem a alguém fora de mim. Trata-se de uma armadilha na qual se pode facilmente cair enquanto não se integrar a noção do espelho. Essa tendência que temos de jogar a bola para fora do nosso campo é, com toda a certeza, tenaz.

No caso, o sonho me sugeria que eu desconfiasse de quem quer que fosse. Desconfiando de um elemento exterior a mim, passei ao largo da mensagem. Por causa disso, acabei alongando o meu percurso em vários meses. Não que a minha interpretação tivesse sido falsa, mas era incompleta. Pensando nela outra vez, não espanta o fato de eu ter identificado o ator extravagante com Larry. Este era um espelho tão fiel de uma parte de mim que eu me deixara levar. Desconfiar dele fazia de mim um alvo e uma vítima perfeita, dado que eu lhe atribuía (inconscientemente) poder sobre mim.

Essa história me serviu de confirmação da idéia de que o caminho mais rápido para evoluir e parar de sofrer é sempre remeter tudo a si mesmo. **Quanto mais olho para mim mesma, tanto mais me vejo.**

Para o melhor e para o pior

Quanto mais avançamos no caminho da evolução, tanto mais a rota vai se estreitando, tornando-se às vezes abrupta ou acidentada. Quanto mais avançamos, tanto menos pessoas encontramos pelo caminho, visto que nem todos estão preparados para enfrentar as dificuldades e as intempéries. Os modelos a imitar vão se tornando mais raros e nos vemos com cada vez maior freqüência diante de nós mesmos quando se trata de saber que rumo seguir quando o caminho se bifurca. A dúvida se mescla com a confiança e com o espírito de aventura da alma que faz a jornada. Não obstante, se cada passo comporta o seu risco, se cada salto no vazio requer uma espécie de abandono, a recompensa está sempre à espera. Ela chega como uma dádiva quando a pessoa está se preparando para o pior: qual uma rede que nos impede de cair ou como a mão de Deus detendo o braço de Abraão pronto para sacrificar o próprio filho, a Vida nos sustém, nos ampara e nos protege. Ela nos dá os sinais palpáveis de que tanto precisa a nossa incredulidade para crer que somos seres preciosos e que somos amados incondicionalmente.

> Todo ser humano aspira à liberdade, porque nela reside a sua natureza profunda.

Por esse motivo, cada gesto que fazemos no sentido de conquistá-la é extremamente vital e não poderia produzir frutos sem uma coragem assentada numa firme determinação. Porque certos trechos do caminho nos parecem exigir tanto que somos levados a perder a motivação e a pedir: "Afasta de mim este cálice."

Num momento da minha vida em que eu aspirava a agir cada vez mais de acordo com as minhas necessidades e as minhas limitações, minha sabedoria me mostrou o que eu precisava enfrentar em primeiro lugar. Um sonho marcante me fez avaliar os fatores envolvidos na minha libertação.

Vejo-me num local em que se pode aprender a voar.[3] Ouço atentamente as instruções. Mostram-nos uma foto que ilustra um pré-requisito de que eu não ouvira falar. Vê-se na foto uma vala cheia de lama na qual está mergulhado um homem até as axilas. Explica-se em seguida que se deveria partir desse lugar. Prende-se a pessoa ao avião por meio de uma longa corda, e a pessoa tem de andar na lama cada vez mais rapidamente

---

3. Na realidade, eu tinha lido na véspera um artigo sobre um lugar chamado Aérodrome no qual se reproduzia o efeito de queda livre, o que permite voar nesse contexto pelo período aproximado de três minutos.

para depois voar, puxada pelo avião. Afirma-se que essa fase é absolutamente necessária e que, depois de ter passado por ela será possível voar sem obstáculos. Vejo a vala de lama e não sinto a mínima vontade de entrar ali, ao mesmo tempo que penso que é praticamente impossível avançar estando tão atolado na lama.

Essa foi a última imagem do sonho. Quando acordei, fiquei perplexa e fui afetada pela seguinte afirmação simbólica:

> A libertação está longe de ser gratuita.

Perguntei a mim mesma se se tratava de uma descrição da realidade ou de uma expressão de meus próprios temores. Resolvi a questão me dizendo que a tarefa era por certo realizável, dado que o homem da foto já conseguira fazê-lo. E esse homem refletia para mim a minha capacidade de ação. A seqüência de eventos ulteriores demonstrou que esse sonho desencadeara em mim a aceitação da passagem por dificuldades com o fim de aceder àquilo por que ansiava a minha alma.

Dias depois, comecei a ter uma série de sonhos que sempre giravam em torno desse mesmo tema. Em contextos variados, eu me preparava para partir em viagem; o sonho me colocava seja a caminho do aeroporto, no balcão da empresa aérea ou no portão de embarque. Em suma, eu partia de avião, o que me indicava um destino distante, ou seja, um grande passo à frente. Mas em todos os casos havia óbices ou atrasos acompanhados do medo de perder o avião. Como esses sonhos duraram algumas semanas, não dei no início, atenção à sua similitude. Depois de ter registrado por escrito o quarto sonho da série, folheei meu diário de trás para a frente a fim de reler meus últimos sonhos. Havia um fio condutor evidente entre eles, com uma progressão rumo à meta, que consistia em chegar a uma nova fase da minha vida. Esse período correspondeu factualmente ao final do meu relacionamento com Larry e à tomada de posse da minha autonomia afetiva.

Meus sonhos de partir para lugares distantes me confirmaram que aquela era a última vez, isto é, que o meu aprendizado com ele tinha acabado. As mensagens, no entanto, continuaram por um mês depois do rompimento, para me fazer compreender que a "grande decolagem" que estava à minha espera implicava bem mais do que ter chegado ao fim do relacionamento com Larry.

Eu me encontrava agora sem espelho exterior e diante de mim mesma para levar a cabo a minha decolagem. Os sonhos seguintes me deixaram com imagens imprecisas na hora de despertar. Senti que estava num período de transição e que minhas resistências deviam estar tornando imprecisas as minhas imagens oníricas. Nesses períodos, julgo importante registrar por escrito as minhas impressões, aquilo que sinto, bem como os acontecimentos em si, para ficar atenta aos sinais que a vida me envia. Anotei no meu diário:

Ontem, de um sonho só restou uma impressão: vou recomeçar alguma coisa e serei supervisionada a partir do meu interior.

Também registrei que havia conhecido três homens interessantes numa mesma semana. Meus escritos diziam:

Vejo os testes pelos quais a vida me faz passar no que se refere aos homens. Arquivo as minhas pastas de maneira organizada, como me determinara a fazê-lo, e sinto orgulho de mim mesma. Não me submeto a pessoa alguma, não faço concessões.

UM GUIA CONFIÁVEL

Eu sempre me sinto fascinada diante da constatação da exatidão com que os meus sonhos me revelam exatamente em que ponto eu estou da minha evolução. Eles traçam o caminho virtual de cada etapa que tenho de transpor. Sinto-me como se alguém que vê as coisas com mais clareza do que eu me tomasse pela mão e me guiasse cada um dos passos para se assegurar de que eu sempre pise em terreno firme.

> O sonho é um guia seguro que ilumina o caminho e dirige os nossos passos.

Em algumas ocasiões, esse alguém assume ares de terapeuta para me ajudar na sondagem de minhas profundezas. Em outros momentos, ele se transforma em guia de caminhadas pela floresta ou de alpinismo. Ele também faz as vezes de viajante, ajudando-me a projetar no futuro as minhas capacidades de realização. Dir-se-ia que ele tem nas mãos o fio de minha vida, ao mesmo tempo que me ensina a seguir o seu desenvolvimento. Quanto mais atenta estou para pôr em prática as mensagens que recebo, tanto mais fácil e agradável se torna a minha vida. Tenho de vez em quando a impressão de que me basta ir dormir para ler em sonhos o manual de instruções da próxima fase. A continuidade da narrativa de meus sonhos me permitirá ilustrar o que acabo de dizer.

Tendo eu alcançado um bom resultado com os testes que visavam verificar se eu não repetiria o padrão de atrair e escolher um homem não-adequado, os meus sonhos me indicaram que eu estava seguindo uma nova rota. Comecei a

218 | INSTRUMENTOS UNIVERSAIS

sonhar com imagens de bebês a quem prestava cuidados, mas eu o fazia de um modo que eu mesma julgava inadequado. Carregar uma criança, dar à luz, cuidar de um bebê são símbolos de novos projetos.[4] Meu espelho interior me fazia saber, por intermédio do meu espelho noturno, que eu me sentia inábil para gerir os meus novos desafios. Mas não tardou a me dar esclarecimentos que me levaram a me sentir estimulada e me trouxeram a confirmação de que estava no caminho certo, apesar de algumas ciladas. Numa mesma noite, tive dois sonhos complementares que refletiram para mim importantes aquisições que eu havia feito.

No primeiro sonho, estou na companhia de um belo homem que tem magníficos cabelos loiros encaracolados. Seu corpo é o de um deus. Acho que somos íntimos, dado que ele tem a metade inferior do corpo desnuda e deseja me mostrar uma coisa que o inquieta com relação ao seu pênis. Aproximando-me, vejo que de fato existe uma espécie de pústula avermelhada do tamanho de uma vespa do lado esquerdo do órgão. A imagem, contudo, desaparece antes que eu tenha tempo de examinar mais de perto.

Eu me sentia muito bem nesse sonho e sorria ao despertar, pensando que o meu lado masculino interior era mais bonito do que eu imaginava. Mas vi também que a sua expressão estava presa a um detalhe. Esse detalhe, contudo, tinha características que impediam a boa realização de coisas agradáveis... Esse sonho de modo algum me falava da minha vida sexual, ao contrário do que se poderia pensar à primeira vista. Tendo me mostrado um aspecto masculino meu que é belo e sadio, o sonho me chamava a atenção para um obstáculo ligado à minha criatividade. De fato, sendo o órgão da procriação, o pênis cria um ser novo no plano físico. Porém os órgãos genitais são também o símbolo daquilo que criamos num nível bem mais sutil. Esclareçamos que essa energia se aloja no segundo chakra, que fica no baixo-ventre (Anexo 1). A pústula, considerada uma forma de infecção, representava alguma coisa de fora que eu deixara penetrar em mim. Com efeito, uma infecção só pode nos atingir quando a vulnerabilidade reduz a eficácia do nosso sistema de defesa natural. O fato de a ferida estar do lado esquerdo me remete à minha vida emocional (Anexo 3). Esses símbolos me deixaram atenta às questões emocionais que em seguida se apresentariam a mim. Fui, por outro lado, tranqüilizada pela intimidade que existia entre os meus aspectos masculino e feminino no sonho.

No segundo sonho, estou numa casa onde estão muitas pessoas. Observo a presença de dois garotinhos bem novos cuja mãe está ausente e caminho na sua direção. Tomo nos

---

4. Mesmo os homens podem sonhar que dão à luz, tal a força de que se reveste este simbolismo.

braços o mais novo, que tem cerca de seis meses; ele procura o seio. Deixo-o seguir em frente enquanto lhe digo mentalmente: "Meu queridinho, há mais de vinte anos não existe leite aí dentro." Mas o leite começa a jorrar, e o outro garoto, que tem cerca de 2 anos, também se põe a sugar. Eles logo param de sugar e o meu leite escorre. Fico estatelada com o que acontece.

Acordei mais tranqüila, com a certeza de que a minha feminilidade estava em boa forma e tinha capacidade para me alimentar nos meus novos desafios. Esses dois sonhos me convidavam a confiar tanto no meu lado masculino como no meu lado feminino. Eu fizera pedidos bem precisos ao Universo com respeito a um projeto que eu desejava concretizar, e, como tardassem a vir os sinais ligados a isso, eu começara a duvidar da minha capacidade de criação e de manifestação. O detalhe relativo ao pênis me dizia que eu não estava longe de ter sucesso. Duas semanas depois, um sonho que continha o mesmo gênero de símbolos me revelava as coisas que não iam bem; a imagem era tão forte que simplesmente se impregnou em mim.

No sonho, tenho algo entre as pernas que atrai a minha atenção. Quando a toco, dou-me conta de que tenho um pênis e de que ele está ereto. Tento fazê-lo penetrar na minha vagina, mas é impossível, devido à posição em que se encontra o órgão masculino.

Pela manhã, escrevi, à guisa de dedução: "Tenho tudo o que é necessário dos dois lados, mas não consigo realizar o que eu desejo. Trata-se de uma boa descrição do modo como me sinto neste momento: bem equipada, mas sem que coisa alguma funcione." Tive na mesma noite dois outros sonhos.

No segundo, chego a um lugar para dar à luz e assumo a mesma posição de um homem que vai urinar. Tenho de esperar um pouco, dado que ainda não se trata do momento certo.

Mais uma vez a mistura do masculino com o feminino, mas pelo menos desta vez a mensagem era estimulante: "Tarda mas não falha." No terceiro sonho, repete-se três vezes a mesma cena com uma pessoa diferente.

Alguém vem me visitar e, como estou de biquini, não me sinto à vontade. Vamos juntas ao encontro de outra mulher e observo que ela também está de biquini. Sinto outra vez um certo mal-estar. Depois visitamos uma terceira mulher, amiga minha, que está em vias de consertar um objeto servindo-se de ferramentas para madeira. Também ela usa um biquini e não parece tão pouco à vontade quanto eu e a primeira mulher.

Associei esta última mulher a uma parte feminina de mim mesma que tem capacidade de ação. É como se se fizessem necessárias três imagens femi-

220 | Instrumentos Universais

ninas de mim antes de eu chegar a me sentir à vontade com relação a mim mesma.

As imagens desses três sonhos formaram uma trilogia. Tendo vindo na mesma noite, elas constituem uma história dividida em três partes. Vejamos a evolução de uma para a outra.

♦ No primeiro sonho, constato que trago em mim os dois sexos. Trata-se de uma constatação da ordem dos fatos e da ordem dos sentimentos;
♦ O segundo, em que me preparo para dar à luz, anuncia um evento próximo;
♦ O terceiro sonho encerra a trilogia com um desfecho no qual finalmente entro em ação. Ele mesmo comporta três partes, que constituem etapas rumo à sua realização.

A simbologia dos números é para mim tão importante nos sonhos quanto o é na realidade. Cada número traz consigo uma vibração peculiar (Anexo 4). O número três, representado pelo triângulo, une dois opostos: fala de unificação, de superação da dualidade. (Basta pensar na Santíssima Trindade, símbolo de união e de perfeição.)

Constato que, sempre que o número três se faz presente num sonho, há sempre alguma coisa fundamental em jogo. A ciência dos números me fascina. Ela é uma demonstração de que nada no Universo foi deixado ao acaso. Todas as coisas que existem têm a sua razão de ser em função de uma harmonia, seja ela no cosmos, na sociedade ou no íntimo do ser humano.

Continuemos a narração com a fase conclusiva dessa saga.

Durante todo o dia depois dessa série de sonhos, vi-me habitada pelas minhas imagens noturnas e pela pergunta: "Por que ainda não me sinto à vontade com relação à minha feminilidade?" Nesse mesmo dia, descobri que o meu projeto poderia se concretizar, e a exaltação trouxe consigo a inquietude. A etapa de preparação chegara ao fim e agora eu tinha de pôr mãos à obra.

> Decodificar e compreender a mensagem de um sonho é a primeira etapa.
> O verdadeiro trabalho consiste em aplicar essa mensagem ao cotidiano, e concretizá-la nele.

O estudo dos sonhos não é uma diversão para o aspecto mental do nosso ser. Devemos abordá-la como um esforço de introspecção, de espelho em punho, a fim de possibilitar a escolha da ação correta de acordo com a nossa verdade profunda. Tal como acontece em todo aprendizado, a fase de aplicação continua a ser aquela que faz maiores exigências. É ela que permite uma integração e a passagem à fase seguinte.

Devo dizer que sempre sou recompensada quando me dedico a seguir de perto as indicações que os meus sonhos me fornecem. O meu agente de viagens particular jamais se engana no itinerário que me indica.

> Cada viagem ao íntimo do nosso ser é empreendida de modo solitário, mas essa solidão não passa de aparência quando estamos em comunhão com a nossa Essência divina.

Há períodos nos quais me ocupo a tal ponto de "viver" que não me resta tempo para dar atenção aos meus sonhos. Neles, é na minha vida desperta que os sinais se tornam mais numerosos. Dir-se-ia que há então coisas demais a gerir no plano consciente e que uma parte de mim bloqueia a lembrança de imagens noturnas; isso acontece para me dizer que eu não estou pronta para trabalhar 24 horas por dia.

Foi isso o que aconteceu quando dei um impulso ao meu projeto. Eu estava bastante ocupada em deixar que o meu lado feminino colaborasse com o masculino, e muitas vezes perdia a noção do tempo tal era o meu bem-estar em meio a essa harmonia. Enfim, levava a "verdadeira vida" para a qual os meus sonhos me haviam preparado durante alguns meses (ou talvez eu devesse dizer durante toda a minha vida). Passaram-se assim várias semanas sem que eu me lembrasse de um único sonho.

Antes, eu tinha a tendência de me criticar em períodos nos quais não tinha vontade de me lembrar de sonhos e menos ainda de registrá-los por escrito. Aprendi a não me preocupar com isso, dado que, por mais valiosos que sejam, os sonhos estão longe de ser o único instrumento de que dispõe a minha consciência superior para me colocar diante de meu espelho. Por meio de meu cinema noturno ou na minha vida consciente, ela me precede, me acompanha e me segue. Ela ilumina o meu caminho, me adverte e me aconselha. Estimula-me a avançar, joga a verdade no meu rosto e me ajuda a levantar quando tropeço e caio. Pouco importa a aparência que assume para vir em minha ajuda; a minha Essência divina é o guia mais seguro com que posso **sonhar**.

Nota: Ainda que os sonhos premonitórios também sejam uma interessante forma de orientação, não os mencionei neste capítulo. Como são raros os meus sonhos desse teor, não são eles parte importante da minha experiência. Quando me aconteceu de ter esse tipo de sonhos, não os reconheci de imediato. Tratei-os então remetendo-os a mim mesma, como costumo fazer. Muitas vezes, só vários meses depois, relendo-os, dou-me conta de que tinham sido premonitórios.

A minha longa experiência em seminários que se ocupam dos sonhos me faz concluir que, na maioria dos casos, os sonhos premonitórios não constituem senão uma parcela mínima das mensagens oníricas. Do mesmo modo, nunca devemos dedicar tempo a tratá-los como espelhos. Não obstante, como a consciência coletiva estabelece ligações com rapidez, esse tipo de sonhos vem se tornando cada vez mais freqüente num número crescente de pessoas.

7

O Corpo Tem as Suas Razões

O CORPO, UM VEÍCULO

Assim como o sonho, o corpo físico tem a sua própria linguagem, bem como suas mensagens a transmitir. O corpo, tal como o sonho, nos fala do nosso íntimo sem nenhum tipo de interferência; nesse aspecto, ele mostra ser um espelho extremamente fiel da nossa realidade não só física como mental, emocional e até espiritual.

Diz-se que o corpo é o veículo da alma. A cada alma única cabe um veículo igualmente irrepetível. O exterior vem a ser o reflexo do interior, o revelador de realidades invisíveis. E como cada realidade se configura de uma dada maneira, nenhum dicionário de medicina dá em algum momento todas as respostas acerca do que se processa no corpo, do mesmo modo como um dicionário de símbolos não pode personalizar as mensagens oníricas.

Sabe-se que um veículo deve ser objeto de regular manutenção para dar um bom rendimento. Na nossa sociedade, se os corpos físicos recebessem os mesmos cuidados que os automóveis, nossa população teria excelente saúde... Considero que a saúde, à medida que a idade avança, é bem mais um resultado do que um ponto de partida. É claro que a maioria de nós veio ao mundo em boas condições de saúde, mas o corpo vai se desgastando com o passar dos anos. Cada pessoa tem responsabilidade pelo seu próprio equilíbrio, não constituindo o plano físico uma exceção a essa regra. Logo, a minha proposta vai ter como alvo, neste capítulo, a manutenção da saúde. Devo esclarecer que, para mim, a saúde ou a sua ausência constituem um espelho de nossa atitude geral diante da vida.

Se se partir do princípio lógico de que todo proprietário é responsável pela manutenção de seu veículo, pode-se fazer perguntas a respeito da grande afluência de pessoas às clínicas, em hospitais e a consultórios médicos. Fomos educados a levar o veículo à oficina ao primeiro sinal de problemas no seu funcionamento. Creio não ser exagero dizer que uma enorme parcela das pessoas põe a saúde nas mãos do mundo médico. Longe de mim a idéia de criticar este último, dado ser ele feito à imagem das necessidades sociais criadas por nós mesmos.

Falo aqui de responsabilidade ou, mais precisamente, de responsabilização. Antes de tudo, entendamo-nos acerca do sentido desse termo. O dicionário o descreve como "obrigação ou necessidade moral, intelectual, de reparar uma falta, cumprir um dever, um compromisso. O fato, no caso de certos atos, de envolver conseqüência para o autor desses atos; o fato de aceitar suportar as conseqüências desses atos".[1]

O que podemos observar numa pessoa que se torna responsável pelo seu VEÍCULO-CORPO, isto é, que faz a opção por "manter" a si mesma, de se encarregar de si mesma?

De início, ela se torna receptiva à idéia de que os seus sintomas físicos estão diretamente ligados aos seus estados de espírito;

Ela aceita o fato de esses sintomas exibirem valiosas informações suscetíveis de mostrar o caminho para uma maior harmonia;

Quando detecta um problema de "funcionamento", ela considera que está estabelecido:

1. que todo sintoma físico tem origem no interior;
2. que ela mesma causou, de modo inconsciente, as condições que fizeram o problema aparecer;
3. que tem o poder de transformar a causa para, assim, eliminar o efeito indesejável.

Todo sintoma comporta a sua mensagem

Se é fácil de comprovar em certos casos, essa afirmação é menos evidente em outros. É simples adivinhar que uma criança que se queixa de dor de barriga usa essa expressão para indicar que está sentindo alguma coisa incômoda. Dir-se-á então que se trata de uma manifestação psicossomática. É interessante notar que a dor de barriga, tão comum nas crianças, é a base da expressão adulta: "Isso me dá um nó nas tripas." A criança ainda não foi *poluída* pelas restrições emocionais do mundo adulto, sentindo grande parte de seus males

---

1. Extraído do dicionário *Le petit Robert*.

no nível da sede do instinto (o ventre, os intestinos — Anexo 1), o que demonstra por a + b a ligação entre os universos físico e psíquico. O mesmo acontece quando se fala de úlceras do estômago, cuja causa emocional é há muito tempo admitida pela medicina tradicional. Mas que dizer dos micróbios, das doenças contagiosas e dos problemas hereditários?

As leis do Universo estão bem fora do alcance do nosso entendimento e não se aplicam apenas uma, duas ou três vezes, dado que são imutáveis. Não é porque não acredita na lei da gravidade que a pessoa que cair do segundo andar vai se machucar menos. Não se diz na jurisprudência que ninguém tem o direito de ignorar a lei? Isso também se aplica às leis do mundo imaterial. E a lei que está em questão aqui é a de causa e efeito.

> Todo efeito visível tem a sua causa invisível; toda conclusão tem o seu ponto de partida; toda colheita sucede à semeadura.

Acontece muitas vezes de o espírito consciente se recusar a admitir que é responsável por uma colheita, muito simplesmente porque ele ocultou a lembrança de ter semeado. Esse é o motivo pelo qual digo:

> Só pode ser plenamente responsável por si mesmo aquele que não imputa a nenhuma coisa exterior a responsabilidade pelas suas mazelas.

Não se trata aqui de refutar, por exemplo, o fato de que certas doenças são contagiosas (voltarei a este tema). Meu objetivo é suscitar uma REFLEXÃO no âmbito desta obra, que deseja ser um panorama de inúmeras formas de espelhos-instrumentos que estão ao nosso dispor.

O título deste capítulo, *O corpo tem as suas razões*, deixa supor que o corpo sabe que é um corpo, com o seu próprio controle interior, sua própria lógica, seu próprio sistema de segurança. Quando tudo corre bem, ele só nos fala de suas necessidades essenciais. Mas uma vez que alguma coisa não vai bem, a máquina primeiro apresenta alguns sinais leves, sinais cujas proporções vão aumentando se forem ignorados. "Ignorados" nos remete a "ignorância". Agimos por ignorância. Os atuais valores sociais veiculam, com grandes estratégias publicitárias, o culto à ignorância dos diversos sintomas físicos. Vendem-nos de tudo para manter esse mal sob anestesia; é-nos sugerida uma medicina dos sintomas, ou seja, uma medicina que se dedica a aliviar estes últimos como se não viessem de lugar algum nem tivessem uma causa. **Fazemos de** tudo **PARA NÃO SENTIR O CORPO**. Isso equivale a desligar o detector de fumaça, porque faz muito barulho, sem verificar por que o alarme disparou; é o mesmo que colocar um balde debaixo de uma goteira sem jamais pensar em reparar o teto.

Os diversos sintomas físicos, tal como sucede com as emoções, nos remetem à nossa realidade interior. De modo geral, uma pessoa que expressa de modo direto as emoções é menos sujeita a doenças de todos os tipos do que aquela que racionaliza e tende a bloquear as emoções. Nossa realidade nasce dos nossos pensamentos.

> Tornamo-nos aquilo que achamos que somos.

No plano energético, o pensamento, situado no plano mental, manifesta-se no corpo emocional e, por último, no corpo físico (Anexo 2). Usemos um exemplo para uma melhor compreensão desse conceito. Uma certa pessoa tem um pensamento consciente vinculado com a culpa; se ela transformar a sua atitude, esse pensamento não deixará vestígios nas emoções da pessoa nem no seu corpo físico. O mesmo pensamento, se for inconsciente, procurará uma saída, dado que o pensamento é energia, e toda energia procura manifestar-se, concretizar-se. Logo, ele vai acabar se instalando no plano emocional. Quando é sentida, a culpa pode se tornar consciente e ser expressa; se, ao contrário, fica bloqueada no plano emocional, ela vai descer ao plano físico para se concretizar, podendo provocar um incidente "punitivo". Os incidentes e acidentes vão se repetir até que a pessoa tome consciência daquilo que os causa, no exemplo, o sentimento de culpa. Disso resulta que:

> Todas as coisas que se manifestam no plano físico já tentaram encontrar uma saída nos níveis emocional e mental.

É isso o que acontece, a meu ver, com as enfermidades. A pessoa que desenvolve (e não pega) um câncer passou por traumas emocionais que foram causados pelos pensamentos negativos que essa pessoa teve, consciente ou inconscientemente. A cada atitude não-benéfica corresponde uma doença, porque as moléstias nos falam à sua maneira, ligando a parte do corpo afetada com a atitude que entrava a evolução. Por exemplo, recusar-se a ouvir pode causar dor de ouvido; levar as coisas demasiado a sério pode levar a problemas cardíacos e assim por diante.[2]

---

2. Dois autores bem conhecidos desenvolveram esse tema: Louise Hay em *Transformez votre vie*, e Lise Bourbeau em *Qui es-tu?*

> Toda conseqüência física indesejável pode ser considerada
> o espelho de uma falta de respeito nossa com relação
> ao nosso ser profundo.

Os três corpos acima mencionados são regidos pela nossa consciência superior, que se serve de cada um desses níveis para entrar em contato com o nosso espírito consciente. No tocante a isso, os sintomas físicos sempre podem ser considerados preciosas indicações. Deveríamos manter esse aspecto sob constante observação, a fim de evitar que os problemas se agravem. De tanto querer um paliativo para o mal, este poderá manifestar-se com mais intensidade ou se transformará em outra coisa depois de um certo tempo. Não é raro ver um resfriado crônico tornar-se pneumonia ou um problema de eczema degenerar em crises de asma. A medicina chinesa, que julga que todos os órgãos do corpo estão ligados entre si e que leva em conta a interdependência de suas funções, explica com muita facilidade esse tipo de fenômeno. Um mesmo órgão pode acumular várias funções; se uma dessas funções passar a sofrer de alguma deficiência, aparecerão no corpo sinais disso, no início, benignos. Quer se manifestem por meio de uma carência, de uma dor ou mediante uma obstrução, esses sinais merecem que lhes demos atenção. Ignorar ou apenas aliviar um sintoma equivale a deixá-lo aumentar de magnitude.

Pode-se portanto supor que toda doença grave foi precedida por várias advertências; se não eram físicas, podem ter sido de ordem mental ou emocional. Mas ocorre de o sintoma se manifestar diretamente no primeiro plano (o mental), como no caso das doenças mentais, ou no segundo (o emocional), como no caso das depressões. Quanto a mim, creio que não é possível catalogar nenhuma moléstia como puramente física, dado que fazê-lo requereria supor que o corpo funciona como uma máquina desvinculada de todas as outras coisas. Sou do grupo daqueles e daquelas que acreditam que nós TEMOS um corpo, em vez de SERMOS um corpo; e mesmo que nos identificássemos com o corpo, seria lógico achar que os sintomas vêem dele. Na minha compreensão das coisas, os sintomas passam de fato pelo corpo, mas têm como origem as profundezas do nosso ser.

PEQUENA HISTÓRIA DE FÉ (FÍGADO)*

A afirmação que acabo de fazer nada tem de gratuita. Dediquei vários anos a integrá-la por intermédio dos gritos de ajuda que o meu corpo me enviava.

---

* Jogo de palavras, em francês, com a sonoridade semelhante de *foi* (=fé) e *foie* (=fígado). (N.T.)

Vou agora relatar, a título de exemplo, o caminho que percorri a partir de uma variedade de doenças associadas a um mesmo problema. De uma etapa à outra, as respostas foram se esclarecendo, guiando-me cada vez mais rumo às camadas profundas do meu inconsciente. A harmonia disso resultante foi adquirida por meio de tentativas, de tateios e de pacientes pesquisas.

Sempre fui uma pessoa de múltiplos sintomas, o que por certo não é alheio ao fato de eu ter dedicado tanta energia a descobrir-lhes as causas. Eu, que sempre gozei de uma excelente saúde e de uma vitalidade acima da média, sempre tive problemas em algum lugar do corpo. Minha lógica me dizia que buscasse o motivo disso, e de fato, de tanto procurar, acabei descobrindo. Quanto mais eu me religava conscientemente com a minha consciência superior, tanto mais fácil se tornava descobrir a causa de todos os meus achaques, tanto pequenos como grandes.

Há sempre um desencadeador que faz passar à ação, uma espécie de freio interior que diz: "Chega; não posso sofrer mais." É às minhas crises hepáticas que devo dar hoje graças por me terem levado, não sem rodeios, ao real sentido dos males que me afligiam.

As crises começaram depois do nascimento do meu primeiro filho. Na realidade, o que eu chamo de crise hepática se manifesta como uma forte enxaqueca acompanhada de náuseas e, muitas vezes, de vômitos de bile. Tudo isso me fazia passar um dia inteiro na cama e a perder entre dois e três quilos em 24 horas. Como fazem todas as pessoas, na primeira vez me perguntei o que comera e bebera na véspera. Como tinha tomado vinho e como essa bebida às vezes me causa mal-estares, encontrei um responsável.

Mas tudo recomeçou quando tive uma crise depois de ter comido salada e biscoitos. Pensei então na possibilidade de stress. *Na época, eu fazia um curso de yoga para aprender a relaxar e observara que eu costumava prender a respiração. Os exercícios respiratórios devem ter ajudado, pois as manifestações de crise começaram a ficar mais espaçadas. Depois, passamos um ano fora do Quebec, numa cidadezinha em que eu levava uma vida calma, e os sintomas também se aquietaram. Concluí então que o* stress *era a causa dos meus males. Na volta, engravidei do segundo filho e retomei a vida social, só que num ritmo lento. O terceito filho veio logo depois, e a pequena família foi então morar no campo, num recanto encantador que superava os nossos sonhos. Eu era bastante ativa, e embora não levasse uma vida estressante, ao menos na aparência, as crises voltaram com a freqüência aproximada de uma por mês. Isso me complicou a vida, porque, durante as crises, era-me impossível cuidar dos filhos, dado que eu mal podia levantar a cabeça do travesseiro.*

Minha mãe me disse, na época, que eu fazia coisas demais, mas, como adorava o que fazia, eu não lhe dei importância. Lembro-me de que uma coisa me fazia sofrer muito quando eu ficava presa à cama: eu não tinha nenhum controle sobre a maneira como as coisas transcorriam em casa. Além disso, na manhã seguinte, eu via tudo o que devia ser feito, porém mal tinha forças para me incumbir do estritamente necessário. Tratava-se do período em que eu procurava antes me valorizar pelo que fazia do que apreciar o que eu era. Eu sempre exigia o máximo de mim, e era raro que me concedesse pausas na minha atividade. Mas ninguém senão eu mesma me tinha imposto isso.

Eu soube mais tarde que as enxaquecas costumavam ser decorrentes de bloqueios sexuais. É verdade que a minha vida sexual não era muito satisfatória então, mas as crises continuaram mesmo depois que isso se modificou. Depois, consultei por alguns anos um homeopata, e consegui fazer que as pedras da vesícula fossem eliminadas pelas vias naturais. O médico tinha uma consciência elevada (a vida nos dá as "oportunidades" de que necessitamos) e me fez compreender que os meus problemas hepáticos estavam ligados a raivas que eu não expressava. Depois que as pedras desapareceram, o homeopata me disse que só uma mudança de atitude interior me iria garantir que elas não voltassem a se formar. Mencionei algumas vezes o trabalho consciente que fiz com relação à raiva. A partir do momento em que deixei que as emoções de raiva tivessem de vez em quando expressão, as crises se espaçaram em larga medida.

Já havia então uns dez anos desse meu embate com o problema. Desse momento em diante, os vômitos se tornaram raros, porém as enxaquecas persistiram. Sabedora de que elas tinham ligação com o funcionamento do fígado, continuei a procurar o que as podia estar provocando. Com o passar do tempo, dei-me conta de que vinham num momento de vulnerabilidade e que seus desencadeadores eram variados, correspondendo eles, tão-somente, à gota d'água que faz o copo transbordar. Pesquisando sob a ponta do iceberg, descobri que o "sentinela mental" não parecia ter poder durante os meus curtos períodos de vulnerabilidade; tudo se passava como se a saturação se aproveitasse disso para proceder à evacuação.

Como eu disse antes, a carga emotiva não-expressa busca uma outra via e encontra uma válvula de escape nos sintomas físicos. Quando tive uma compreensão profunda disso, agradeci ao meu corpo por ter a sabedoria de eliminar na exata medida os efeitos nocivos que eu lhe causava em função da minha atitude inconsciente. Assim, eu ficava protegida de desenvolver alguma moléstia grave decorrente de um acúmulo excessivo.

Minha pesquisa teve continuidade, porque eu não me satisfiz com uma simples melhora. Faz tempo que avaliei as pessoas que têm lados excessivos no seu comportamento, e elas são legião. Quer se tratasse de comida, de bebida, de fumo, de consumo ou de qualquer outra coisa material, eu nunca me excedia, e digo muitas vezes que não há nisso nenhum mérito meu, pois não tenho de me esforçar para isso. Foi no jogo com o meu espelho que descobri em que aspecto eu me excedia: eu não tinha como esconder de mim mesma que as atitudes alheias me incomodavam e procurei a razão disso. E eis que é justamente nessa minha pesquisa interior que eu não paro, e isso parece a alguns muito excessivo. Meu último cônjuge de vez em quando me dizia: "Você não pode tirar periodicamente umas férias?" E eu respondia que não se pode evoluir em tempo parcial, dado que parar era algo que eu julgava impensável. Tudo isso me levou a constatar que eu nunca paro de pesquisar antes de ter feito uma descoberta que me satisfaça, e isso só acontece quando não falta nenhum elemento. O que equivale a dizer que sempre estou buscando; isso se tornou para mim um modo de viver e está longe de sobrecarregar a minha vida, ao contrário do que se poderia acreditar. Eu consigo cada dia mais dar ao aspecto mental o seu devido lugar nesse empreendimento, no qual, é claro, ele tem utilidade, mas em que tem a tendência de me desviar sempre que está no controle. Depois que se estabeleceu de uma melhor maneira a ligação entre as minhas dimensões física, emocional, mental e espiritual, é como se se tivesse instalado em mim uma sonda de funcionamento permanente. Essa sonda me fornece, sem que eu precise me esforçar para isso, as informações que provêm do meu inconsciente.

Mais tarde, dei prosseguimento à busca, concentrando-me nas manifestações sutis da raiva. Três crises bem próximas, e que expliquei de modo deficiente a mim mesma, levaram-me a um aprofundamento ainda maior. Observei que elas tinham em comum o terem sido desencadeadas depois de um dia no qual eu tinha ajudado pessoas às voltas com emoções fortes. Nesse tipo de ocasião, sinto uma viva compaixão e tenho consciência da eficácia da minha intervenção. Ainda assim eu questionava a minha intuição, pensando: "Concordo em ajudar, mas por que é necessário que eu tenha um preço a pagar?" Eu exigia um esclarecimento, pois bem sabia que essa "fatura" poderia ser evitada.

Hoje eu sei com certeza que todos os meus sofrimentos são causados por uma aplicação errônea das leis do Universo. O provérbio diz: "Pedi e recebereis. Batei e a porta vos será aberta." A resposta é sempre dada, desde que estejamos atentos aos sinais. Dessa vez, a resposta estava num parágrafo de uma obra de astrologia espiritual[3] em que se descreve de modo imaginário a situação que era a minha: "Você tem uma grande capacidade de curar os sofrimentos emocionais alheios e pode transmutá-los em Luz, à maneira de uma planta que faz 'reciclagem'. Se não tomar consciência do papel que lhe cabe, você vai servir de lata de lixo para os elementos negativos das pessoas que o cercam e vai carregar o peso disso" (tradução minha). Não é preciso dizer que essa frase teve sobre mim o efeito de um farol que dissipa a escuridão. Eu não era simplesmente a titular do papel de "senhora lata de lixo", e a lição foi aprendida. Não nego que passei por períodos de desânimo, acreditando que nunca me veria livre de minhas enxaquecas menos freqüentes porém opressivas.

Eu às vezes me pergunto de onde vem essa minha perseverança infatigável. Cumpre acreditar que ela faz parte do cofre de ferramentas de que preciso para realizar o meu trabalho de alma. Comecei a perceber a diferença entre os

---

3. Essa obra, *Spiritual Astrology*, de Jan Spiller e Karen McCoy (disponível apenas em inglês), descreve, com base nos eclipses solares e lunares, tanto os desafios como a missão que cabem às pessoas de acordo com a sua data de nascimento.

meus acessos de raiva e a **minha** raiva. Os **meus** acessos de raiva são a expressão da minha frustração por não me sentir respeitada ou por me sentir invadida; eles são provocados pela atitude de pessoas que me cercam. Devo antes dizer "desencadeadas", dado que as pessoas não agem, salvo exceções, com o objetivo de provocar. Enquanto a **minha** raiva é um sentimento profundo e surdo que me habita permanentemente há muito tempo. Essa raiva é sentida pela minha alma cada vez que as minhas atitudes contrariam a minha verdade essencial. Ela nada tem que ver com o mundo exterior, nem se manifesta como uma emoção, configurando-se antes como um mal-estar, um queixume que emana da mais bela parte do meu ser. Essa parte se sente reprimida, sufocada, e clama por espaço para viver sem peias. Foi mais uma vez o espelho que me permitiu estabelecer uma ligação entre essas duas formas de raiva. O desrespeito e a invasão perpetrados pelos outros refletiam para mim as minhas próprias faltas de respeito com relação às minhas reais necessidades quando eu agia em função dos outros. Tomei consciência de que:

> **Deixar-se invadir pelos medos que se têm e pelo espírito racional secciona a nossa ligação com o verdadeiro ser.**

Acontece-me ainda hoje de estar sujeita à enxaqueca, e o meu fígado continua sendo um órgão vulnerável que é sempre o primeiro a reagir diante do mais ínfimo desequilíbrio. De modo geral, a enxaqueca vem quando acordo, indicando-me que alguma coisa se "mexeu" nos meus sonhos. Em duas de cada três vezes, consigo descobrir em que criei obstáculos à expressão de uma parte da minha verdade interior. Quer se trate de uma emoção reprimida ou da negação de uma realidade, o simples fato de tomar consciência e de aceitar as minhas limitações é, na maioria dos casos, suficiente para reduzir a pressão que eu imponho inconscientemente a mim mesma. O mal desaparece em uma hora, indicando-me que eu não tenho nenhuma necessidade de fazer que tudo saia exatamente como desejo e de ser perfeita para estar em harmonia comigo mesma. Que belo presente dei a mim mesma! Sou grata à minha perseverança.

Na minha juventude, grande foi a minha revolta diante dos meus problemas hepáticos. Eu não achava justo que uma pessoa que cuidava da alimentação, não cometia excessos e se esforçava por compreender a si mesma pudesse ser punida tão severamente. As crises causavam um sofrimento extremo e me deixavam sem energia durante vários dias. Eu via pessoas que pareciam não dar a mínima importância à saúde nem ao mundo interior vivendo sem ter nenhum preço a pagar e constatava como era triste a minha sorte.

Minha visão das coisas se alterou substancialmente desde então. Deixei de me comparar com os outros, porque compreendi que cada caminho de vida tem suas próprias particularidades. Meu fígado ultra-sensível sempre fora o recurso por meio do qual a minha consciência me convidava a reagir. Cada um tem o seu caminho rumo à abertura da consciência... Julgo muito mais gratificante me comparar a mim mesma; quando olho para trás, fico surpresa com todo o progresso feito e tenho orgulho do caminho percorrido. Por outro lado, adquiri o hábito de rememorar o percurso toda vez que creio que não avanço ou que perco o estímulo diante de um obstáculo. Isso me ajuda a sair com mais rapidez do sentimento de vitimação, tão desmobilizador que é para todo ser humano. Da revolta diante das manifestações do meu corpo, passei gradualmente à aceitação e, mais tarde, à colaboração. Permitindo que o meu corpo liberasse os prejuízos sofridos, minhas doenças contribuíram para a expansão da minha consciência. Aprendi a ter fé na minha orientação quando ela me faz indicações por meio de meu fígado.

Eu já disse muitas vezes às minhas filhas que também elas têm um corpo *sintomático*: "A escolha é de vocês: sofrer durante dez anos como eu ou levar em conta a sua própria realidade e compreender a partir de agora!" O aspecto vítima delas não gostou nem um pouco dos meus comentários, que continham tudo exceto a piedade que elas buscavam. Porém, diante de seus protestos, sempre dei a mesma resposta desde que elas eram crianças: "Se você me escolheu como mãe, a sua alma deve ter tido as suas razões. Eu tive de me ajeitar com a minha mãe e vocês devem fazer o mesmo com a de vocês!" Eu sempre combati o "vitimismo" com veemência. Ironicamente, como muitas vezes é o caso, foi a minha tendência a isso que mais tempo exigiu de mim para ser desvendada!

Pobres vítimas

A terra é povoada por vítimas. Vítimas da fome, vítimas da guerra, das epidemias, dos cataclismos, dos regimes políticos, vítimas da injustiça social, da opressão dos ricos, do desemprego, vítimas do sexismo, da doença — e eu poderia acrescentar uma página... Não é tudo isso profundamente deprimente e, ao mesmo tempo, revoltante? O meu bom senso se recusa a acreditar que este mundo e esta vida apresentem um grau tão grande de insensatez. Diante de tamanha incoerência, podemos preferir nos curvar, submetendo-nos para evitar o pior, impotentes diante de tudo o que o mundo exterior parece querer nos impor. Podemos, em contraposição a isso, optar pela VIDA, ficando eretos para assumir o que criamos e para dar a nós mesmos a oportunidade de *criar* de um modo cada vez mais adequado.

Somos programados há gerações para acreditar em certas idéias que possivelmente nunca chegamos a questionar. Uma das idéias que tem a vida dura é a da hereditariedade, que de minha parte coroei como a campeã da fatalidade. Alguns escritos religiosos mal-interpretados chegaram a adicionar a culpa à hereditariedade, ao veicular a idéia de que uma deficiência ou uma doença de nascença constituíam uma maldição que se abatia sobre os filhos de pais pecadores.

Para conseguir libertar-se de uma visão fatalista da hereditariedade, é oportuno que nos voltemos para as escolhas da alma. Supõe-se que a nossa consciência, antes de se encarnar, pôde escolher as situações que julgava propícias à sua evolução. Logo, ela não deixou ao acaso nenhum aspecto na escolha da época, da nacionalidade, da posição social, dos pais e do contexto familiar. Tendo aprendizados específicos a fazer, a alma precisa de um contexto propício a eles. Quando se fala de hereditariedade, faz-se referência à transmissão genética de características físicas. Seguindo a priori a teoria de acordo com a qual a energia circula do corpo mental para o corpo físico, pode-se suspeitar da existência de um outro nível mais sutil de hereditariedade: o da transmissão do modo de pensar e da atitude.

Meu pai morreu de ataque cardíaco, como o irmão dele e o pai dos dois anteriormente. Eles tinham em comum, além de uma possível fraqueza do sistema vascular, uma extrema sensibilidade gerada por um voltar-se para si mesmos e por uma ausência de verbalização, sem contar um sentimento exagerado de responsabilidade. Se cada geração transmite o melhor daquilo que é, e me atrevo a crer que esse é o caso, então é muito pequena a probabilidade de que os filhos da geração seguinte desenvolvam problemas cardíacos. Nossa consciência superior faz que a nossa gestão do mesmo capital-saúde seja bem diferente. Esclareçamos que esse despertar não é automático, estando antes ligado a um desejo sincero de evoluir. Se as nossas opções de reação diante dos obstáculos são mais responsáveis, isso vai nos permitir colher melhores frutos.

> Toda afecção ou moléstia existe com o objetivo de ser superada. Quando a doença não acontece no plano físico, a cura acontece num nível interior.

Conheci há muitos anos um homem que sofria desde que nascera de distrofia muscular. Não havia antecedentes dessa doença na sua família. No momento em que o conheci, ele se aproximava dos 30 anos, tendo já ultrapassado a esperança de vida que a medicina lhe havia indicado. Ele dizia que nunca tinha andado na vida, e seu corpo era sustentado por dispositivos integrados à sua cadeira de rodas. Sua massa muscular quase inexistente o fazia falar sem poder articular, como se tivesse tomado um copo a mais. Por outro lado, era-lhe impossível segurar um copo, e o máximo que ele podia fazer era pegar entre dois dedos o canudinho que era mergulhado no copo só para conseguir beber. Esse era um dos seus raros gestos autônomos, ao lado da capacidade de apertar os botões automáticos da cadeira de rodas e de seu gravador.

Não obstante, o espírito desse homem de modo algum tinha sido afetado, e ele dirigia a própria vida de modo a aumentar ao máximo as suas possibilidades. Entre outras iniciativas suas, ele fundara uma revista para deficientes. Sua coragem e sua determinação eram um exemplo muito comovente para todas as pessoas "normais" que o conheciam. Para explicar o segredo de sua fenomenal aceitação, ele dizia que estava em paz desde uma consulta com uma vidente que lhe revelara que o problema dele era kármico.[4] A vidente remontara no tempo a fim de lhe falar de uma encarnação em que ele tivera um acidente de trabalho e ficava com seqüelas. Ele não conseguira na época libertar-se de seu sentimento de revolta, o que o fez vir ao mundo, na vez seguinte, com uma leve deficiência que ele também não aceitara; e ele deixava isso claro, com todas as letras, diante das pessoas que o cercavam. A alma dele desejava aprender a aceitação, e ele chegara à vida atual com uma deficiência grave que, explicara a vidente, decorria do acúmulo de uma dupla recusa passada. A julgar pela atitude dele, a vidente lhe dissera que ele não teria mais de reviver essa prova no futuro. O homem aprendera a curar a própria alma sem se apiedar de sua condição física limitada. A vida o gratificou com belas dádivas. Da última vez que ouvi falar dele, o rapaz acabara de unir-se a uma encantadora jovem fisicamente normal.

> Os problemas físicos e as doenças que nos afligem só adquirem sentido se os vinculamos à alma. Do contrário, eles assumem a aparência de um castigo ou de má sorte.

De acordo com a astrologia, certas vulnerabilidades que nos acompanham pela vida seriam inerentes às características de cada signo do zodíaco.[5] Também nesse caso é possível fazer referência à escolha da alma, que dá a si mesma deficiências com objetivos precisos, como eu digo no capítulo sobre os pais. Embora tudo isso possa parecer excessivo se permanecermos na nossa velha consciência, o mundo volta a ter coerência quando nos abrimos ao princípio da RESPONSABILIZAÇÃO; dessa maneira, desaparecem todos os casos de injustiça.

Há séculos, os povos vêm sendo mantidos na ignorância, estando os segredos e as verdades concernentes ao ser humano ciumentamente escondidos por grupos privilegiados. Certas pessoas desses grupos têm todas as vantagens em guardar para si um conhecimento que lhes assegurava poder sobre uma população que se julgava impotente. Não passa a responsabilização antes

---

4. Na abordagem reencarnacionista, o karma é a aplicação da lei de causa e efeito de uma encarnação para outra.
5. Na minha experiência e na de pessoas próximas, esse axioma é verdadeiro numa grande parcela dos casos.

de tudo pelo indivíduo? Um dos primeiros domínios no qual devemos reintegrar o nosso poder é o da gestão do nosso corpo e da nossa saúde; porque, sem saúde, não podemos ir muito longe. Com esse fim, devemos mudar nossas reações diante das mensagens que o nosso corpo nos envia.

Uma das reações clássicas diante de um sintoma é a inquietude. As pessoas que se tornaram mestres nessa prática conseguem a tal ponto imaginar o pior que chegam a entrar em pânico e a agravar o que era benigno. Essas pessoas costumam ser freqüentadoras assíduas dos consultórios médicos e das salas de espera dos setores de emergência dos hospitais. A inquietude vem quando a pessoa se acha desvinculada de seu próprio íntimo. O componente mental assume o controle e impede que a voz da intuição se faça ouvir.

> **A especialidade do componente mental perturbado é causar um fluxo de pensamentos negativos que constituem a fonte das emoções e, por conseguinte, dos medos e temores.**

É o medo de não poder compreender o que acontece no nosso corpo que nos faz correr em busca do médico. Passamos a depender por inteiro do exterior para cuidar da nossa própria saúde, simplesmente porque perdemos o contato com as nossas capacidades intrínsecas de gerir a nossa "máquina". Nosso corpo é o domínio ideal onde aplicar o "Conhece-te a ti mesmo" de Sócrates! Todo ser humano possui em termos intuitivos os conhecimentos necessários para dirigir a si mesmo. Sem dizer que poderíamos prescindir da medicina, creio que grande número de sintomas poderia desaparecer num prazo razoável se nos déssemos ao trabalho de buscar a sua causa. Seja como for, nada nos impede de consultar um médico quando a pessoa se sente com carência de recursos. Tomar a si o cuidado da própria saúde não é algo que se faça da noite para o dia. O simples fato de retardar o momento em que vamos a uma consulta médica não é já uma vitória?

Uma segunda reação muito popular diante de um sintoma consiste em suprimi-lo por meio de uma medicação. Como já falei, não queremos saber, recusamo-nos a sentir. Essa atitude não-responsável não só cria uma dependência com relação aos medicamentos como planta as sementes de conseqüências mais graves no futuro. Muitas pessoas acham que é normal ter todo tipo de achaques à medida que se vai envelhecendo. Eu afirmo que tudo isso não passa de um problema de acúmulo: os pequenos problemas não-resolvidos se empilham e acabam criando problemas bem mais avantajados.

Deve-se do mesmo modo tomar consciência de que o corpo procura libertar-se por meio da doença: se deseja eliminar uma toxina, uma tensão ou um micróbio, ele terá de tomar outro caminho se a medicação o bloquear. Alguns médicos, objeto de muita controvérsia, apresentam a hipótese de que, em muitos casos, as metástases que aparecem depois que se diagnostica um câncer seriam uma reação do organismo à quimioterapia e à radioterapia. Essas técnicas teriam como efeito paralelo impedir os tumores de "amadurecer" e de se expulsar eles mesmos do corpo. As células ditas anárquicas procurariam então outra porta de saída. De acordo com a teoria do doutor Ryke Geerd Hamer[6], quando se resolve um conflito interior, as células contaminadas pela negatividade recebem do cérebro a ordem de expulsar a si mesmas do corpo e se agrupam na forma de tumores e de quistos (Anexo 5).

> O corpo é detentor de uma sabedoria bem maior do que o nosso componente mental consegue imaginar.
> Só temos benefícios a obter se aprendermos a confiar nele.
> Quanto mais nos voltarmos para o exterior, tanto mais se multiplicarão os sintomas, pois o corpo não vai saber mais a que recorrer a fim de nos chamar a atenção.
> Tendo começado a cochichar, ele vai acabar berrando.

A história a seguir demonstra com eloqüência a minha proposta.

Uma boa amiga minha, que sempre dependera muito da opinião de um ou de outro médico no tocante aos seus múltiplos sintomas, foi um dia hospitalizada para ser submetida a uma cirurgia corriqueira. O episódio de modo algum foi para ela um transtorno, dada a sua familiaridade com o mundo médico e com os hospitais. Devo esclarecer, antes de narrar a sua aventura, que essa pessoa há muito está "no caminho", que ela é bem madura e que a sua extrema dependência da medicina já não era compatível com o seu grau de evolução. Ela se fechava quando se tocava no assunto, e eu sentia que ela se submetia a condicionamentos e crenças do passado que não tinham razão de ser. Pude observar nestes últimos anos que as lições são tanto mais difíceis quanto mais se expande a consciência e quanto maior a obstinação com que se resiste à sua expansão.

Na véspera da cirurgia, dia no qual se fazem análises e preparações diversas, minha amiga foi objeto de um erro médico. Ela recebeu, em vez de um leve sonífero, uma forte dose de um medicamento específico de uma grave doença em fase terminal. Um membro da equipe percebeu a anomalia no momento em que ela já entrava no túnel da morte, e ela foi trazida de volta à vida por meio de uma enorme dose de antídoto. Como se não

---

6. Esse médico alemão, que conseguiu curar-se de um câncer, é o autor de *La loi d'airin du cancer* e de obras revolucionárias a esse respeito.

fosse o suficiente, um segundo erro danificaria um nervo do braço esquerdo dela, o que muito afetou as capacidades de sua mão durante um período superior a um ano. A cirurgia propriamente dita foi realizada sem problemas dias depois de ela estar fora de perigo. Ela não só sofreu a intoxicação do medicamento e do antídoto, o que gerou múltiplas seqüelas, como também precisou de acompanhamento psiquiátrico durante vários meses a fim de extirpar o enorme trauma psicológico que a atingira. De fato, os efeitos colaterais incluíam alucinações, episódios de perda de memória e de consciência, ao lado de sintomas de depressão.

O problema assumiu dimensões tão gigantescas que não foi possível à minha amiga passar ao largo da lição. A sua energia de vítima acabara por ter conseqüências nas quais ela se sentia a tal ponto limitada e prejudicada que lhe foi necessário interromper toda e qualquer atividade durante vários meses. Que bela ocasião para refletir! Ela dispunha de todo o tempo do mundo para montar as peças do quebra-cabeça. É claro que uma pessoa consciente não pode evitar a pergunta "por que isso aconteceu comigo? O que tenho a aprender com esse mal?" Esse foi para ela o começo de uma radical extirpação de toda situação ou relação na qual ela assumisse o papel de vítima. A vida lhe apresentara eventos-teste para verificar a sua integração. Vi-a passar por tudo isso com uma firmeza e com uma determinação que nada tinham de atitudes de vítima.

Essa pessoa usou sua desventura em seu próprio benefício. Ela admitiu de imediato que a amplitude do drama fora provocada, eu diria mesmo magnetizada, por sua não menos ampla resistência a libertar-se da vítima que havia nela. Ela depois recuperou a energia que alimentava o seu velho padrão a fim de usá-la de modo a atender adequadamente às suas próprias necessidades. É fenomenal a transformação que se processou nela no correr de um ano, mas ela pagou um alto preço pela harmonia em que hoje vive. É claro que, em casos semelhantes, de nada adianta se recriminar por não ter compreendido mais cedo. Uma boa dose de compaixão com relação a si mesmo é indispensável a quem deseja recuperar a paz. O fato é que sempre se pode aprender com a experiência dos outros. Essa história vivida demonstra a que ponto a resistência aumenta o grau de sofrimento.

Pode ser pertinente fazer de vez em quando o exame
dos próprios sofrimentos tendo em mente a pergunta:
a que eu estou prestes a resistir?
Feito isso, deve-se entrar em contato com a consciência
superior para que ela nos esclareça mediante sinais palpáveis
aos quais nos comprometemos a estar atentos
na vida cotidiana.

Sintomas em cinco tomos[*]

1. Questão de atitude

Sendo o corpo físico dotado de forças e de fraquezas particulares a cada pessoa, não causa surpresa ver surgirem certos sintomas repetitivos. Quando se trata de uma fraqueza congênita, é bastante viável, observando-se o comportamento dos membros da família afetados, identificar o tipo de atitude negativa que os distingue. Esse processo, que exige que se ponha o espelho do avesso a fim de observar a realidade alheia, não deve ter como objetivo identificar os defeitos dos outros, mas ser usado com a intenção de obter informações para aprender a se conhecer melhor. Muitas são as pessoas capazes de ver com mais clareza o argueiro no olho do próximo; não é bem mais interessante identificar a besta fera no exterior do nosso ser? A verdadeira tarefa consiste todavia em descobrir os pontos nos quais as nossas próprias atitudes se assemelham às dos outros. Em todo e qualquer momento de nossa vida podemos tomar a decisão de parar de perpetuar comportamentos aprendidos, em suma, de arrebentar as carapaças que nos tolhem.

A título de exemplo, um homem que começa a perder os cabelos e cujo pai não tem cabelos pode fazer mais do que juntar os fios restantes usando a escova com um ar resignado. Ele talvez pesquise no campo da alimentação ou de uma carência de vitaminas. Se a sua busca for orientada por razões que vão além da estética, sua essência o guiará para as pessoas, para as leituras ou para os empreendimentos suscetíveis de lhe dar verdadeiras respostas.

> A única condição para que afluam a nós informações esclarecedoras continua sendo a receptividade espiritual.
> A palavra *impossível* só existe aos olhos do mundo mental, pois o ser profundo não tem nenhuma limitação.

Tomando consciência de que nós mesmos criamos as nossas limitações, podemos aumentar consideravelmente o campo de nossas possibilidades. O homem do nosso exemplo pode chegar a ligar a sua falta de confiança na vida com a queda dos cabelos. Com efeito, entre os seres sensíveis, toda forma de inquietação e de irritação diante dos eventos desestabiliza o PH e cria no corpo um excesso de acidez. Esse excesso pode causar problemas tão variados

---

[*] Em francês, jogo de palavras com o som de *symptômes* (= sintomas) e *cinq tomes* (= cinco tomos ou volumes) (N.T.)

quanto coceiras, fraqueza capilar e das unhas, constipação, congestão, cólicas, diabetes, descalcificação e moléstias cardíacas.[7]

Indo ainda mais longe em termos da atitude a mudar, pode-se considerar que os cabelos simbolizam as nossas antenas de ligação com o Universo. Assim, o excesso de racionalidade pode fazer que se perca essa ligação, levando ao "desenraizamento" dessas antenas. A interrupção da comunicação com o Espírito superior cria uma impressão de isolamento, de que resulta um sentimento de impotência e de falta de confiança.

Os condicionamentos que causam a doença raramente são percebidos de modo consciente. No entanto, a inconsciência começa a retroceder no momento em que procuramos estabelecer ligações. Esse trabalho tem por base, na maioria das pessoas, o espírito racional, o que, a meu ver, se justifica plenamente. A lógica deseja saber por que as coisas não correm bem e procura descobrir de onde vem o problema. Porém, é mais ou menos aí que a sua intervenção acaba.

> Assim como as perguntas são próprias do nosso componente mental, assim também, no domínio da vida interior, as respostas dizem respeito às nossas faculdades não-racionais.

Há pois uma entrega a fazer depois que as perguntas tiverem sido lançadas. E é justamente com relação a chegar a essa entrega que muitas pessoas se queixam de não saber por onde começar. Dediquei anos à descoberta dessa chave de que todos nós já dispusemos. Desejamos nos entregar usando o componente mental, e o pobre nunca vai conseguí-lo, porque essa não é a sua função. O nosso "eu" capaz de abandono nada tem de racional. Eu o comparo a uma criancinha que tem total confiança nos pais. Essa parte de nós não questiona a si mesma porque sabe que a resposta está ao seu alcance tão logo ela exprime o seu desejo ou a sua necessidade. Ela não acha nem acredita; ela SABE.

Depois que deixei de esperar que viessem respostas da fonte das perguntas, comecei a alimentar a confiança de que uma parte de mim (não sei onde nem como) forneceria as respostas. A principal coisa incômoda para o componente mental é o fato de não ter as soluções. Ele é orgulhoso e precisa ser recompensado por aquilo que sabe. Ciente disso, adquiri o hábito de agradecer-lhe pelos serviços que me presta, ao mesmo tempo que me sinto à vontade para lhe dar férias quando ele procura controlar o que está fora do seu "departamento". As reações, muitas vezes, são deveras surpreendentes.

---

7. Inúmeras ligações interessantes entre a alimentação e seus efeitos secundários sobre o organismo podem ser encontradas na obra de Georges Oshawa, *Zen macrobiotique ou l'art du rajeunissement et de la longévité*.

Lembro-me de um momento no qual tomei consciência de que sempre mantinha um certo grau de controle quando liberava emoções fortes. Um dia em que, observada por uma amiga, eu esmurrava almofadas para descarregar uma frustração, essa amiga me fez ver que eu parava, a diversos pretextos, quando estava prestes a perder o controle. Essa constatação me deixou numa terrível confusão; eu sabia que era certo que, sem renunciar ao controle, eu não poderia avançar. Na minha consciência, eu desejava, com todo o meu ser, chegar a esse ponto, porém me sentia totalmente impotente diante da minha resistência, que se recusava a ceder. Dormi aquele dia num estado de desânimo. Na manhã seguinte, senti-me incomodada e extremamente vulnerável; eu não tinha forças para esconder o meu estado. Preveni as pessoas que estavam na casa que eu poderia explodir a qualquer momento, e que não sabia se seria raiva ou tristeza o que iria se manifestar. Senti-me aliviada pelo simples fato de ser o que era naquele momento: uma pessoa que não podia se controlar...

E assim me veio a revelação! Aceitando que não conseguia "controlar o meu controle", saí automaticamente da armadilha. Se a definição de controle é a de estar acima das coisas, eu por certo já não estava em condições de fazê-lo. A abertura à aceitação de minhas limitações me levara a sentir a minha vulnerabilidade, e nessa vulnerabilidade residia a minha verdade profunda, as minhas mágoas e os meus temores. Permitindo a mim mesma viver conscientemente essa vulnerabilidade, eu estava atenta a mim mesma, não exigindo coisa alguma de mim, proporcionando a mim mesma o máximo de doçura possível. Vi surpresa o dia passar sem a sombra de uma explosão emocional. Depois, dei-me conta de que o reconhecimento da minha vulnerabilidade permitira que eu me protegesse e cuidasse de minhas próprias mágoas.

> Na palavra "vulnerabilidade" esconde-se a palavra "habilidade": habilidade de curar a si mesmo a partir das necessidades do momento, SEJAM ELAS QUAIS FOREM.
> Uma grande força reside na capacidade de se mostrar vulnerável.

E é desse terreno fluido e instável aos olhos do nosso componente mental que vêm todas as nossas respostas. No meu caso, o controle, que é uma atitude que aprendi com os meus pais, era a principal causa de meus problemas hepáticos e de minhas enxaquecas. Esses sintomas são igualmente um legado familiar, e faço o que posso para não transmiti-los.

2. A doença: fio condutor

Há pessoas que têm um "corpo falante", isto é, apresentam freqüentes sintomas físicos. É comum que estes não as impeçam de realizar as suas atividades

> Sinais físicos, aparentemente sem relação entre si, podem encontrar uma coerência quando se tem a curiosidade de rememorar o passado para elaborar "a pequena história de nossas doenças".
> Toma-se assim consciência de que as nossas fraquezas muitas vezes se expressem mediante os mesmos temas.

cotidianas, mas ainda assim são grandes devoradores de energia e restringem a alegria de viver.

E que dizer da satisfação do componente mental quando os enigmas encontram explicação? Não é preciso dizer que faço parte da categoria dos corpos falantes. Paralelamente aos sintomas da crise de fígado, uma multiplicidade de achaques de todos os tipos balizou a minha vida — a tal ponto que em certos dias me queixo de "ter um corpo" pelo fato de ele ter estado demasiado agressivo.

"Como eu seria feliz se voltasse ao Espírito!" — resmunga a parte de mim que está cansada de buscar.

"Pare de se queixar; lembre-se de que você escolheu o corpo como instrumento de liberação — retruca a consciência superior. "Afaste-se então um pouco para examinar o quadro mais geral e eu prometo descobertas sobremodo interessantes..."

Há momentos privilegiados em que todas as personagens interiores do nosso ser consentem em colaborar. Aproveitei uma dessas "aberturas" para fazer um exercício que recomendo enfaticamente a todos aqueles que buscam a verdade. Fiz uma relação de todas as doenças de que podia me lembrar ter tido desde o começo da minha vida. Ora, você há de objetar, eu não posso me lembrar de tudo isso. Essa é a primeira objeção de um componente mental recalcitrante. Não entre em pânico! Basta começar o exercício e esperar, confiante, o próximo momento de não-resistência. Os membros da família podem proporcionar uma valiosa ajuda no sentido da lembrança de eventos de que você possa não se recordar. Uma vez que a relação tenha sido satisfatoriamente elaborada, passa-se à etapa seguinte. Com o léxico nas mãos[8], trata-se de examinar os "achaques" para agrupá-los em categorias. O progressivo afunilamento obtido faz surgir por si mesmo a clareza. Como é sempre mais fácil apreender uma noção quando não se está envolvido, revelarei, a título de exemplo, o resultado da minha pesquisa.

Antes da idade escolar, estive sujeita a constantes amigdalites. Não sei como ainda tenho as amígdalas, porque a cirurgia de retirada delas era moda na época, dado que não

---

8. Ver as obras de L. Hay e de L. Bourbeau citadas antes sobre a metafísica dos mal-estares e moléstias.

se tinha o costume de usar antibióticos. Na puberdade, reduziram-se muito os problemas de garganta, sem no entanto ter desaparecido. Seguiram-nos infecções surgidas por qualquer motivo indefinido, chegando a gravidade de algumas delas a me deixar de cama. Na adolescência, troquei as infecções por freqüentes indigestões que se estenderam por um período de entre um e dois anos. Depois passei por menstruações difíceis, na proporção de uma a cada três, até os 25 anos, quando começaram a se manifestar os problemas hepáticos. Minhas gestações foram marcadas por forte ardor no estômago.

De acordo com os léxicos da metafísica das doenças e dos mal-estares, esses sintomas, à primeira vista disparatados, estão ligados em larga medida ao fígado. O vínculo somático entre o fígado e a raiva é uma noção cada vez mais corrente. Mas acrescento que estão ligadas ao fígado todas as moléstias que terminam por "-ite". É fácil relacionar várias recorrendo apenas à memória: otite, laringite, amigdalite, conjuntivite, apendicite, vaginite, colite, bronquite, bursite, mastite, gastrite, enterite, gengivite, cistite, flebite, sem esquecer a "celerite" [va-vite]. Mencionemos ainda toda forma de inflamação ou de excesso de calor no corpo como febre, furúnculos, fogo-selvagem, erupções cutâneas, ardor no estômago e infecções em geral.

Foi, pois, reconstituindo o meu histórico de achaques que descobri a ligação entre todos eles. As opções que fiz, em tenra infância, de me conformar com o que se esperava de mim me impediam de me expressar com liberdade, e a raiva se manifestava na garganta, que é o chakra da expressão. Mais tarde, as constantes infecções nas pernas e nos pés revelavam uma raiva inconsciente pelo fato de eu mesma me impedir de avançar. Quanto às indigestões, que eram violentas, e ao ardor no estômago, o que me fazia "arder" (não se diz "estou ardendo de raiva"?) era o fato de eu fazer o máximo possível para me valorizar. Na adolescência, vi-me às voltas com uma multiplicidade de coisas a fazer e, durante as gestações, eu não me concedia o repouso de que necessitava a pretexto de não estar doente. Nos dois casos, eu tinha coisas que provar a mim mesma.

> **Perder-se no FAZER é o preço a pagar por cortar a ligação com o SER.**

E por falar em SER, associei meus problemas menstruais a uma recusa à condição de mulher, o que traduzia o fato de eu me negar a me identificar com a minha mãe. Com efeito, mamãe era um modelo feminino que eu rejeitava, dado que uma parte de mim se opunha a se controlar a fim de se conformar a esse modelo. Tenho de acrescentar a essa raiva do Ser que não pode encontrar uma expressão o fato de eu ter durante muito tempo reprimido os meus acessos de raiva, como explico adiante. (Não surpreende que eu tenha tido de repetir para mim mesma o meu histórico ao ponto da exaustão enquanto não descobri a interpretação do código.)

Esse tipo de história é muito comum, eu sei bem disso, e o meu testemunho só tem o objetivo de dar esperança e coragem àqueles e àquelas que buscam. Tal como acontece nos sonhos, há um fio condutor entre começo e fim, entre ontem e hoje. A primeira causa tem uma conseqüência que, por sua vez se torna uma nova causa; essa nova causa tem efeitos que podem parecer diferentes, mas que fazem parte da mesma "família".

É a isso que se dá o nome de lei de causa e efeito. Trata-se de uma lei universal e natural de que ninguém pode escapar. Há ao menos uma notícia boa advinda do balanço de sintomas: o fato de que, na maioria dos casos, termos somente um único problema de fundo, em vez de vários, ao contrário do que poderia sugerir a panóplia de sintomas.

3. Sintomas que se repetem

Acontece com os sintomas e enfermidades o que acontece com os seus hospedeiros: há uma infinita variedade deles, o que depende da peculiaridade de cada ser. A linguagem do corpo tem a sua própria lógica, e funciona, ela também, como um espelho com relação à atitude e às defesas da personalidade. Com a meta de levar à nossa consciência os nossos comportamentos destrutivos, a sabedoria do corpo fará muitas vezes que sintamos fisicamente aquilo que impomos a nós mesmos em termos psíquicos.

Uma amiga minha, que tinha o dom de complicar a própria vida e de se impedir de viver de modo pleno por qualquer motivo insignificante, sufocou-se várias vezes com porções de comida que caíam no conduto errado. Seu marido conhecia o método das pressões bruscas no tórax e a salvou mais de uma vez de morrer sufocada.

Acredita-se que essa espécie de incidente pode acontecer com qualquer pessoa. Não obstante, na prática só ocorre com pessoas que sufocam a si mesmas com suas angústias e fobias. E que dizer de bebês que são vítimas dele? A minha experiência como guia em regressões ao estado fetal[9] me confirma que a dificuldade de existir de uma pessoa pode começar a se expressar já no ventre da mãe. Uma vez que a alma esteja presente no corpo, o ser começa a reagir e a registrar tudo aquilo que vive para adicioná-lo à memória celular. Isso implica que toda experiência vivida que produza traços de desarmonia é armazenada nas células à espera de ser liberada. Essa é uma das razões pelas quais um sintoma pode vir a se repetir, atraindo assim a atenção para uma atitude não benéfica que se manifesta com uma certa freqüência.

---

9. Trata-se de um processo de regressão gradual em que, antes, a pessoa é levada a entrar num estado de profundo relaxamento.

> Grande número de mal-estares não tem nenhuma relação
> com uma doença específica, podendo ser considerados
> um lembrete enviado à nossa consciência.

Um dos meus cônjuges era freqüentemente afetado por um torcicolo. Ele não podia mover a cabeça para os lados. A mensagem poderia ser a de que ele devia parar de se dispersar olhando para os lados e ver o que estava à sua frente; poderia, pelo contrário, significar que, se não quisesse conhecer um ponto de vista que não o seu, ele poderia se ver privado de sua capacidade de virar a cabeça.

Só a pessoa envolvida pode sentir, a partir do íntimo, onde está a sua verdade.

> Toda vez que tentamos nos esconder por trás de motivos
> puramente físicos para explicar um problema de saúde,
> fugimos à nossa responsabilidade e perdemos uma
> bela ocasião de descobrir uma resistência interior
> que exige apenas ser liberada.

Esse empreendimento de introspecção requer uma constante vigilância, dado que o componente racional tem sempre à mão uma grande quantidade de explicações lógicas a fornecer.

Não se pode falar de distúrbios que se repetem sem mencionar as alergias. De uns anos para cá, registra-se um número bem maior de pessoas afligidas por esse mal, especialmente nas cidades. É claro que podemos nos esconder por trás dos pólens, da poeira, do ar viciado e do pêlo de animais — para ficar apenas nos mais freqüentemente acusados. Na minha opinião, vários fatores merecem ser considerados quando se fala de alergias. Iniciemos o questionamento pelas circunstâncias que cercaram o começo dos problemas envolvidos.

Sofri pessoalmente de rinite alérgica dos 10 aos 42 anos, quando o problema teve duplicada a sua intensidade. Fiz então um esforço consciente de deixar clara a minha ligação com o meu pai. Tive o apoio de um especialista em massagem Trager.[10] *Como sempre tive reações marcadamente somáticas, uma terapia que passasse pelo corpo era*

---

10. A partir do nome de quem a concebeu, Milton Trager. Essa modalidade de massagem consiste em fazer movimentos com todas as partes do corpo, uma de cada vez, com bastante suavidade. O processo tem como efeito liberar lembranças emocionais bloqueadas.

sob medida para mim. Vários sintomas do passado voltaram no curso desse esforço, que se estendeu por cinco meses. Graças aos meus intermináveis espirros, tive a certeza interior de que estava prestes a me libertar para sempre do problema, visto que acabara de descobrir uma ligação entre as MINHAS[11] *alergias e o meu pai. De fato, ele sofrera de rinite alérgica por todo o tempo em que eu vivera com ele, e foi recuando no fio da memória que descobri a chave. Quando eu tinha 10 anos, meu pai fora submetido a uma grande cirurgia no estômago. Na época, eu não tinha consciência do meu enorme medo de perdê-lo. Como não se exteriorizara, essa forte carga emotiva conseguira expressar-se no plano físico por meio de um sintoma que me identificava com papai, como se o fato de me parecer com ele me aproximasse dele. Essa tomada de consciência, aliada à desprogramação da questão da sua autoridade, permitiu que velhas mágoas cicatrizassem, e as alergias do final do verão nunca mais voltaram.*

Outro fator que alimenta as alergias é a crença de que elas voltam automaticamente em certas épocas do ano ou em circunstâncias determinadas (podemos incluir aqui, da mesma maneira, as rinites e as gripes). É de certo modo como se o componente mental tivesse obtido uma confirmação depois de constatar que um sintoma se reproduziu duas ou três vezes. Pode então instalar-se à nossa revelia uma programação, e a "encomenda" especial chega de qualquer maneira ainda que tenhamos mudado de endereço...

Lembro-me de ter ficado de cama num Natal por causa de uma forte gripe (feita a reflexão, aquela foi uma má gripe!). Meus filhos ficaram traumatizados por participar da festa sem a mamãe. Não vou me deter sobre as reais causas do incidente, que não se deveu a um golpe de ar nem ao contágio. E não é que no ano seguinte, quase na mesma data, peguei outra gripe, menos forte, mas de qualquer modo bem embaraçosa para o

> Eis um exercício que ajuda a firmar a desprogramação de um sintoma que se repete.
> Ele consiste em identificar que benefícios indiretos se obtiveram da primeira vez em que se manifestou o sintoma.
> É comum descobrir um medo de expressar com todas as letras uma preocupação, uma recusa, uma emoção, um temor. Depois de descobrir, a pessoa deve acolher e perdoar a si mesma. A nova programação é instalada substituindo-se a antiga crença por uma nova, plenamente consciente.
> E isso é tudo!

---

11. Essa palavra demonstra a tendência da maioria das pessoas no sentido se de apropriar de uma doença como se fosse uma posse pessoal.

período das Festas? No terceiro ano, repetiu-se a história. Foi a observação de um membro da família a respeito das doenças de que eu era acometida na época do Natal que me despertou. Dei-me conta de súbito de uma programação que só me causava dissabores. Foi pregada na cama enquanto os outros se divertiam que tomei a firme decisão de acabar com ela de uma vez por todas.

Uma alergia pode se desenvolver quando nos deixamos afetar pelo mundo interior. Na maioria das vezes, encontram-se causas ligadas a situações ou a pessoas que não podemos "sentir", no sentido figurado do termo. Uma pele que se irrita com facilidade pode indicar que a vítima se deixa perturbar ou influenciar pelas opiniões alheias. Numa pesquisa metafísica, costuma ser útil tomar como ponto de partida o efeito que se sente e, então, transpor a expressão ao seu sentido figurado (por exemplo, isto me pica, isto me arde, isto me coça, isto me corta, etc.) De modo geral, as alergias indicam que o nosso íntimo sente dificuldade para suportar algo referente à nossa ligação com o mundo exterior. Pode-se ver nelas um convite a ocupar o lugar que nos pertence sem permitir que as reações alheias nos restrinjam.

> **Enquanto continuarmos a suportar coisas que não nos convêm, faltaremos ao respeito próprio, e o corpo vai traduzir por meio de um incômodo físico os sofrimentos que infligimos à alma.**

Quanto mais a pessoa avança em sua evolução, tanto mais aumenta a sua sensibilidade; a evolução é um despertar, e os sentidos despertos captam uma enorme quantidade de informações. Há vários anos os pediatras observaram um "sensível" aumento das afecções dos órgãos dos sentidos de crianças em idade bem tenra. Os problemas mais comuns são as otites, seguidas de distúrbios que envolvem a garganta, o nariz e os olhos; a esfera O.R.L.[12] costuma estar implicada, o mesmo ocorrendo com diversas formas de alergia que afetam a respiração e a pele.

No meio médico holístico, inúmeros agentes de saúde sustentam consensualmente que os seres que nasceram entre os nossos dias e as duas décadas anteriores são cada vez mais evoluídos no nível da alma. Chegam com um alto grau de consciência e são por isso mais sensíveis, de modo geral, do que as crianças de gerações precedentes. Neste fim de milênio [a edição original é de 1998], pode-se supor que as almas que escolheram este período para se encarnar deverão intervir num contexto sobremodo diferente, considerando-se ser a

---

12. Oto (ouvido), Rino (nariz), Laríngeo (garganta, laringe).

nossa época um importante ponto de ruptura para a humanidade. Os jovens que sentem, desde os primeiros anos de sua vida, a incoerência dos comportamentos condicionados e restritivos dos adultos, reagem com vigor. Sua energia capta de modo inconsciente as vibrações dissonantes que os cercam e, como eles não podem explicar o que sentem e ouvem, o corpo age no seu lugar. Quando eles já não podem suportar as aberrações que vêem, sentem e ouvem, os órgãos ficam infectados e a pele, irritada. Sua pureza de alma não pode absorver essa poluição mental e emocional. Se pudessem exprimir com palavras a mensagem que o seu corpo parece veicular em altos brados, o que esses seres diriam sem dúvida se pareceria com: "Por que vocês mentem dessa maneira a si mesmos?! Vocês apenas aumentam o próprio sofrimento. Acolham-se simplesmente tal como são e vocês terão acesso à própria beleza."

Eu diria que o grau de sensibilidade aumenta à medida que a consciência se torna mais receptiva. É de prever que os sintomas de doenças continuem a afluir mesmo que se tenham feito grandes progressos na consciência de si mesmo. Mas, dirão vocês, isso não constitui um fator de desmotivação? É assim que o meu componente mental reagia antes de eu ter aceito o fato de que o meu corpo é um instrumento de que se serve a minha alma para evoluir.

É certo que viver acordado exige muito mais de nós do que viver adormecido. A partir do momento em que se torna objeto de uma tomada de consciência e é percebido como um lembrete para que amemos a nós mesmos, cada um dos sintomas deixa de ser recebido com tanta resistência. O que acontece com as enfermidades também se aplica a todas as situações da vida:

> Quanto mais resistimos, tanto mais as doenças persistem.

À medida que a idade avança, multiplicam-se as doenças que nunca foram resolvidas na origem. Vêem-se por vezes, em pessoas idosas, comportamentos diante dos sintomas que se assemelham aos das crianças que, quando lhes falta atenção, adoecem. Observa-se esse mesmo fenômeno em pessoas de todas as idades que têm de enfrentar a solidão concreta ou uma sensação de ser solitárias. Ao que parece, na nossa sociedade a solidão é a mãe de grande número de afecções físicas; e a solidão é a resultante de um tipo de educação que enfatiza todas as formas de dependência. A nossa felicidade, a nossa saúde, o nosso bem-estar dependem dos outros, de modo que julgamos normal nos voltar em primeiro lugar ao exterior com o fim de atender às nossas necessidades. Os sintomas desencadeados pela solidão são um alerta e, ao mesmo tempo, uma mensagem das profundezas do nosso ser.

A dependência é, para o ser humano, um dos mais desmobilizadores sentimentos.

> Não precisamos cair doentes para merecer
> atenção, e dispomos de todos os recursos interiores
> para atender
> às nossas necessidades.

4. As dependências

As pessoas que são prisioneiras de seu esquema de dependência têm muitas vezes um grande potencial de criatividade mal expresso. Essas pessoas são levadas a compensar a frustração que criam para si mesmas. São presas mais fáceis de dependências físicas de alimentação, de dependência do álcool, das drogas, etc. As enfermidades que elas têm tendência a desenvolver de modo geral são do tipo que requer uma medicação a ser usada por toda a vida, o que as prende ainda mais profundamente no círculo vicioso da dependência. Penso em doenças como a epilepsia, o diabetes, a maníaco-depressão, a asma e muitas outras. A criatividade é uma energia muito forte no ser humano; quando mal utilizada, provoca bloqueios no plano energético que podem se traduzir em problemas de ordem física. A energia potencial torna-se assim destrutiva em lugar de criativa.

Conheci uma mulher que era professora de educação artística. Ela encontrava nessa atividade um lugar de expressão da sua criatividade artística e manual. Tinha sucesso junto aos alunos, dado que sabia transmitir a paixão que sentia por todas as formas de arte. Paradoxalmente, essa pessoa não sabia como criar a sua propria vida a seu gosto. As suas conversas eram ponteadas de sutis queixas, insatisfações e autopiedade; em suma, ela parecia ser uma vítima constante de algo ou de alguém. Adicione-se a isso que a sua vida afetiva lhe causava grande número de emoções e de decepções. Ela atendia a parte de suas necessidades de atenção contando os próprios problemas. Além de várias perturbações incômodas que lhe afetavam a saúde, essa pessoa viu-se, logo depois de passar dos 40 anos, com um problema de diabetes.

Contrair essa doença lhe permitia contar com um fator a partir do qual atrair atenção para si mesma a longo prazo. Ela se obrigava dessa maneira a cuidar de si mesma cotidianamente: verificando a taxa de glicemia, cuidando com uma maior atenção da alimentação e consumindo medicamentos. É isso que qualifico como criar de maneira negativa a própria vida.

A criatividade é um fogo ardente concebido para circular; estagnando, ele passa a consumir o seu portador. No caso de que tratamos, o bloqueio foi proporcional ao elevado potencial da pessoa. Este era, antes de tudo, de ordem afetiva, e as circunstâncias da vida dessa senhora lhe diziam, por meio da doença, que ela devia desenvolver sua autonomia nesse domínio.

Tenho a firme convicção de que ninguém está condenado a suportar o que quer que seja até o fim da vida. A maioria das pessoas é por infelicidade, influenciada por crenças veiculadas pelo conjunto do meio médico tradicional, a que entregou todo o seu poder. Há trinta anos, uma pessoa acometida pelo câncer estava condenada a uma morte certa. Hoje, os médicos se vêem forçados a reconhecer que tratam a doença mas que não a curam. Inúmeras vítimas do câncer que acreditavam nos médicos mas mudaram de atitude provam, por meio de sua cura, que o ser humano é dotado do poder de criar o que quiser: a vida ou a morte. Tendo acompanhado a terapia de pessoas atingidas por processos cancerosos e pela AIDS, continuo convencida de que a receptividade às feridas infligidas à alma torna completamente reversível o processo degenerativo da doença.

No caso do diabetes ou da epilepsia, a pessoa que toma consciência de sua dependência vai entrar num profundo contato com a raiva de sua própria alma, que grita: "BASTA!" Essa sadia — para não dizer santa — raiva contém em si toda a energia necessária para levar a pessoa a se libertar por si mesma de suas dependências — uma após a outra. Quando uma doença parasitária da dependência psicológica não encontra mais nutrição na "energia-vítima", as suas raízes secam e ela se elimina sem nenhuma outra intervenção.

> Inúmeras são as doenças cultivadas por meio de pequenos cuidados, como se fossem plantas.
> Ocupamo-nos delas, "regamo-las", fertilizamo-las por meio de nossas crenças.
> Apropriamo-nos delas quando dizemos, por exemplo: O MEU diabetes.
> Associamo-nos a elas dizendo: SOU DIABÉTICO.
> Não surpreende que a doença goze de muito boa saúde!
> Quando as nossas doenças vão bem,
> procure onde está o erro.

Nossa condição humana está permeada de contrastes. Somos ao mesmo tempo grandes e pequenos, fortes e fracos, luminosos e sombrios. Tenho sido testemunha de muitos casos, a começar pelo meu, nos quais temos necessidade de chegar ao paroxismo do inviável, seja devido à doença, aos relacionamentos difíceis ou a todo tipo de infelicidades, para finalmente reconhecer o próprio poder criador e usá-lo para os fins da própria libertação.

> Toda doença pode ser considerada um convite
> à receptividade e à transformação pessoal,
> em benefício do próprio crescimento.

E mesmo nos casos em que o despertar da consciência acontece tarde demais para que se reverta o processo de destruição do corpo pela doença, a alma, por sua vez, pode ficar curada de todos os males que a afligem e partir em paz. Tive ocasião de dar apoio a pessoas até a hora da morte, e sei que elas faleceram curadas. Quando passamos por experiências tão intensas quanto essas, não resistimos mais à idéia de que o corpo é um veículo da alma; não é a coisa mais importante que esta última possa executar o seu verdadeiro trabalho?

5. Dizer "SIM" ao que existe

A partir do momento em que diversos sintomas e moléstias viram nossos aliados, a nossa concepção da doença passa por uma transformação radical. Quando, além disso, as doenças são associadas às "sicronicidades" da vida e compreendidas graças ao espelho, elas se transformam em possantes alavancas que nos impelem para longe de nossos condicionamentos restritivos.

Viver como ser responsável é uma aventura apaixonante. Levei anos para compreender uma verdade que é, não obstante, simples:

> Combater uma doença equivale a combater a si mesmo.

Tenho consciência de que essa é uma afirmação que leva a controvérsias, dado que a crença popular considera a doença um inimigo. Como a maioria das pessoas, já combati a doença, o que me levou apenas a revoltas e sofrimentos repetidos. A experiência me ensinou que toda doença deve ser aceita antes de superada, acolhida no sentido profundo do termo. A revolta e o combate não passam de recusa àquilo que existe. Arnaud Desjardins, autor francês que considero uma pessoa dotada de grande sabedoria, resumiu o seu ensinamento a uma única palavra: SIM. "Diga sim à vida, sim a tudo o que existe" — proclama ele. Temos de parar de nadar contra a corrente caso de fato queiramos avançar.

Que implicações tem para a atitude cotidiana o dizer SIM a uma doença? A meu ver, antes de tudo, admitir a realidade do momento tal como é. Se me dói a cabeça, devo levar esse fato em consideração. Em primeiro lugar, não procuro amortecer essa dor com algum medicamento para poder acompanhar a sua evolução e deixar que ela me guie até a vulnerabilidade que deseja se expressar por seu intermédio. Já estou escutando os protestos:

"Mas não tenho escolha; tenho de ser produtivo no meu trabalho!"
"Não posso parar cada vez que tenho um ligeiro achaque!"
"Se começarmos a ouvir a nós mesmos, não vamos fazer nenhuma outra coisa na vida!"

Essas reflexões são apropriadas à parte controladora e "ativa" que habita o nosso íntimo; estão ligadas a falsas crenças veiculadas por uma sociedade na qual a produtividade é considerada superior ao respeito à pessoa. Não é pelo fato de certos patrões nos tratarem dessa maneira que temos de imitá-los! Sem chegar a paralisar todas as atividades, é possível alterar o horário e o planejamento de uma jornada de trabalho levando-se em consideração os limites do momento.

> A medicação nos impede de sentir os limites do corpo, o que evidentemente nos leva a transgredi-los sem que nos demos conta das conseqüências que semeamos com essa atitude de avestruz.

O mercado de trabalho todos os anos vê-se privado de muitas pessoas capazes que ficam com estafa devido ao fato de não respeitar os próprios limites. Não haverá um combate ao nosso próprio ser em todas as pequenas coisas que nos obrigamos a fazer, treinados que fomos para produzir e ter um bom desempenho A QUALQUER PREÇO? Afinal, a fatura tem, o mais das vezes, a forma de uma amarga poção que temos de engolir. E, enfraquecidos como o fomos pela doença, achamos que a solução ainda está no combate. Que absurdo! Julgo a estafa a doença ideal para a pessoa aprender a parar; por infelicidade, aprende-se nesse caso por falta de alternativa, dado que já não se dispõe de forças para lutar.

O fato de considerarmos atentamente cada sintoma segue apenas a lógica da manutenção das máquinas. Não se censuram as pessoas porque elas se preocupam com a manutenção do carro. Nesse campo, admite-se com facilidade que um pequeno problema ignorado provoca contratempos mais sérios, e em alguns casos, até perigosos.

Dizer SIM e seguir a corrente supõe uma boa dose de flexibilidade. Por outro lado, a vida em si não pode ser enquadrada em esquemas nem tornada uniforme. O movimento é adequado a tudo o que tem vida.

Quando não inclui a flexibilidade, o planejamento pode se transformar numa madrasta desrespeitosa que nos leva a nos tratar interiormente como a Gata Borralheira da história.

> Constitui uma atitude "antivida" conformar-se a fazer uma dada coisa a pretexto de que ela foi planejada ou de que sempre foi feita dessa maneira.

Dei-me conta do ponto até o qual tratei a mim mesma com dureza ao longo de todos os anos nos quais era para mim um ponto de honra "funcionar" a todo custo. Diante de uma doença, a minha reação era: "Ah, não! Neste momento não!" Mesmo que eu ficasse de cama e meio morta, alguma coisa em mim continuava a resistir. Acho que essa resistência devia contribuir para intensificar a dor. Hoje, ao dizer SIM, concedo a mim mesma a doçura de que tanto preciso nos períodos de vulnerabilidade. Aprendi não só a acolher o mal que me aflige como também a acompanhá-lo e permitir que ele ocupe em mim todo o espaço de que tem necessidade. Considero-o uma parte do meu ser; não fui eu que em última análise o criei? Deixando de negá-la ou de repeli-la, abro a porta à revelação da mensagem que a doença procura refletir em meu espelho.

Houve uma época na qual eu usava uma grande parcela de energia para quebrar a cabeça a fim de descobrir o sentido das minhas doenças. O meu único objetivo era, então, fazer que desaparecessem o mais rápido possível. Naturalmente, eu conseguia o resultado contrário. Mais uma vez, o espírito racional se faz presente para formular perguntas, porém as respostas emanam do coração. Como o disse tão bem Antoine de Saint-Exupéry em *O Pequeno Príncipe*: "Só se vê bem com o coração."

A doença é como a criança que procura, debulhada em lágrimas, a mãe porque se machucou: precisa ser acolhida, tranqüilizada e consolada. Mesmo que o machucado já não doa tanto, a criança continua a chorar até que a mãe lhe dê a atenção que pede. Se esta última não a levar a sério e disser: "Pare de chorar; não foi nada", há uma grande probabilidade de que a criança continue a chorar. Mas tão logo a mãe reconhece a intensidade de seu pequeno drama e lhe dá toda a atenção, MESMO QUE SEJA POR UNS POUCOS INSTANTES, a criança volta aos seus folguedos e, num átimo, esquece o sofrimento. Tornei-me a mãe amorosa dos meus achaques, e desde que o fiz eles me incomodam bem menos. No caminho que percorri, o ato de acolher os meus sofrimentos, tanto físicos como morais, passou a ser parte da minha aprendizagem do amor.

> Quanto mais acolho, tanto menos julgo,
> seja aos outros ou a mim mesma.
> Quanto mais acolho, tanto menos sofro e tanto
> menos faço que os outros sofram.
> Quanto mais acolho, tanto mais doce é a minha vida e tanto
> maior é a harmonia que se instala em mim.

"Não lhes ensino nada quando digo que nada somos sem amor."[13]

---
13. Extraído de uma canção de Paul Piché, autor-compositor do Quebec.

8

Espelho Meu, Existe Alguém Mais Belo Do Que Eu?

Os espelhos de moldura dourada

Eu gostaria de terminar esta reflexão falando da beleza, detendo-me agora no espelho positivo. O fato de que não o mencionei muito não se deve a estar ele menos presente na nossa vida, mas antes porque temos uma menor tendência a resistir a ele. É um pouco o que acontece com as emoções: detemo-nos nas negativas porque elas nos perturbam. Ainda que o espelho de reflexos sombrios seja um instrumento indispensável ao nosso crescimento, seria impossível alcançar o equilíbrio sem a contraparte positiva.

Devido ao ego e ao componente mental, o ser humano é, por assim dizer, uma fábrica de resistências, sendo interessante constatar que resistimos tanto à felicidade como à infelicidade, tanto à beleza como à feiúra. Basta observar o incômodo que nos causa um cumprimento ou um gesto de reconhecimento.

> É tão ponderável a nossa ambivalência que, ao mesmo tempo que procuramos esconder os nossos defeitos, temos dificuldade para reconhecer as nossas qualidades.

Mas o que aconteceria se passássemos a admitir, da noite para o dia, toda a beleza e grandeza que temos? Parece-me que seríamos seres criativos, autônomos, equilibrados, talentosos, receptivos e livres — tantas palavras para dizer que seríamos felizes e cheios de amor. Contudo, como bem o diz uma canção, "O que esperamos para ser felizes?" Boa pergunta! De fato, o que esperamos para começar a cultivar as partes mais belas de nós? Se esperamos que essa atitude venha dos outros, eu tenho uma boa notícia: os outros já fazem a sua parte. Como? Por meio dos reflexos positivos que nos enviam a cada dia, na maior parte do tempo, sem que se dêem conta de que o fazem. A exemplo de seu irmão rebelde, o reflexo lisonjeiro só se deixa entrever quando estamos prontos a olhar para ele de frente. É novamente o aluno que faz a opção de aprender. O espelho vai se dispor a repetir dezenas de vezes "você é bela", e será uma pena que o aluno não esteja receptivo a acreditar nisso.

> Quando observamos uma pessoa e sentimos admiração por aquilo que ela faz e consegue ou pela sua aparência física, temos diante de nós um espelho positivo, isto é, o reflexo de uma parte do nosso ser.

Em muitos casos, tal como ocorre com o espelho negativo, não se tem consciência de possuir a característica que se admira no outro. Pode ocorrer de manifestarmos uma dada qualidade de um modo sobremodo diferente, o que pode resultar num ocultamento do reflexo. Não faltam manifestações dessa realidade no dia-a-dia.

Uma amiga minha, dona de uma bela voz, mostrou-se encantada ao ouvir uma cantora. Eu a olhei, completamente surpresa, e disse: "Você canta melhor que ela!" Isso era para os meus ouvidos uma evidência. Essa amiga, por sua vez, dava toda a atenção a uma particularidade da voz objeto de admiração que ela não possuía. Aquilo que ela percebia com tanta facilidade na outra convidava a reconhecer a particularidade da sua própria voz, que era sem dúvida diferente.

Também admiramos às vezes alguém por causa de uma característica que a nosso ver é o contrário daquilo que somos. Ocorreu-me freqüentemente de levar pessoas que assistiam a meus cursos e conferências a admirar a minha facilidade de comunicação. Quando eu lhes respondia que elas traziam em si essas mesmas qualidades, elas me lançavam olhares incrédulos. A alma dessas pessoas estava em ressonância com o prazer que eu sentia ao me comunicar. Isso as remetia ao resultado que elas obteriam quando concretizassem o seu próprio modo de comunicação.

> Admirar alguém que já apresenta o resultado daquilo que se possui potencialmente é um estímulo para a alma.

É como se a alma nos pegasse pelo braço e nos dissesse: "Veja como você vai ser desenvolvida quando reconhecer a si mesma!"

Uma jovem mulher que admirava o meu talento de animadora costumava me confidenciar há anos o seu sonho de dedicar-se a essa mesma função. Na época, ela trabalhava no mundo dos negócios e nunca testara as suas capacidades no domínio das relações humanas. Mas havia em seus olhos um brilho tal quando falava do assunto que eu a encorajei a fazer um curso de animação. Ela me respondeu: "Você acredita de fato que tenho condições para isso?", o que mostrava que ela sempre se contentara em sonhar. Dir-se-ia que ela tinha necessidade de um catalisador de fora para transformar o seu sonho em realidade. Essa moça tornou-se, pouco tempo depois, uma tarimbada animadora, e até hoje se dedica a essa função com sucesso.

Podemos aprender muita coisa acerca de nossas qualidades e dos nossos talentos ocultos se dermos atenção à beleza que observamos nos outros.

> **Uma maneira deveras simples de praticar o jogo do espelho positivo consiste em fazer uma relação de todas as pessoas que admiramos (tanto no passado como no presente) e acrescentar os motivos pelos quais as admiramos.**
> **Faz-se depois uma segunda relação com a descrição das qualidades que identificamos em nós mesmos.**
> **Compara-se em seguida o conteúdo das duas relações para identificar as qualidades de que já tomamos consciência e aquelas que devem ser desenvolvidas.**

As pessoas com quem nos relacionamos de modo agradável e fácil nos remetem a aspectos de nós mesmos aos quais não resistimos. É por isso que nos sentimos em tamanha harmonia com essas pessoas. Apaixonar-se por alguém que se assemelha a nós é um excelente teste para verificar até que ponto aceitamos aquilo que somos. Um tal relacionamento pode ser tanto celestial como infernal, a depender do grau de aceitação já alcançado. É raro ver pessoas semelhantes viver como casal antes de terem adquirido uma certa maturidade. Contudo, não é raro contar-se entre os entes queridos com alguém com quem os reflexos são em grande parte positivos. Como já destaquei, essas relações são verdadeiras dádivas da vida, e podemos aumentar o benefício que trazem mediante o reconhecimento consciente de que trazemos em nós as mais belas qualidades dessas pessoas.

> **O reconhecimento de si mesmo é um remédio para muitos males, e as pessoas que o têm se distinguem das outras por uma tranqüila confiança em si mesmas.**

As pessoas que se reconhecem a si mesmas livraram-se da necessidade de se comparar com os outros e já não têm coisa alguma a provar a quem quer que seja. Elas não são mais extraordinárias do que o eram antes desse auto-reconhecimento; elas simplesmente pararam de negar certos aspectos de si mesmas, algo que lhes confere uma grande força interior. Com efeito, não é possível desestabilizá-las com reprovações, acusações ou insinuações, dado que elas já conhecem e admitem os seus próprios limites. Elas não desperdiçam energia para a sutil manipulação daqueles que as cercam, pois conhecem as suas próprias necessidades e sabem como atendê-las. Além disso, são capazes de enunciar verdades positivas acerca de si mesmas sem se sentir mal ou sem temer que as tomem por vaidosas. Elas têm igualmente a capacidade de reconhecer o real valor de todas as pessoas que encontram. Sem saber em todos os casos o motivo, procuramos a companhia dessas pessoas, porque nada há de mais agradável do que ser apreciado e reconhecido por aquilo que se é, sem ter de se justificar.

Fui privilegiada por ter um amigo íntimo dotado de qualidades de acolhimento fora do comum. Quando eu me encontrava na presença dele, era-me impossível ser qualquer outra coisa que não totalmente eu mesma. Surpreendi-me muito mais de uma vez ao perceber as minhas reações: tanto as partes mais belas do meu ser como as mais sombrias se manifestavam sem restrições. O fato de não ser julgada contribuiu em larga medida para derrubar as barreiras que cortavam a minha ligação com a minha verdade profunda. O acolhimento e o não-julgamento também me dispuseram a amar e a apreciar aquilo que eu era. Aprendi gradualmente a tratar a mim mesma do modo como ele me tratava. Só transmitimos aquilo que já somos, e esse homem me ensinou a dar prioridade a mim mesma na minha vida. Ainda que tivesse uma profissão que o fazia ficar a serviço de outras pessoas, ele sempre reservava algum tempo para si mesmo, o que tinha o "dom" de levar as pessoas próximas a ele, que resistiam a fazer o mesmo, a criticá-lo.

Meu amigo era ao mesmo tempo um espelho positivo aos olhos das pessoas que ele admirava e um espelho negativo para aqueles que o julgavam. Contudo, todos tinham o que aprender com esse aspecto do seu ser que ele manifestava com intensidade e naturalidade. A meu ver, a única diferença entre esses dois espelhos opostos reside na resistência dos alunos em potencial.

Três maneiras de desenvolver o reflexo positivo

Quando tomamos consciência de que temos um dado aspecto do nosso ser a desenvolver, várias são as possibilidades que vemos diante de nós. A mais simples e mais acessível continua sendo, para mim, observar a vida das pessoas próximas que manifestam, na maioria das vezes sem o saber, as qualidades e atitudes que eu quero adquirir. A criança que existe em nós, sempre viva, conservou a sua faculdade de aprender por imitação. O fato de reconhecer e de alimentar a espontaneidade e o maravilhamento, assim como de lançar um olhar completamente novo a toda realidade, permite descobrir e aprender o que somos na vida. Desse modo, portanto, quando observamos as pessoas que nos cercam do ângulo de suas melhores qualidades, aguçamos o nosso olhar do lado dos reflexos positivos, o que desenvolve no nosso ser a capacidade de reconhecer as qualidades que temos.

Uma segunda opção consiste em identificar em si mesmo uma atitude a ser transformada e praticar deliberadamente a atitude contrária. Aos poucos, a nova programação finca raízes e pode-se chegar a modificar reflexos negativos sobremodo encravados.

Minha irmã tornou-se mestra nesse assunto. Nossos caminhos paralelos nos levaram à mesma constatação: nascemos nesta família a fim de aprender a nos libertar da crítica. Em contrapartida, observamos que as maneiras de criticar de cada uma de nós diferiam. Enquanto me inclino a criticar abertamente, a sua forma de crítica era totalmente interior: diante de si mesma, ela se tornava responsável por tudo o que pudesse dar errado na sua vida; diante dos outros, criticava mentalmente tudo o que não estivesse de acordo com a sua própria visão das coisas. Seu esforço consciente para se livrar da crítica foi verbalizar tudo o que via de bom em cada pessoa. Ela levou esse exercício a ponto de abordar desconhecidos ao acaso em suas andanças.

Por exemplo, se o serviço no restaurante está demorado ou se a garçonete comete uma gafe, minha irmã sempre tem uma palavra agradável para desanuviar a atmosfera. Se na loja tem de esperar muito tempo para passar no caixa, ela faz à caixa uma observação sobre a sua paciência e atenção. Ela aprimorou essa atitude a tal ponto que esta se generalizou, e todos hoje dizem que apreciam muito estar na companhia dela. Ela desenvolveu a capacidade de acentuar nas pessoas o melhor das intenções e dos sentimentos delas, o que tem como efeito destacar o valor e a dignidade das pessoas que convivem com ela.

Como benefício marginal, ela obtém, além da estima das pessoas, um profundo reconhecimento do seu próprio valor. Eu a batizei como a rainha dos cumprimentos. Cada vez que experimento seu método, só vejo sorrisos e olhares que se iluminam. Ver o mundo do ângulo da beleza que há em todos só nos dá como reflexo a beleza.

Já constatamos que uma mesma pessoa pode se comportar de maneira desagradável com alguém e, cinco minutos depois, mostrar-se deveras amável com outra pessoa. Ainda que, à primeira vista, ela nos pareça hipócrita, temos aí uma demonstração da lógica do espelho. Simplesmente reagimos àquilo que o exterior projeta em nós e de modo geral devolvemos a mesma coisa.

Trata-se de algo que se evidencia de modo particular no ambiente da escola. Minha filha mais nova fez um dia uma reflexão tão lúcida quanto inocente quando estava na escola primária. Ela disse: "Mamãe, é muito curioso o que acontece na minha classe; com a professora Untel, ficamos calmos e atentos, mas com a outra não conseguimos deixar de ser uns diabinhos!"

Para encerrar esta reflexão, não me parece exagerado concluir que:

> Uma pessoa que só se detém nas atitudes positivas daqueles que a cercam receberá em troca apenas o melhor que há nas pessoas com as quais convive.
> Colhemos aquilo que semeamos.

Uma terceira possibilidade consiste em se colocar diante de um espelho, físico ou interior, e identificar as qualidades e atitudes positivas que se têm. Um meio prático de fazê-lo consiste em elaborar uma relação das qualidades que reconhecemos em nós mesmos, mesmo que não as manifestemos de modo integral. Posso, por exemplo, ter muita paciência com os outros e tratar os meus próprios erros com impaciência. Depois, acrescentam-se à relação as qualidades que as pessoas próximas reconhecem em nós. Depois se lêem ou se dizem em voz alta essas qualidades ao menos uma vez por dia por um dado período.

De acordo com o testemunho de pessoas que praticaram esse exercício, o espelho positivo não demora a distribuir seus reflexos, e os cumprimentos vêm de fora, muitas vezes da parte de pessoas que antes não agiam assim. O princípio é simples:

> O mundo exterior nos devolve a imagem que temos de nós mesmos.
> Não podemos esperar dos outros que nos apreciem enquanto permanecermos incapazes de estimar a nós mesmos.

Por outro lado, nossa lógica inconsciente é incapaz de aceitar que alguém possa nos julgar extraordinários se nós nos julgamos ínfimos, ou coisa parecida, quando nos olhamos no espelho...

QUESTÃO DE MÉRITO

Mas de onde nos vem essa propensão a nos subestimar no nível profundo? Voltemos à pergunta: o que estamos esperando para ser felizes? Parece que a maioria dos seres humanos é afetada pela síndrome do "não mereço" desde a primeira infância. O psicanalista alemão E. Bergler elaborou a esse respeito uma teoria de nome "noologia", cujo foco é o masoquismo humano fundamental.[1] Sustenta essa teoria que há nas profundezas do inconsciente uma parte de nós que não acredita na felicidade, que sobretudo não se julga digna dela e que, em conseqüência, não a deseja ter. Essa parte é a antítese do Espírito consciente, que por sua vez deseja muito naturalmente alcançar a felicidade.

Suponhamos que uma pessoa se dedique a um dado projeto. Conscientemente, essa pessoa deseja ter êxito e faz todos os esforços de que dispõe para concretizar essa realização. Mas uma parte de sua energia trabalha contra ela apesar dela mesma; essa parte inconsciente sabota os resultados, recusando-se a apostar num jogador no qual não confia. A parte consciente se queixa de azar, ou chega ao ponto de se considerar perseguida pela má sorte enquanto não identificar a parte que não deseja que as coisas corram bem. Trata-se de uma coisa deveras sutil, e raras são as pessoas que conseguem confessar espontaneamente a si mesmas que não querem ter sucesso. Acho que todos temos uma porção do nosso jardim ocupada pelo masoquismo. Alguns aspectos da nossa vida podem ser bem harmoniosos, ao passo que outros são atacados por parasitas do tipo: *não sou capaz, não mereço, não acredito nessa possibilidade, isso é bom demais para mim.* Todo parasita não extirpado pode continuar a espalhar a destruição a seu bel-prazer.

> Temos a obrigação de identificar os nossos métodos sutis de auto-sabotagem.

É a isso que dou o nome de: o reverso da medalha da arte de viver. Tenho em mente alguns exemplos pessoais que ilustram esse aspecto "artístico" negativo da nossa natureza humana.

- A ARTE DE CORRER ATRÁS DO "PROBLEMA": sair de férias para um lugar distante com um carro atulhado e quatro pneus velhos;
- A ARTE DE APOSTAR NO "PANGARÉ": optar por viver com alguém que só atende à metade dos critérios e das necessidades fundamentais que se tem;
- A ARTE DE "METER OS PÉS PELAS MÃOS": arriscar-se a ter uma relação sexual sem proteção com alguém que não se conhece bem;
- A ARTE DE JOGAR PARA PERDER: envolver-se financeiramente num negócio sem se dar ao trabalho de examinar pessoalmente todos os aspectos relevantes;

---
1. Dr. Bergler, 1976, *La névrose de base*.

- ◆ A ARTE DE SE SOBRECARREGAR: assumir vários compromissos com a cara e a coragem para mais tarde ficar com *stress* e esgotado a fim de cumpri-los. Ser incapaz de dizer não quando uma coisa não convém;
- ◆ A ARTE DE ESTRAGAR OS PRÓPRIOS PRAZERES: adoecer em viagem.

É claro que os resultados dessas manifestações artísticas pintam tristes quadros: decepções, frustrações, mágoas, *stress*, doenças, empobrecimento, amargura e assim por diante. Esses quadros ficam todos expostos na mesma galeria: a da autodestruição.

Não podemos nos mostrar insensíveis quando temos diante dos olhos um ente querido que está se destruindo. Sentimos uma mescla de revolta e de compaixão. Como gostaríamos de poder fazê-lo despertar e sair da situação ruim! A vida põe diante de nós esses espelhos para que tomemos consciência de nossos próprios comportamentos de sabotagem. Quer se trate de atitudes externas ou internas, o único remédio continua a ser a aceitação e o amor. Temos de aprender a amar ternamente as partes do nosso ser que resistem, como se fossem filhos nossos. O genitor amoroso em nós vai saber acolher esses aspectos de nós mesmos considerados ovelhas negras.

> A maneira mais eficaz que conheço para não nos deixarmos dominar pelos aspectos masoquistas e sabotadores que existem em nós consiste em cultivar conscientemente os nossos aspectos positivos a fim de fazer que se fortaleçam.

E os melhores adubos são: a doçura, os elogios, o não-julgamento, o acolhimento, a magnanimidade, o perdão e o prazer. Esses adubos são distribuídos gratuitamente em todos os bons "organismos" pela Energia do coração; e o único requisito exigido é que se mantenha a porta aberta...

Epílogo

Nossa busca do verdadeiro Ser nunca acaba. Qual uma espiral infinita, essa busca nos leva de descoberta em descoberta, e cada uma delas se torna o ponto de partida de uma nova consciência. Evoluir é tornar-se receptivo, expandir o próprio ser e ampliar os próprios limites, o que nos permite "intuir" a imensidão de nosso ser.

Nenhum passo à frente é sem conseqüências, nenhum esforço é inútil, nenhuma realidade carece de sentido. Somos convidados a romper a carapaça da personalidade, que mantém a nossa alma refém. Toda alma que se sente prisioneira envia à personalidade sinais de angústia.

> Toda pessoa que não trilha o caminho escolhido pela sua alma vive uma insatisfação, um desespero, um "estar-mal".

O sucesso social, financeiro, familiar ou amoroso não constitui uma meta para a alma. Não vamos tomar os meios como fins. Nossa realidade exterior será sempre uma ilusão se não for o reflexo fiel do nosso universo interior.

- ♦ Por que afinal estamos neste planeta?
- ♦ Para ter sucesso a qualquer preço ou para fazer experiências?
- ♦ Para ter um "alto desempenho" ou para evoluir?
- ♦ Para salvar as aparências ou para ser verdadeiramente felizes?

A teoria-instrumento do espelho é comparável a um periscópio que transmite ao interior as informações vindas do exterior. Remeter tudo a si mesmo é algo que, longe de nos tornar narcisistas, nos fornece a chave do funcionamento do nosso universo. Só com um profundo conhecimento do nosso microcosmo logramos nos tornar receptivos e nos comunicar com o universo do outro e com o macrocosmo, o Universo sem limites, sem fronteiras.

Nossa evolução na terra faz parte de um todo nesta galáxia, e a nossa Essência faz parte de um todo de toda a eternidade.

É com a certeza dessa consciência cósmica que chego ao final desta minha "reflexão" usando as mesmas palavras com as quais a iniciei:

"Somos seres espirituais destinados a viver experiências neste plano material, e não seres materiais destinados a viver experiências espirituais."

Anexo 1 — OS PRINCIPAIS CENTROS DE ENERGIA OU CHAKRAS

Chakra ou plexo	Cor, sede da(s):	Energia Bem qualificada	Energia Mal qualificada
Da Coroa (coroa)	Violeta Identidade	Espiritualidade integrada Clareza mental	Fanatismo, delírio mental
Frontal (3º olho)	Índigo Faculdades extra-sensoriais	Intuição Inspiração	Intimidação Angústia existencial
Da laringe (garganta)	Azul real Expressão de si	Comunicação Sabedoria	Fanfarronice Complexos
Do coração	Verde Amor	Receptividade ao outro Regeneração	Fechamento Egocentrismo
Solar (estômago)	Amarelo Emoção — Intelecto	Irradiação Domínio de Si	Hiperemotividade Hiper-racionalismo
Sacro (região pélvica)	Laranja Força pessoal	Criatividade, sensualidade, vitalidade	Passividade Luxúria
Do cóccix (raiz)	Vermelho Instinto — energia	Confiança na vida Dinamismo	Falta de Realismo Agressividade
LIGADOS A Glândulas, vértebras, órgãos físicos	Cores do arco-íris, notas da escala musical	Aprendizado da alma	

Nota: há ainda chakras que estão além do corpo físico. Por exemplo, o 10º chakra é a sede da alma, e o 12º é a sede da essência divina (de acordo com os textos de Alice Bailey).

Anexo 2 — O CAMPO ENERGÉTICO HUMANO

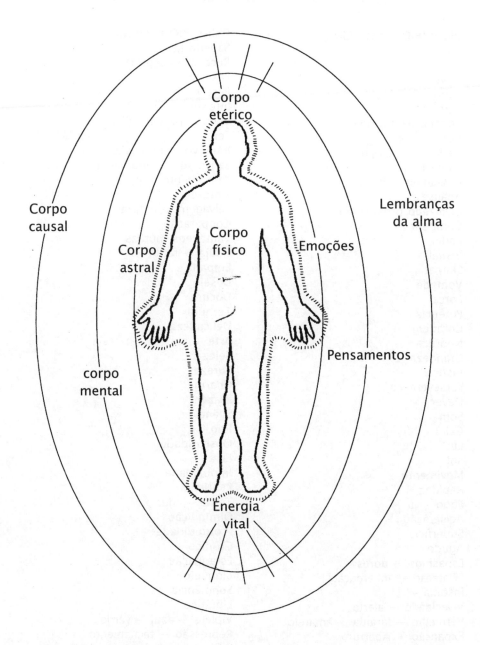

O ser humano é dotado de sete corpos de energia: o etérico, o emocional e o mental e mais quatro chamados "corpos espirituais": causal, átmico, búdico e crístico. Os três últimos só se desenvolvem numa porcentagem bem pequena de pessoas.

Anexo 3 — ATRIBUTOS MASCULINOS E FEMININOS

PRINCÍPIO MASCULINO
Amor
Dar (doador)
Ativo
Expressão
Exterior
Voltado para o objeto
Fazer — ter
Racional — lógico
Intelectual
Pensamento linear
Análise
Civilizado organizado
Competição
Poder
Visual
Simpatia
Vontade
Força
Potência
Coragem
Nobreza
Grandeza
Justiça
Perseverança
Dever
Som
Calor
Luz
Sol
Movimento
Rapidez
Fogo — ar
Aceleração
Superfície
Agudo
Espasmos — dores
Dilatação — inflamação
Insônia
Vivacidade — alerta
Vermelho — laranja — amarelo
Expansão — Abertura
Influencia o lado direito do corpo
(Yang)

PRINCÍPIO FEMININO
Sabedoria
Receber (receptor)
Passivo
Percepção
Interior
Voltado para o sujeito
Ser
Intuitivo — impulsivo
Sensorial — sentimental
Pensamento global
Síntese
Selvagem — natural
Cooperação
Vantagens mútuas
Áudio — tátil
Empatia
Desejo
Doçura
Ternura
Delicadeza
Arte — música — poesia
Beleza
Pureza
Charme
Prazer
Silêncio
Frio
Obscuridade
Lua
Imobilidade
Lentidão
Terra — água
Diminuição
Profundidade
Crônico
Estagnação
Bloqueio
Sonolência
Linfático
Violeta — azul — verde
Repressão — fechamento
Influencia o lado esquerdo do corpo
(Yin)

Anexo 4 — SIMBOLOGIA DOS PRIMEIROS NÚMEROS

NÚMERO	SÍMBOLO	SIGNIFICADO DE BASE	QUALIDADES
1	|	Princípio masculino — verticalidade — ponto de partida — promessa de continuidade — individualidade — identidade — expressão de si mesmo	Confiança em si — iniciativa; criatividade — originalidade; independência — liderança — progresso individual
2	←→	Pólos opostos — contrastes — dualidade — repetição	Oposição — incompatibilidade — ambivalência — dependência
2	→←	União dos pólos — princípio feminino — reciprocidade — par	Associação — colaboração — diplomacia — equilíbrio — receptividade
3	△	União da unidade e do binário (Santíssima Trindade = triângulo divino) — ordem — harmonia — perfeição — vida — realização	Criatividade artística — espontaneidade — expressividade — alegria — sensibilidade
4	☐	Materialidade — estabilidade — esforços — enquadramento — fechamento — elementos — estações	Organização — estabilidade — perseverança — disciplina — limitações
4	✝	Direção — orientação — pontos cardeais — encruzilhada — escolha	União de opostos — conciliação — questionamento
5	⬠	Mudança — movimento — liberdade — abertura — os cinco sentidos	Engenhosidade — curiosidade — adaptabilidade — versatilidade — vontade ativa — desapego
6	⬖	Direções opostas — dificuldades de escolha — provas	Angústia — ambivalência
6	✡	Perfeição — reunião — serviço	Responsabilidade (pessoal — familiar) — amor — compreensão profunda
7	arco-íris / notas — escala musical	Número sagrado (divindade 3 + materialidade 4) — totalidade — conclusão — mistério — busca — solidão — dias da semana — chakras — virtudes — etc.	Busca interior — inspiração — reflexão — intuição — abertura — sabedoria — espiritualidade
8	∞	Símbolo do infinito — equilíbrio cósmico — universalidade — provas — colheita — potência	Realização — sucesso — poder — abundância — equilíbrio — discernimento
9	✧	Fim e recomeço — incondicionalidade — conclusão — serviço à humanidade — tempo da gestação — bem-aventuranças — símbolo da flor de mil pétalas	Compaixão — dom de si — sabedoria — irradiação — integridade — nobreza

Nota: síntese pessoal que une a numerologia, o simbolismo e a cabala

ANEXO 5 — As Leis da Nova Medicina

Texto adaptado dos escritos do doutor R. G. Hamer e colaboradores.

1ª lei: A LEI DE BRONZE DO CÂNCER

Descoberta em 1981 pelo doutor Ryke Geerd Hamer e confirmada em 1988 na Universidade de Viena. Ela recebe este nome porque é uma lei biológica que foi confirmada em todos os casos estudados.

Essa lei compreende três critérios fundamentais:
1. O câncer, ou qualquer doença comparável a ele, é provocado por um choque brutal, um conflito interior dramático para a pessoa, e que é vivido em isolamento. Esse choque tem repercussões nos níveis físico, cerebral e orgânico.
2. A maneira como o paciente reage ao seu conflito determina:
   a) A área do cérebro que será afetada e que fornecerá às células diretrizes anárquicas;
   b) a localização do câncer no organismo.
3. O conflito "biológico" tem um tríplice impacto quase simultâneo em três níveis:
   o psiquismo, o cérebro e o órgão físico.

Nota: se o conflito se complicar em função de um *stress* adicional (por exemplo: o medo de morrer de câncer), uma nova região do cérebro poderá ser atingida e um outro tumor nascer no órgão correspondente.

2ª lei: TODA DOENÇA TEM DUAS FASES DISTINTAS

1. A simpaticotonia

Fase fria em que o conflito é ativo, isto é, em que a pessoa se vê perturbada e estressada pelo seu problema. Quando o conflito é reprimido por ser demasiado doloroso, instalam-se reações de sobrevivência. A pessoa passa a ter comportamentos desordenados, estranhos, mas que seguem a lógica interior da sobrevivência.

Sintomas: *stress*, perda do sono, pensamento monopolizado pelo problema, mãos e pés frios, perda do apetite, dificuldades de digestão, perda de peso.

Ao mesmo tempo, ocorrem a mutação de um órgão e a formação de um tumor ou de uma necrose; esse tumor ou essa necrose não são diagnosticados, dado que não exibem nenhum sintoma patológico particular.

2. A vagotonia

Fase quente na qual o conflito é resolvido.

Trata-se da fase de regeneração. A pessoa volta à sua temperatura normal, recupera o apetite e o sono e tem aumento do peso. Ela se sente, em contrapartida, esgotada e cansada, podendo sentir uma fome constante. É a fase de cura que começa; ela dura sensivelmente menos do que durou o problema em si. Pode ser acompanhada de dores, de perda de sangue, de tumefações, de cistos, de úlceras, etc.

Algumas semanas depois da resolução do conflito, o cérebro desencadeia uma crise que se assemelha à epilepsia. Os sintomas variam de acordo com o conflito original (exemplos: infarto do miocárdio, embolia pulmonar, crise hepática). O objetivo é expulsar o edema cerebral para que o paciente possa voltar ao normal. Durante um curto período, o *stress* e os sintomas da primeira fase voltam. Essa crise é um relevante indício de volta à normalidade. Uma vez superado esse estágio, o corpo elimina por completo o resto dos edemas (pela via urinária). Essa é a fase em que a doença é diagnosticada por causa de sintomas físicos. Uma intervenção química muito agressiva implica a quebra de continuidade desse processo natural de cura.

3ª lei: O SISTEMA ONTOGENÉTICO DOS TUMORES E DAS AFECÇÕES EQUIVALENTES AO CÂNCER

O termo "ontogenético" significa que, na medicina, podem-se explicar todas as doenças remetendo-as à evolução das espécies a partir do cérebro reptiliano. A evolução das diferentes espécies, até se chegar ao homem, seria recapitulada na fase embrionária e na infância. Formam-se no começo do desenvolvimento do bebê, três camadas embrionárias, e cada célula e cada órgão podem se vincular a uma dessas camadas. O doutor Hamer descobriu que o tipo de tumor e sua localização dependem do invólucro ou camada do cérebro com que o órgão afetado está vinculado (endoderme, mesoderme e ectoderme). Por meio de tomografias cerebrais, pode-se determinar que tipo de conflito afetou o paciente e, a partir disso, ligá-lo com o tipo de moléstia que o acometeu.

Exemplo: incapacidade de se afirmar → câncer do maxilar

4ª lei: O SISTEMA ONTOGENÉTICO DOS MICRÓBIOS

Os micróbios, assim como os tumores, se desenvolveram no curso da evolução humana. De acordo com a sua idade ontogenética, os fungos são os mais antigos (endoderme), seguidos das bactérias (mesoderme). Os vírus são os mais novos (ectoderme). Todos os micróbios "trabalham" exclusivamente durante a segunda fase, a regeneração, e até o final da cura. Os micróbios se especializam em sua ação em função dos órgãos que tratam e de seu papel específico. Eles agem como lixeiros para limpar os tumores. Trabalham ainda na reconstrução e restauração, provocando tumefações para compensar a perda de substância celular.

Por conseguinte, os micróbios não seriam responsáveis pelas doenças infecciosas, mas antes elementos regidos pelo cérebro que só entrariam em cena logo que o conflito exterior estivesse resolvido. Eles são nossos auxiliares na limpeza das seqüelas do câncer (e de doenças comparáveis). De acordo com essa ótica, a nossa concepção do sistema imunológico também deveria sofrer uma revisão.

5ª lei: A COMPREENSÃO

Esta lei não foi formulada como tal pelo doutor Hamer, mas é uma decorrência das outras. Com a tomada de consciência do choque inicial que levou ao conflito, a doença é desativada e o paciente entra na fase de cura.

O que conta não é a amplitude do choque, mas sobretudo aquilo que se sentiu e a reação que se tem. Enquanto o conflito for administrado pelo pensamento psicológico, a doença não se manifesta. Esta só é desencadeada no momento em que o paciente encontra a solução para o seu conflito. O fato de saber disso evita a angústia da doença e o pânico da morte, que complicam e entravam a fase de regeneração. Mediante uma outra compreensão do papel dos sintomas físicos no equilíbrio da saúde, o paciente aprende a se responsabilizar e a compreender a si mesmo.

Inúmeras verificações dessas teses foram realizadas entre os anos de 1983 e 1992 por autoridades em pesquisa médica. Mesmo assim, o doutor Hamer ainda não obteve o reconhecimento oficial pelas suas descobertas. Isso não impediu que centenas de doentes se beneficiassem delas ao longo dos anos. Mencionemos que grande número de moléstias estão incluídas na lei de bronze: esclerose múltipla, doença de Parkinson, artrite, diabetes, AIDS, leucemia, eczema, asma, zona, úlceras, depressão nervosa, doenças mentais. Um conflito específico está por trás de cada doença, e é possível, de acordo com essa lei, curá-la mediante a libertação do conflito.

Para obter maiores informações ou documentação sobre essa abordagem (nova medicina, câncer, AIDS, infarto), envie seus dados para o endereço que está na página 272.

Bibliografia

Para aprofundar a reflexão
AÏVANHOV, O. M., *L'harmonie*, obras completas, tomo VI, Fréjus, éditions Prosveta.
—, *La clef essentielle*, obras completas, tomo XI, Fréjus, éditions Prosveta.
—, *Les lois de la morale cosmique*, oeuvres complètes, tomo XII, Fréjus, éditions Prosveta.
BERGLER, Dr. E., *La névrose de base*, Petite bibliothèque Payot, nº 282 (disponível só na Europa), Paris, 1976.
—, *Les parents ne sont pas responsables des névroses de leurs enfants*, Petite bibliothèque Payot, nº 337 (disponível só na Europa), Paris, 1978.
BOURBEAU, L., *Qui es-tu*, éditions E.T.C. inc., Montreal, 1988.
—, *Ton corps te dit: "Aime-toi"*, éditions E.T.C. inc., St-Sauveur des Monts, 1997.
CORNEAU, G., *L'amour en guerre*, éditions de l'Homme, Montreal, 1996.
DACO, P., *L'interprétation des rêves*, éditions Marabout, Verviers, 1979.*
DÉSIKACHAR, T. K. V., *Yoga-Sûtra de Patanjali*, coleção Gnose, éditions Du Rocher, Mônaco, 1986.
DE SURANY, M., *Pour une médecine de l'âme*, éditions Guy Trédaniel, Paris, 1993.
GAWAIN, S. e KING, L., *Vivez dans la Lumière*, tradução de *Living in the Light*, coleção Chrysalide, éditions Le souffle d'or, Barret le Bas, 1986.
GRAY, J., Ph. D., *Les hommes viennent de Mars, Les femmes viennent de Vénus*, tradução de *Men are from Mars, Women are from Venus*, éditions Logiques, Montreal, 1994.
HAY, L. L., *Transformez votre vie*, tradução de *You Can Heal Your Life*, éditions Vivez Soleil, Genebra, 1989.
MC. COY, K. e SPILLER, J., *Spiritual Astrology*, éditions Fireside, Nova York, 1988.
NOTTER, F., *Le grand livre de la numérologie*, éditions de Vecchi S. A., Paris, 1989.*

OSHAWA, G., *Le Zen Macrobiotique ou l'Art du Rajeunissement et de la longivité*, Librairie Philosophique J. Vrin, Paris, 1993.

PIERRAKOS, Dr. J. C., *Le noyau énergétique de l'être humain*, tradução de *Core Energetics*, coleção Le corps à vivre, éditions Sand, Paris, 1991.

PORTELANCE, C., *Relation d'aide et amour de soi*, éditions du Cram, Montreal, 1992.

RAMTHA, *Les sessions l'âme soeur*, éditions du Roseau, St-Léonard, 1991.

REDFIELD, J. e ADRIENNE, C., *Les leçons de vie de la Prophétie des Andes*, tradução de *The Celestine Prophecy, an experimental guide*, éditions Robert Laffont, Paris, 1995.

SAMS, J. e CARSON, D., *Les Cartes Médecine, Découvrir son animal Totem*, tradução de *Medicine Cards*, éditions Amrita, Piazac, 1994.

WHITE, S., *L'astrologie chinoise*, tradução de *Suzanne White's Book of Chinese Chance*, coleção La Nuit des Mondes, éditions Sand, Paris, 1979.*

* Essas obras são as que usei, mas há livros mais recentes nesses campos que são mais acessíveis, sendo todos eles valiosos.

Nota: Minha maneira de escolher um livro consiste em confiar na minha intuição e ficar atenta às "sincronicidades".

A autora está à disposição para fazer palestras e dirigir seminários sobre assuntos ligados a esta obra e com uma grande variedade de temas referentes ao crescimento pessoal.

Para entrar em contato com ela:

Nicole Dumont
Les éditions Liberté Nouvelle
275 A, rue Principale, Saint-Sauveur-des-Monts
(Québec), Canada, JOR 1R0
Telefone: (450) 227-0090 & 1-888-751-0090
Fax (450) 227-0025
E-mail: libernou@promodistinction.com
Http://www. promodistinction.com\libernou\